U0754788

荣　获

新闻出版总署优秀畅销书奖
全国优秀古籍图书普及读物奖
第十七届山西省优秀图书一等奖
第二届山西出版政府奖
山西出版集团2008年度十种好书

全套藏书累计销售500万册

诸子百家卷

《诗经》《尚书》《礼记》《楚辞》《论语·大学·中庸》《孟子》
《老子》《庄子》《荀子》《韩非子》《孙子兵法·尉缭子·鬼谷子》
《墨子》《周易》《山海经》《吕氏春秋》《三十六计》

名家选集卷

《三曹诗集》　《陶渊明集》　《王勃集》　　《王维集》　　《孟浩然集》
《高适集》　　《岑参集》　　《李白集》　　《杜甫集》　　《白居易集》
《刘禹锡集》　《元稹集》　　《李商隐集》　《李贺集》　　《杜牧集》
《韩愈集》　　《柳宗元集》　《李煜集》　　《欧阳修集》　《王安石集》
《苏轼集》　　《黄庭坚集》　《柳永集》　　《秦观集》　　《周邦彦集》
《李清照集》　《辛弃疾集》　《陆游集》　　《范成大集》　《杨万里集》
《姜夔集》　　《文天祥集》　《元好问集》　《唐寅集》　　《张岱集》
《三袁集》　　《李贽集》　　《傅山集》　　《纳兰性德集》《袁枚集》
《郑板桥集》　《龚自珍集》

史著选集卷

《左传》《国语》《战国策》《史记》《汉书》《后汉书》《三国志》
《资治通鉴》

综合选集卷

《唐诗三百首》《宋词三百首》《元曲三百首》《千家诗》《古文观止》
《汉魏六朝小赋骈文选》　《唐宋八大家文选》　《明清小品文选》

笔记杂著卷

《蒙学六种——三字经·百家姓·千字文·增广贤文·幼学琼林·格言联璧》
《颜氏家训·朱子家训》　《世说新语》　《金刚经·坛经·心经·地藏经》
《曾国藩家书》《菜根谭·小窗幽记·幽梦影》《浮生六记》《闲情偶寄》
《近思录》《徐霞客游记》《古代书信精选》

戏曲小说卷

《元杂剧精选》《西厢记》《牡丹亭》《长生殿》《桃花扇》《今古奇观》
《三国演义》《水浒传》《西游记》《红楼梦》《聊斋志异》《儒林外史》
《封神演义》　《话本小说选》　《文言小说选》

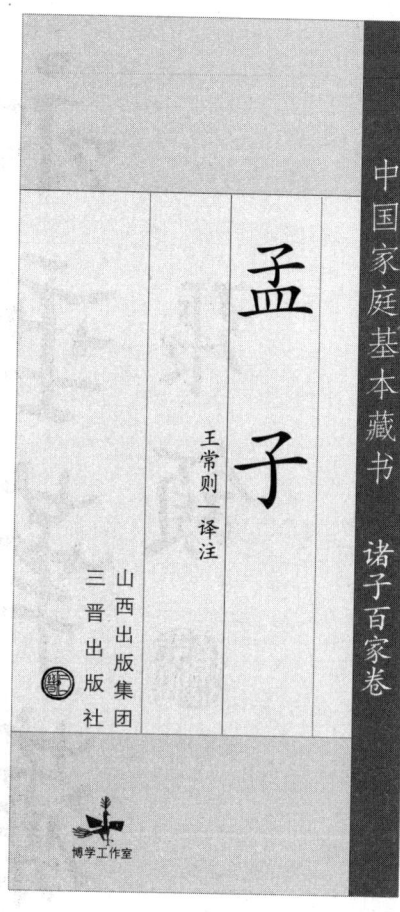

中国家庭基本藏书　诸子百家卷

孟子

王常则　译注

山西出版集团
三晋出版社

博学工作室

高文典籍

傳家瑰寶

藏用同功

永垂華藻

張頜 [印]

· 著名考古学家、古文字学家张颔先生为《中国家庭基本藏书》题词关于《孟子》一书写作的时间，最早见于《史记·孟荀列传》，文曰：孟子和"万章之徒序《诗》《书》，述仲尼之志，作《孟子》七篇"。这应是孟子晚年的事情。孟子晚年仕齐，因劝谏齐宣王伐燕事不被听从而辞职。这时孟子感到失望，同时也感到自己年事已高，主张又不能实现，于是归隐乡里，不再出游，从事著书。

司马迁只是说"作《孟子》七篇"，但东汉应劭在其所作《风俗通·穷通篇》中却说：孟子"退而与万章之徒序《诗》、《书》、仲尼之意，作书中外十一篇"；班固《汉书·艺文志》也说："《孟子》十一篇"。关于"《孟子》十一篇"，东汉赵岐在其所作《孟子章句》中说"又存《外书》四篇：《性善辨》、《文说》、《孝经》、《为政》，其文不能宏深，不与《内篇》相似，似非《孟子》本真，后世依放而扛也"。赵岐因为外书是伪造而不予作注，以后读《孟子》的人，也不去读它，这样，就逐渐亡佚了。

孟子生前名气并不很大，到汉朝人

们也是把《孟子》看作子书的，如《汉书·艺文志》就把《孟子》放在《诸子略》中。但也应看到孟子及《孟子》一书在汉朝逐渐得到重视，如东汉赵岐在《孟子章句》中就曾说："孟子退自齐、梁，述尧舜之道而著作焉，此大贤拟圣而作者也。"又说："《论语》者，五经之錧辖，六艺之喉衿也。《孟子》之书则而象之。"把《孟子》和《论语》相比，可见《孟子》在赵岐心目中的地位。

先秦诸子所作，如《墨子》《庄子·内篇》《荀子》都每篇各有主旨，篇名也与主旨相应，而《孟子》各章都没有逻辑联系，只是积章而成篇，篇名只是撮取第一句的几个字，无关全篇内容，这与《论语》相同，而不同于《墨子》《庄子》《荀子》，赵岐所谓《孟子》拟《论语》而作，从表面看即就此而言。

从内容看，《论语》既是"五经之錧辖，六艺之喉衿"，而《孟子》是"拟圣而作"，那《孟子》也就成为经书之传记了。对此，东汉人王充在其所作《论衡·对作篇》说得更为明确，文曰："杨墨之学不乱传义，则《孟子》之传不造。"而《汉书·刘向传》《后汉书·梁冀传》《说文解字》等书或书传中，所引《孟子》的话都称之为"传曰"。又汉文帝曾对《论语》《孝经》《尔雅》《孟子》各置博士，名曰"传记博士"。可见在汉朝把《孟子》视为经书之传记，将《孟子》与《论语》并提是很普遍的。

唐代颁行《五经正义》，《孟子》不列入其中。到五代时，后蜀主孟昶命毋昭裔楷书《论语》《孟子》《仪礼》《周礼》《礼记》《左传》《谷梁》《公羊》《书》《诗》《易》十一经刻石。入宋以后，太宗又加以翻刻，这样，《孟子》就被列为经书了。到南宋时，朱熹从《礼记》中取出《大学》《中庸》两篇，与《论语》《孟子》合编为《四书》，从此，《孟子》一书地位得到了很大的提高。到明清两代，在科举考试中规定八股文题目从《四书》中选取，并要求"代圣人立言"，于是，《孟子》就成为读书人必读和熟读的书了。

《孟子》自问世以来，注释很多，其中著名的有东汉赵岐《孟子章句》，南宋朱熹《孟子集注》和清焦循《孟子正义》等。赵岐为东汉经学家，字邠卿，初名嘉，字台卿，京兆长陵(今陕西咸阳东北)人，任并州刺史，因党锢被免职，后任议郎、太常等职，撰有《孟子章句》，收入《十三经注疏》中。朱熹，南宋哲学家、教育家，字元晦，一字仲晦，号晦庵，别称紫阳，徽州婺源(今属江西)人，是宋理学的集大成者，所著《孟子集注》为其经学著作《四书章句集注》之一。焦循，清哲学家、数学家、戏曲理论

中国家庭基本藏书

家,字理堂,一字里堂,江苏甘泉(今扬州)人。家传《易学》,但对《孟子》也有研究,著有《孟子正义》,该书以东汉赵岐注为主,搜集清代学者考订训释的成果,汇编而成,是清代《孟子》注解中最详备的一种。

除上述外,研究《孟子》的主要著作还有《孟子正义疏证》《孟子音义》《孟子外书》等。《孟子正义疏证》,清戴震著,共三卷,内容从考据训诂阐发"理""天道""性""才""道""仁义礼智""诚""权"等哲学范畴的根本意义,以反对"宋以来儒书之言"为主,在当时具有进步意义。《孟子音义》,宋孙奭撰,二卷,内容补充唐陆德明《经典释文》缺少《孟子》的不足,可以据校今本东汉赵岐注的失误。《孟子外书》,相传《孟子》七篇之外,另有《外书》四篇,后亡佚,今本系明人伪造。

《孟子》一书因广为流传,字句早已清楚可诵,所以此次整理出版,原文依据通常流行本,从简化字时也做到审慎考虑,如《公孙丑下》中的"蚳鼃"一词,查证有关字典,"鼃"与"蛙"同,因写作"蚳蛙"。断句主要依据作者自己的判断,个别地方参考吸收了前人的成果,如《尽心下》中有"山径之蹊间介然用之而成路"一句,对其中"间介"的理解是断句的关键。孔广森《经学卮言》:"间介,盖隔绝之意。径,路也。蹊,足迹也。"参考此,即将该句断为:"山径之蹊间介,然用之而成路。"注释方面,在自己判断的基础上,主要参考吸收了东汉赵岐注、宋朱熹注和清焦循注,及一些有关文献,力求简洁达意。译文方面,在保持原意的基础上,尽量做到文字的通顺和典雅。本书还在每篇之首加有题解,以便读者对该篇先有个大致的了解。书后附中国社会科学院历史所思想史研究室研究员梁涛先生所撰之"孟子行年表"《孟子》名言警句(正文中用着重号标注)、"《孟子》重要研究著述",以方便读者使用。疏漏之处,祈望方家指正。

译注者
2008年4月

孟子的生平及学说(代序)

王冠英

孟子(约公元前385—前304),名轲,子思弟子的弟子,思孟学派的主要人物,代表着孔子儒学的嫡传。他一生以学习孔子学说为己任,曾游说齐宣王、梁惠王等,学说精粹都集中在《孟子》一书中。

孟子生活在宗法封建向地主封建转变的大变革时代。在政治上,他提倡行"仁政"," 省刑罚,薄税敛",减轻对人民的剥削;在君民关系上,他提出了"民为贵,社稷次之,君为轻"(《孟子·尽心下》)的观点,主张做君主的一定要注意民心向背,求得人民的支持,不然,"水能载舟,亦能覆舟",这在当时是一种进步的思想。不过,这也是一种幻想,不可能实现。因为孟子行"仁政"的目的是为了保护当时正在逐步没落的贵族宗法封建统治。他主张"行仁政必自经界始",认为"经界不正,井地不钧(均),谷禄不平"——也就是说不按宗法封建制度行事,就扰乱了社会秩序,这和当时宗法封建向地主封建转变的大趋势是背道而驰的。在当时摧枯拉朽急风暴雨式的兼并统一战争中，急于用武力统一中国的诸侯们也不会接受这样的观点。再有他坚持"无君子莫治野人，无野人莫养君子"、"劳心者治人，劳力者治于人"（《孟子·滕文公上》），主张剥削永恒合理，跟他的"仁政"学说也水火不相容。

孟子"仁政"学说的理论基础是他抽象的天赋道德的"性善"论。孟子认为，人生下来就有一种最基本的共同的天赋本性——"不忍人之心"、"恻隐之心"，即同情心。"恻隐之心，仁之端也；羞恶之心，义之端也；辞让之心，礼之端也；是非之心，智之端也"，"仁义礼知，非由外铄我也，我固有之也，弗思耳矣"（《孟子·告子上》）。从这种"性善"论出发，他认为人要达到仁义礼智的道德标准，只要"反求诸己"，即主观的反省自己保持其"浩然之气"即可。如果有了违背封建道德的思想和行为，闭门思过，把那些本身固有但被遗弃了的恻隐之心、羞恶之心、辞让之心、是非之心找回来，也就恢复了人的本性。孟子的这种"性善"论，完全是唯心主义的。虽然他表面上把"性善"说成是人人具有的普遍的共同的人性，"人皆可以为舜尧"，但在内心深处、在实践中，却认为仁义礼智这些善性只有君子才会有，小人是不具备也不会保存和恢复这些善性的。这就鲜明地标明了孟子学说不容怀疑的阶级烙印。

与"性善"说相一致，孟子还提出了生而有知的"良知良能"说。孟子认为，才能知识，尤其是统治阶级的统治才能，不是后天获得的，而是先天就有的。"人之所不学而能直，其良能也；所不虑而知者，其良知也"（《孟子·尽心上》）。正因为人一出生就有"良知良能"，所以他认为研究客观事物和学习知识都是次要的。如果要学习，首要的任务就是向内心探求，扩充或发挥原有的"良知良能"，"万物皆备于我矣，反身而诚，乐莫大焉"。表面上把"性善"说成是人人具有的共同的人性，但在内心深处、在实践中，却认为仁义礼智只有君子贵族才会有。他认为，人一生下来就有"先知先觉"和"后知后觉"、"君子"和"小人"、"劳心者"和"劳力者"之别。"先知先觉"的"劳心者"是"君子"，"后知后觉"的"劳力者"是"小人"。"无君子莫治野人，无野人莫养君子"，"劳心者治人，劳力者治于人。治于人者食人，治人者食于人"，并把这说成是"天下之通义"。可见孟子的"良知良能"说完全是为贵族阶级服务的，是为宗法封建制度服务的。几千年的封建统治者把这些观点看成是维护他们剥削权力的铁券丹书，就是因为这些观点说出了他们的心里话，一点也不含糊。

中国家庭基本藏书

　孟子一生以学习孔子的学说为己任。他对古代的圣人十分推崇，但尤其崇拜孔子，认为孔子是圣人中的集大成者，生民所未有。孟子以孔子的继承人自居，对名家、农家、墨家的学说进行了猛烈的抨击。他常以王者师自居，说："夫天未欲平治天下也。如欲平治天下，当今之世，舍我其谁也！"然而，由于他的仁政学说理想多于实际，且有些迂腐，终究不被采纳。孟子的学说虽然当时不被采纳，但他的王政即仁政思想却给了后世思想家很多的启发。孟子的王政思想虽然理想化，但却有利于封建社会的长治久安，因为这种思想统治者可以接受，被统治者也可以接受，对调和阶级矛盾是一剂良药。

　王冠英，任职于中国历史博物馆陈列部。本文录自王冠英主编《中国文化通史·先秦卷》，中共中央党校出版社2000年1月版。

目录

目录

中国家庭基本藏书

◎ 梁惠王上

《梁惠王上》不仅记述孟子与梁惠王的议论，还记述了孟子与梁襄王、齐宣王的议论。孟子在议论中，主要宣扬了"仁义"思想，认为国君保有仁义，就能巩固自己的统治地位，就能无敌于天下，就能吸引民众的归附。同时，孟子还指出实施仁政要做到施政爱民，与民同乐，适时征用百姓，发展小农经济，使民众安居乐业，不饥不寒。

原文

孟子见梁惠王①。王曰："叟！不远千里而来，亦将有以利吾国乎？"孟子对曰："王何必曰利？亦有仁义而已矣。王曰：'何以利吾国？'大夫曰：'何以利吾家'？士庶人曰：'何以利吾身'？上下交征利而国危矣②。万乘之国，弑其君者③，必千乘之家；千乘之国，弑其君者，必百乘之家④。万取千焉，千取百焉，不为不多矣。苟为后义而先利，不夺不餍⑤。未有仁而遗其亲者也，未有义而后其君者也。王亦曰仁义而已矣，何必曰利？"

① 梁惠王：即魏惠王。战国时魏国国君，名罃，前 369 年—前 319 年在位。前 362 年，从安邑（今山西夏县西北）迁都大梁（今河南开封市）。他在位的前二十几年内，魏国强大，前 344 年召集逢泽（今开封东南）之会，自称为王。后被齐军于马陵（今河南范县西南）击败，国势渐衰。

② 征：收；取。

③ 弑（shì）：我国封建时代称臣杀君、子杀父母为"弑"。

④ 万乘之国，千乘之国：乘（shèng），古时一车四马为一乘。春秋战国时以兵车的多少来衡量国家的强弱大小。千乘之家，百乘之家：春秋战国时诸侯国执政的卿大夫有一定的封邑，拥有这种封邑的卿大夫叫家，其强弱大小也往往以兵车的多少来衡量。

⑤ 餍（yàn）：吃饱，引申为满足。

孟子去见梁惠王。梁惠王说："老头！不辞千里辛劳而来，是不是将有什么利益带给我国呢？"孟子答道："王您为什么要谈利呢？只要有仁义就可以了。王说：'怎么样才能对我国有利？'大夫说：'怎么样才能对我家有利？'士人百姓说：'怎么样才能对我自己有利？'（这样，）上上下下都互相追求自己的利益，国家就危险了。拥有一万辆兵车的国家，杀死它的国君的，一定是拥有一千辆兵车的卿大夫；拥有一千辆兵车的国家，杀死它的国君的，一定是拥有一百辆兵车的卿大夫。在

中国家庭基本藏书

一万辆车里,他就拥有一千辆车;在一千辆车里,他就拥有一百辆车,这不能说是不多的。但如果他轻义而重利,不把国君的全部夺去是不会满足的。没有仁者遗弃他的亲人的,没有义者轻视他的君主的。王只要讲仁义就可以了,何必讲什么利呢?"

【原文】

孟子见梁惠王。王立于沼上,顾鸿雁麋鹿,曰:"贤者亦乐此乎?"孟子对曰:"贤者而后乐此,不贤者虽有此,不乐也。《诗》云:'经始灵台,经之营之,庶民攻之①,不日成之②。经始勿亟③,庶民子来④。王在灵囿,麀鹿攸伏⑤,麀鹿濯濯⑥,白鸟鹤鹤⑦;王在灵沼,於牣鱼跃⑧。'文王以民力为台为沼,而民欢乐之,谓其台曰灵台,谓其沼曰灵沼,乐其有麋鹿鱼鳖。古之人与民偕乐,故能乐也。《汤誓》曰⑨:'时日害丧⑩,予及女偕亡。'民欲与之偕亡,虽有台池鸟兽,岂能独乐哉?"

【注释】

① 攻:制作;营筑。

② 不日:不到一天,引申为时间很短。

③ 亟:急。

④ 子:形容词,像儿子一样。

⑤ 麀鹿攸伏:麀(yōu),母鹿。攸,同"所"。

⑥ 濯濯(zhuó):肥而光亮貌。按《诗·大雅·灵台》毛传:"濯濯,娱游也。"

⑦ 鹤鹤:洁白肥美貌。《诗·大雅·灵台》作"翯翯"。 翯:充满。

⑧ 於(wū):发语词。

⑨ 《汤誓》《尚书》中的一篇,为商汤讨伐夏桀誓师之词。

⑩ 害:同"曷",古代疑问词,何时。

【译文】

孟子去见梁惠王。梁惠王站在水池边,一边观望鸿雁麋鹿等鸟兽,一边说:"贤能的人也享受这样的快乐吗?"孟子答道:"贤能的人不先享受这样的快乐,不贤德的人纵然能这样做,也不会快乐的。《诗经》中说:'开始修筑灵台,规划它,修建它,民众一齐努力,很快就完成了。(文王说)开始修筑不要着急,但民众却非常卖力。周文王到鹿苑中,(看到)母鹿非常安逸,母鹿光亮而肥壮,白鸟洁白而肥美;周文王到灵池边,满池鱼儿在跳跃。'周文王虽然用民众的力量来修筑高台、挖掘池塘,可是民众高兴这样做,称筑的台为'灵台',称挖的池为'灵沼',还高兴其中有许多麋鹿和鱼鳖。古代的圣君贤王同民众一同快乐,所以自己也能感到快乐。(夏桀这样的君王却不是这样,对他)《汤誓》中记载民众的怨歌说:'太阳呀,你什么时候失去光辉？（到那时）我和你一道灭亡！'民众要和他同归于尽，纵然有高台深池、珍禽异兽，怎么能独自快乐起来呢？"

原文

梁惠王曰："寡人之于国也①，尽心焉耳矣②。河内凶，则移其民于河东③，移其粟于河内。河东凶亦然。察邻国之政，无如寡人之用心者，邻国之民不加少，寡人之民不加多，何也？"孟子对曰："王好战，请以战喻。填然鼓之④，兵刃既接，弃甲曳兵而走⑤。或百步而后止，或五十步而后止，以五十步笑百步，则何如？"曰："不可，直不百步耳⑥，是亦走也！"

曰："王如知此，则无望民之多于邻国也。不违农时，谷不可胜食也⑦；数罟不入洿池⑧，鱼鳖不可胜食也；斧斤以时入山林，材木不可胜用也。谷与鱼鳖不可胜食，材木不可胜用，是使民养生丧死无憾也。养生丧死无憾，王道之始也。

"五亩之宅，树之以桑，五十者可以衣帛矣。鸡豚狗彘之畜，无失其时，七十者可以食肉矣。百亩之田，勿夺其时，数口之家可以无饥矣。谨庠序之教⑨，申之以孝悌之义，颁白者不负戴于道路矣⑩，七十者衣帛食肉，黎民不饥不寒，然而不王者，未之有也。狗彘食人食而不知检，途有饿莩而不知发⑪；人死则曰：'非我也，岁也。'是何异于刺人而杀之，曰：'非我也，兵也。'王无罪岁，斯天下之民至焉⑫。"

注释

① 寡人：朱熹集注："寡人，诸侯自称，言寡德之人也。"
② 焉耳矣：同"矣"，"焉耳"仅起加强语气的作用。
③ 河内：魏国的土地，今河南省黄河以北地区。 河东：魏国的土地，今山西省西南部。
④ 填然：填，象声词。然，语尾助词。填然，即"填填地（响）"。
⑤ 兵：兵器。 走：古代指跑。
⑥ 直：只是。
⑦ 胜（shēng）：尽。
⑧ 数罟不入洿池：数（shuò），密。罟（gǔ），渔网。洿（wū），低凹之地；亦指池塘。
⑨ 庠（xiáng）序：我国古代的学校。后人亦以庠序概称学校或教育事业。
⑩ 颁白：须发半白，也写作"斑白"。
⑪ 莩（piǎo）：同"殍"，饿死。也指饿死的人。
⑫ 斯：则；乃。

中国家庭基本藏书

梁惠王(对孟子)说："寡人对于国家，可算是尽心了，河内遭了灾，我便把那里的民众迁移到河东，又把河东的粮食调运到河内。河东遭了灾也是这样做。观察邻国的政治没有像寡人这样尽心为百姓考虑的，但邻国的民众并没有减少，寡人的民众也没有增多，这是为什么呢？"孟子答道："王爱好打仗，就请让我用打仗作个比喻。战鼓咚咚一响，兵器刚一接触，丢掉盔甲拖着兵器就逃跑，有的跑了一百步停下来，有的跑了五十步停下来，如果逃跑了五十步的耻笑逃跑了一百步的，(您认为)怎么样呢？"(梁惠王)说："不能(耻笑)；(他)不过没有逃跑到一百步而已，但同样也是逃跑呀！"

(孟子)说："王如果懂得这个道理，就不要指望民众比邻国的多了。不去(征徭役兵役)妨碍农时，那么粮食就会多得吃不完；不用过密的网到池塘里去捕捞，鱼鳖就会多得吃不完；按照一定的时节去山林中砍伐，木材就会多得用不完。粮食和鱼鳖多得吃不完，木材多得用不完，这样民众生养死葬就没有什么遗憾了。(民众)生养死葬没有什么遗憾，这就是王道的开端呀。

"在五亩大小的庭院里种植桑树，五十岁的人就可以穿上丝绵衣服了。鸡猪狗等家畜，能按时饲养，七十岁的人就可以吃上肉了。一百亩大小的田地，不要耽误了耕种和收割的时机，一家几口人就不会饥饿了。办好学校教育，讲授孝顺父母、尊敬兄长的道理，须发斑白的老人就不用背负和头顶着重物在道路上奔波了。七十岁的人有绢帛做的衣服穿，有肉吃，普通民众不挨饿受冻，这样还不能使天下归附，是从来没有的事。(可是现在富贵人家的)狗猪吃掉人的粮食而不知检点，道路上有饿死的人而不知开仓赈济；人死的时候说'不怪我呀，是年成不好。'这种说法和拿刀子杀人，却说：'不怪我呀，是刀子杀的。'有什么不同呢？王如不去怪罪年成，(而是修好政治，)那么，天下民众就会来投奔了。"

梁惠王曰："寡人愿安承教[1]。"孟子对曰："杀人以梃与刃，有以异乎？"曰："无以异也。""以刃与政，有以异乎？"曰："无以异也。"曰："庖有肥肉[2]，厩有肥马[3]，民有饥色，野有饿莩，此率兽而食人也。兽相食，且人恶之；为民父母，行政，不免于率兽而食人，恶在其为民父母也？仲尼曰[4]：'始作俑者，其无后乎！'为其象人而用之也。如之何其使斯民饥而死也？"

①安：乐意。

②庖（páo）：厨房。

③厩（jiù）：马棚，也泛指牲口棚。

④仲尼：孔子之字。

梁惠王(对孟子)说："我衷心想得到您的教诲。"孟子答道："杀人用棍子与用刀子，有什么不同吗？"(梁惠王)说："没有什么不同。"(孟子又说：)"用刀子与用政治(杀人)，有什么不同吗？"(梁惠王)说："也没有什么不同。"(孟子)说："厨房里有肥肉，马棚里有养肥的马，民众却有饥饿的面色，郊野却有饿死的尸体，这就像(当权者)率领野兽来吃人呀。兽类互相残食，人尚且厌恶它们；作为民众的父母官，施行政治，不能避免率领野兽吃人的行为，这怎么配做民众的父母官呢？ 仲尼曾说：'开始制作木偶陶偶来殉葬的人，他没有子孙！'这是因为木偶陶偶像人形，而却用它来殉葬的缘故,(用木偶陶偶殉葬还不可以，)怎么又能让民众因饥饿而死去呢？"

梁惠王曰："晋国①，天下莫强焉，叟之所知也。及寡人之身，东败于齐，长子死焉②；西丧地于秦七百里③；南辱于楚④。寡人耻之，愿比死者壹洒之⑤，如之何则可？"孟子对曰："地方百里而可以王。王如施仁政于民，省刑罚，薄税敛，深耕易耨⑥；壮者以暇日修其孝悌忠信⑦，入以事其父兄，出以事其长上，可使制梃以挞秦楚之坚甲利兵矣。彼夺其民时，使不得耕耨以养其父母。父母冻饿，兄弟妻子离散。彼陷溺其民，王往而征之，夫谁与王敌？故曰：'仁者无敌。'王请勿疑！"

①晋国：魏是与韩、赵分晋而建立的，所以追溯到晋国。

②东败于齐，长子死焉：指马陵（在今山东范县西南）之役。魏伐韩，韩求救于齐，齐军袭魏，魏大败于马陵，主将庞涓自杀，太子申被俘。

③西丧地于秦七百里：魏马陵败后，又西败于秦，割十五城。

④南辱于楚：梁惠王后元十一年，楚破魏于襄陵（在今河南睢县），得八城。

⑤愿比死者壹洒之：比（bì），为、替。壹，全、都。洒，同"洗"，雪耻。

⑥耨（nòu）：锄草。

⑦悌（tì）：敬爱兄长，引申为顺从长者上级。

梁惠王(对孟子)说："晋国，天下没有比它强大的，老头你是知道的。但到寡人我的时候，东面被齐国打败，连大儿子也死了；西边又被迫割七百里土地给秦国；

中国家庭基本藏书

南面又受到楚国的羞辱。我感到耻辱，想报仇雪恨，该怎么办才行呢？"孟子答道："有方圆一百里的地方就可以称王于天下。王如对民众施行仁政，减免刑罚，减轻赋税，(使百姓能)精耕细作，除去杂草；年轻人在闲暇的时候，能讲求孝顺父母、敬爱兄长、为人忠实、守信用等德行，回家则侍奉父兄，出去则侍奉长辈和上级，这样，就是制造些木棒也足以抵抗披坚执锐的秦楚之师了。(如果)敌方侵占了民众的耕作时节，使他们不能按时耕作，来养活他们的父母；父母受冻挨饿，兄弟妻子，逃亡离散。敌国使其民众陷入痛苦之中，王这时去征讨他们，谁能够抵挡住王的进攻呢？所以说：'有仁德的人，天下无敌。'王请不要疑惑了。"

原文

孟子见梁襄王①，出，语人曰："望之不似人君，就之而不见所畏焉。卒然问曰：'天下恶乎定？'吾对曰：'定于一。''孰能一之？'对曰：'不嗜杀人者能一之。''孰能与之②？'对曰：'天下莫不与也。王知夫苗乎？七八月之间旱③，则苗槁矣。天油然作云④，沛然下雨⑤，则苗浡然兴之矣⑥。其如是，孰能御之？今夫天下之人牧未有不嗜杀人者也⑦。如有不嗜杀人者，则天下之民皆引领而望之矣。诚如是也，民归之，由水之就下⑧，沛然谁能御之？"

注释

① 梁襄王：梁惠王之子，名嗣。

② 与：同，跟，从。

③ 七八月：周历以农历十一月为岁首（正月），其七八月相当于农历的五六月，这时禾苗正需雨水。

④ 油然：赵岐注："油然，兴云之貌。"

⑤ 浡然：旺盛貌。

⑥ 沛然：充沛貌。

⑦ 人牧：治理民众者，此指国君。

⑧ 由：同"犹"。

译文

孟子去见梁襄王，出来后，对人说："远望不像个国君的样子，到跟前也看不出他的威严。很突然地就问我说：'天下怎么安定？'我答道：'天下统一，就会安定。'(他又问道：)'谁能统一天下？'我答道：'不滥杀人的国君能统一天下。'(他又问道：)'谁能跟从他呢？'我答道：'天下人没有不跟从他的。王熟悉禾苗吗？七八月的时候天旱，禾苗就会枯萎了。这时天空突然出现了乌云，哗啦啦下起雨来，那么禾苗一下子就又茂盛地生长起来了。像这种情况，谁能阻止它生长呢？当今天下的国君没有不滥杀人的。如果这时有不滥杀人的国君，那么天下民众都会伸着脖子盼望他了。真的要是那样，民众归附他，就像水向低处流去，澎湃奔腾，其势谁能阻挡呢？'"

　　齐宣王问曰①："齐桓、晋文之事可得闻乎②？"孟子对曰："仲尼之徒无道桓文之事者，是以后世无传焉，臣未之闻也。无以③，则王乎？"曰："德何如，则可以王矣？"曰："保民而王，莫之能御也。"曰："若寡人者，可以保民乎哉？"曰："可。"曰："何由知吾可也？"曰："臣闻之胡龁曰④，王坐于堂上，有牵牛而过堂下者，王见之，曰：'牛何之？'对曰：'将以衅钟⑤。'王曰：'舍之！吾不忍其觳觫若无罪而就死地⑥。'对曰：'然则废衅钟与？'曰：'何可废也，以羊易之！'不识有诸？"曰："有之。"

　　曰："是心足以王矣。百姓皆以王为爱也，臣固知王之不忍也。"王曰："然，诚有百姓者。齐国虽褊小，吾何爱一牛？即不忍其觳觫若无罪而就死地，故以羊易之也。"曰："王无异于百姓之以王为爱也。以小易大，彼恶知之？王若隐其无罪而就死地，则牛羊何择焉？"王笑曰："是诚何心哉？我非爱其财而易之以羊也。宜乎百姓之谓我爱也。"曰："无伤也，是乃仁术也，见牛未见羊也。君子之于禽兽也，见其生，不忍见其死；闻其声，不忍食其肉。是以君子远庖厨也。"王说曰⑦："《诗》云：'他人有心，予忖度之⑧。'夫子之谓也。夫我乃行之，反而求之，不得吾心。夫子言之，于我心有戚戚焉⑨。此心之所以合于王者，何也？"曰："有复于王者曰：'吾力足以举百钧，而不足以举一羽⑩；明足以察秋毫之末⑪，而不见舆薪。'则王许之乎？'"曰："否。"

　　"今恩足以及禽兽，而功不至于百姓者，独何与？然则一羽之不举，为不用力焉；舆薪之不见，为不用明焉；百姓之不见保，为不用恩焉。故王之不王，不为也，非不能也。"曰："不为者与不能者之形何以异？"曰："挟太山以超北海⑫，语人曰：'我不能。'是诚不能也。为长者折枝⑬，语人曰：'我不能。'是不为也，非不能也。故王之不王，非挟太山以超北海之类也；王之不王，是折枝之类也。

　　"老吾老，以及人之老；幼吾幼，以及人之幼。天下可运于掌。《诗》云：'刑于寡妻⑭，至于兄弟，以御于家邦。'言举斯心加诸彼而已。故推恩足以保四海，不推恩无以保妻子。古之人所以大过人者，无他焉，善推其

中国家庭基本藏书

所为而已矣。今恩足以及禽兽，而功不至于百姓者，独何与？权，然后知轻重；度，然后知长短。物皆然，心为甚。王请度之！抑王兴甲兵，危士臣，构怨于诸侯，然后快于心与？"

王曰："否；吾何快于是？将以求吾所大欲也。"曰："王之所大欲可得闻与？"王笑而不言。曰："为肥甘不足于口与？轻暖不足于体与？抑为采色不足视于目与？声音不足听于耳与？便嬖不足使令于前与⑮？王之诸臣皆足以供之，而王岂为是哉？"曰："否；吾不为是也。"曰："然则王之所大欲可知已，欲辟土地，朝秦楚，莅中国而抚四夷也。以若所为求若所欲，犹缘木而求鱼也。"王曰："若是其甚与？"曰："殆有甚焉。缘木求鱼，虽不得鱼，无后灾。以若所为求若所欲，尽心力而为之，后必有灾。"

曰："可得闻与？"曰："邹人与楚人战⑯，则王以为孰胜？"曰："楚人胜。"曰："然则小固不可以敌大，寡固不可以敌众，弱固不可以敌强。海内之地，方千里者九，齐集有其一。以一服八，何以异于邹敌楚哉？盖亦反其本矣。今王发政施仁，使天下仕者皆欲立于王之朝，耕者皆欲耕于王之野，商贾皆欲藏于王之市，行旅皆欲出于王之途，天下之欲疾其君者皆欲赴愬于王⑰。其若是，孰能御之？"王曰："吾惛⑱，不能进于是矣。愿夫子辅吾志，明以教我。我虽不敏，请尝试之。"

曰："无恒产而有恒心者，惟士为能。若民，则无恒产，因无恒心。苟无恒心，放辟邪侈，无不为已。及陷于罪，然后从而刑之，是罔民也⑲。焉有仁人在位罔民而可为也？是故明君制民之产，必使仰足以事父母，俯足以畜妻子，乐岁终身饱，凶年免于死亡；然后驱而之善，故民之从之也轻⑳。今也制民之产，仰不足以事父母，俯不足以畜妻子；乐岁终身苦，凶年不免于死亡。此惟救死而恐不赡，奚暇治礼义哉？

"王欲行之，则盍反其本矣㉑：五亩之宅，树之以桑，五十者可以衣帛矣。鸡豚狗彘之畜，无失其时，七十者可以食肉矣。百亩之田，勿夺其时，八口之家可以无饥矣。谨庠序之教，申之以孝悌之义，颁白者不负戴于道路矣。老者衣帛食肉，黎民不饥不寒，然而不王者，未之有也。"

① 齐宣王：名辟疆，齐威王之子，前319年—前301年在位。

② 齐桓、晋文：齐桓公名小白，前685年—前643年在位；晋文公名重耳，前636年—前628年在位。齐桓公、晋文公在春秋时先后称霸。

③ 无以：犹言"不得已"。

④ 龁（hé）：咬。

⑤ 衅：赵岐注：新铸钟，杀牲以血涂其衅（隙），因以祭之，曰衅。

⑥ 觳觫（hú sù）：惊惧颤抖的样子。

⑦ 说：同"悦"。

⑧ 忖度（cǔn duó）：估量，推测。

⑨ 戚戚：心动貌。

⑩ 钧：古代的重量单位，合三十斤。

⑪ 秋毫：鸟兽在秋天新生出来的细毛。比喻极纤小的事物。

⑫ 太山：即泰山。 北海：春秋战国时指渤海。

⑬ 折枝：有三种解释：折取树枝；弯腰行礼；按摩肢（通"枝"）体。

⑭ 寡妻：古代称嫡妻，即正妻。程大中《四书逸笔》卷四："嫡妻惟一，故曰寡。"

⑮ 便嬖（pián bì）：古代统治者所宠爱的亲近小臣。

⑯ 邹：国名，即邾国，都城在今山东邹县东南邾城。

⑰ 愬：同"诉"。

⑱ 惛：同"昏"。

⑲ 罔：通"网"，用网捕捉，就是陷害。

⑳ 轻：轻易，随便。

㉑ 盍：何不。

　　齐宣王问（孟子）道："能给我讲一下齐桓公、晋文公的事迹吗？"孟子答道："仲尼的门徒不讲论齐桓公和晋文公的事迹，所以他们的事迹没有流传到后世，臣也没有听说过。如果一定要我讲，讲讲王道可以吗？"（齐宣王）说："要有怎样的德行才可以称王呢？"（孟子）答道："保护安定好民众去实现王道，是没有力量能够阻挡的。"（齐宣王）说："像寡人这样，能够保护安定好民众吗？"（孟子）说："可以。"（齐宣王）说："凭什么知道我可以呢？"（孟子）说："臣听胡龁说，王在殿堂上坐者，有人牵着牛从殿堂下走过，王看见后问道：'牵牛干什么去？'牵牛的人回答道：'准备杀它祭钟。'王便说：'放了它吧！我不忍心看到它平白无故就哆哆嗦嗦地被人宰杀。'牵牛的人说：'那么，是不是不祭钟了呢？'王说：'怎么可以废止祭钟呢？用羊代替吧！'不知可有此事吗？"（齐宣王）说："有的。"

　　（孟子）说："凭这种善心就足可以称王了。老百姓都认为王是舍不得，而我坚信王是于心不忍呀。"齐宣王说："是的，确实有这样的老百姓。齐国虽然狭小，我何至于舍不得一头牛呢？只不过是不忍心看到它平白无故地就哆哆嗦嗦地死去，因此才用羊来代替它。"（孟子）说："老百姓说王舍不得，王也不要觉得奇怪。用小的换大的，这种心境他们怎么会了解呢？王如果可怜它平白无故地就被牵去宰杀，那么，何必选择是杀牛还是杀羊呢？"齐宣王笑道："这到底是一种怎样的心理呢？我确实不是吝啬财物。"（孟子）说："这也没什么，怜悯之心正是仁的表现，因为王见到牛的可怜相而没有见到羊。君子对于飞禽走兽，看到它活着，就不忍心见到它死；听到它的声音，就不忍心吃它的肉，因此君子有意地远离厨房。"齐宣王高兴地说：《诗经》说：'别人的心事，我去推测。'说的正是先生这样的人。我这样做了，反过来再寻求其中的道理，也得不出个所以然来。先生这么一说，我心里就清楚了。我的这种心境合于王道的原因是什么呢？"（孟子）说："假如有人向王报告说：'我的力量足可以举起一百钧的重量，但却举不起一根羽毛；眼力能把鸟兽秋天新长出的毫毛末梢都看清楚，却看不见眼前的一车柴火。'这样，王能相信他的话吗？"（齐宣王）说："不能。"

（孟子）说："如今王的善心足以让鸟兽沾光，而推行的政治却不能让百姓得到好处，这其中的原因是什么呢？如果连一根羽毛也举不起来，那是因为没有用力；眼前的一车柴火也看不见，那是因为根本没有去看；百姓们过不上安定的生活，是没有施恩的缘故。因此，王没有实行王道，是没有去做，不是不能够做到。"齐宣王说："没有去做和不能够做到在表现上有什么不同呢？"（孟子）说："挟带泰山去越过北海，把这告人说：'我做不到。'是真的做不到。但给年长的按摩肢体，去告人说：'我做不到。'只是不想去做，并不是不能做到。因此，王不实行王道，并不是像挟带泰山越过北海那样难的事情，王不实行王道，只是像给年长的人按摩肢体一样简单的事情，不愿去做罢了。

"尊敬自己的长辈，推广到尊敬别人的长辈；爱护自己的儿女，推广到爱护别人的儿女。天下就可以掌握在自己的掌心了。《诗经》中说：'先给妻子做个榜样，再推广到兄弟身上，进而推广到封邑和国家。'也就是说把您的善心推广到其他方面。所以由近及远地把恩惠推而广之，是一定能够安定天下的，不把恩惠推而广之，就连妻子也保不住。古代的圣贤之所以远远超过常人，没有别的，只是善于推行他的好的行为罢了。今天您的善心足可以让飞禽走兽沾光，而推行的政治却不能给百姓们带来好处，这是为什么呢？称一称，然后才知道轻重；量一量，然后才知道长短。什么东西都是如此，人心更是如此。王请考虑一下吧！难道说王兴师动众，驱使臣民军士为您卖命，同时结怨于诸侯，这样才感到痛快吗？"

齐宣王说："不，我怎么对这感到快乐呢？所以这样做，是要追求我最大的欲望呀。"（孟子）说："我能够听听王最大的欲望吗？"齐宣王笑了笑但没有回答。（孟子）说："是因为肥美的食物不够吃吗？轻薄而暖和的衣服不够穿吗？还是因为鲜艳的色彩不够看吗？美妙的音乐不够听吗？供您取乐的宠臣不够使唤吗？（这些）您的臣下都会使您满足的，王难道是为这些吗？"（齐宣王）说："不，我不是为这些。"（孟子）说："这样说来，王最大的欲望我知道了，是想扩张土地，让秦楚等国前来朝贡，当中原的盟主，再招抚四周的民族。不过，以您现在的所作所为来追求您的欲望,就像爬到树上去寻找鱼一样。"齐宣王说:"像你说的那样严重吗?"(孟子)说:"比这还要严重。到树上去寻找鱼,虽然得不到鱼,但不会引起灾祸。以您的所作所为来追求您的欲望,并尽心尽力地去做,以后还一定会引起灾祸。"

(齐宣王)说:"其中道理是什么?我可以听听吗?"(孟子)说:"如果邹国和楚国打仗,王认为谁会取胜呢?"(齐宣王)说:"楚国胜。"(孟子)说:"这样看来,小国是根本不能抵御大国的,人少也根本抵不过人多,弱小也根本不能与强大的为敌。四海之内,方圆一千里的国家有九个,齐国全部土地集中起来占其中之一。凭其中之一想让其余的八个臣服,这和邹国去抵御楚国有什么区别呢?为什么不从根本上改变一下?今天如果王为政施行仁德,让天下做官的人都想到王的朝廷任职,耕田的人都想到齐国的田野里种地,行商坐贾都想到齐国的集市上来做生意,来往的旅客都想取道于齐国,天下痛恨本国国君的人都想前来找王诉说。如果这样,谁能抵御王呢?"齐宣王说:"我糊涂,不能达到这一步。希望先生辅佐我,使我能达到目的,将道理给我讲明白。我虽然不聪明,也想尝试一下。"

(孟子)说:"没有固定的产业而能有坚定的信念,只有士人才能做得到。至于一般民众,如果没有固定的产业,也就没有坚定的信念。要是没有坚定的信念,任意胡作非为,就什么坏事都能干得出来。等到犯了罪,然后再用刑法去处置他,这就如同陷害民众。哪里有仁爱之心的君主坐在统治的位置上,却能做出陷害民众的事情来呢?因此,英明的君主规定民众的产业,一定要让他们上可以赡养父母,下可以养活妻儿;好年成,丰衣足食,坏年成,不至于冻饿而死;然后再引导他们遵礼守法,这样,民众就会很自然地服从他了。今天规定民众的产业,上不足赡养父母,下不足以养活妻儿;好年成,艰难度日,坏年成,不免冻饿而死。这样,人们连自己也养活不了,哪有闲工夫去讲究礼义呢?

"王要是想施行爱护百姓的政治,何不从其根本着手呢:每家给五亩土地做宅院,土地上种上桑树,这样,五十岁的人就有绢帛做的衣服穿了。鸡猪狗等家畜,按时去饲养,七十岁的人就有肉吃了。一家给他们一百亩田地,不要耽误了他们种地的节令时间,八口人的家庭就不用忍受饥饿了。办好学校教育,讲授孝顺父母、尊敬兄长的道理,这样,头发斑白的人就用不着自己身背头顶地在道路上奔波了。老年人穿上绢帛做的衣服并吃上肉,黎民百姓不忍饥受寒,这还不能称王于天下,是从来没有的。"

中国家庭基本藏书

◎ 梁惠王下

题解

孟子在本篇主要对齐宣王喜好音乐、苑囿、斗勇、宫殿、女色，及崇重明堂等讲述了自己的看法，认为齐宣王只有与民共同享有这一切，并心忧天下，才能得到民众的拥护。孟子还对齐宣王用人、齐伐燕阐述了自己的看法，认为用人要用其所长，详察而后可，认为齐占领燕国后，要"谋于燕众"而后定。孟子还针对邹国阶级关系紧张，建议"君行仁政"，针对滕文公对周边大国态度的软弱，建议要施仁爱民以自强。此外，孟子还对汤伐桀、武王伐纣，及对父母的葬礼等，表达了自己的看法。

原文

庄暴见孟子①，曰："暴见于王，王语暴以好乐②，暴未有以对也。"曰："好乐何如？"孟子曰："王之好乐甚，则齐国其庶几乎③！"他日，见于王曰："王尝语庄子以好乐，有诸？"王变乎色，曰："寡人未能好先王之乐也，直好世俗之乐耳。"曰："王之好乐甚，则齐其庶几乎！今之乐由古之乐也。"曰："可得闻与？"曰："独乐乐，与人乐乐，孰乐？"曰："不若与人。"曰："与少乐乐，与众乐乐，孰乐？"曰："不若与众。"

"臣请为王言乐。今王鼓乐于此，百姓闻王钟鼓之声，管籥之音④，举疾首蹙頞而相告曰⑤：'吾王之好鼓乐，夫何使我至于此极也？父子不相见，兄弟妻子离散。'今王田猎于此，百姓闻王车马之音，见羽旄之美⑥，举疾首蹙頞而相告曰：'吾王之好田猎，夫何使我至于此极也？父子不相见，兄弟妻子离散。'此无他，不与民同乐也。

"今王鼓乐于此，百姓闻王钟鼓之声，管籥之音，举欣欣然有喜色而相告曰：'吾王庶无疾病与，何以能鼓乐也？'今王田猎于此，百姓闻王车马之音，见羽旄之美，举欣欣然有喜色而相告曰：'吾王庶几无疾病与，何以能田猎也？'此无他，与民同乐也。今王与百姓同乐，则王矣。"

注释

①庄暴：齐国的大臣。

②乐（yuè）：音乐。

③庶几：差不多。

④管籥（yuè）：古代吹奏乐器。籥同"龠"。

⑤举：全，皆。　頞（è）：鼻梁。

⑥羽旄：古代以雉羽、旄牛尾装饰的旗帜。

　　庄暴来见孟子，说："我去朝见王，王告诉我说，他爱好音乐，我没有什么话回答。"接着又问："爱好音乐好不好？"孟子说："王要是非常喜欢音乐，那齐国就差不多了！"过了一些天，(孟子)去见齐王说："王曾经告诉庄先生，说您爱好音乐，有这事吗？"齐王听后变了脸色，说："寡人不是爱好前代国土统治时期的音乐，只是爱好流行的音乐罢了。"(孟子)说："王要是非常喜欢音乐，那么齐国就很不错了！现在流行的音乐就是源于古代的音乐。"(齐王)说："我可以听听其中的道理吗？"(孟子)说："一个人欣赏音乐及与别人一起欣赏音乐，哪个更快乐呢？"(齐王)说："(自己独自欣赏音乐，)不如与别人一起欣赏音乐快乐。"(孟子)说："与少数人欣赏音乐及与多数人欣赏音乐，哪个更快乐呢？"(齐王)说："(与少数人欣赏音乐，)不如与多数人一起欣赏音乐更快乐。"

　　(孟子)说："让我给王谈一下两种快乐吧。假如王今天在此奏乐，百姓听到王鸣钟击鼓的声音，听到吹管奏籥的声音，(非常讨厌)都摇着头皱着眉而互相议论说："我们国王这样爱好演奏音乐，却为什么让我们这样困苦呢？父子不能相见，兄弟妻儿四处离散。'假如今天王到这里来打猎，百姓听到王车马发出的响声，看见雉羽、旄牛尾装饰的美丽旗帜，都摇着头皱着眉而互相议论说："我们的国王爱好打猎，却为什么让我们这样困苦呢？父亲和儿子不能见面，兄弟妻儿都四处逃散。'(老百姓为什么会这样呢？)这没有别的原因，就是没有同老百姓一同快乐呀。

　　"(又)假如王今天在此奏乐，百姓听到王鸣钟击鼓的声音，吹管奏籥的声音，都面带喜色地互相转告说："我们的国王可能没生病，要不怎么能击鼓奏乐呢？'假如今天王到这里来打猎，百姓听到王车马发出的声音，看见雉羽和旄牛尾装饰的美丽旗帜，都面带喜色地互相转告说："我们国王可能没生病，要不怎么能到田野里打猎呢？'这没有别的原因，因为这是王在同老百姓一同快乐呀。今天王和百姓一同快乐，就可以称王于天下了。

　　齐宣王问曰："文王之囿方七十里①，有诸？"孟子对曰："于传有之。"曰："若是其大乎？"曰："民犹以为小也。"曰："寡人之囿方四十里，民犹以为大，何也？"曰："文王之囿方七十里，刍荛者往焉②，雉兔者往焉③，与民同之。民以为小，不亦宜乎？臣始至于境，问国之大禁，然后敢入。臣闻郊关之内有囿方四十里，杀其麋鹿者如杀人之罪，则是方四十里为阱于国中④。民以为大，不亦宜乎？"

中国家庭基本藏书

注释

① 囿（yòu）：养动物、供游乐的园子。

② 刍荛：刍（chǔ），草；荛（ráo），柴。用如动词，割草、打柴。

③ 雉兔：用如动词，指打猎。

④ 阱（jǐng）：为防御或猎取野兽而设的陷坑。

译文

齐宣王问（孟子）道："听说周文王养动物的园子，方圆有七十里，是真的吗？"孟子回答道："据史书记载有这回事。"（齐宣王）说："这不是太大了吗？"（孟子）说："民众还嫌小呢。"（齐宣王）说："寡人养动物的园子方圆才四十里，民众却觉得很大，这是为什么呢？"（孟子）说："周文王养动物的园子方圆七十里，割草打柴的可以去，射雉捕兔的也可以去，（周文王的园子）是与民众一同享用的。民众嫌它小，不是很自然的吗？（而您却不一样。）臣初次到齐国时，问齐国最主要的禁令，了解清楚后才敢入境。臣听说国都郊外到关口之间有个养动物的园子方圆有四十里，而且打死了其中的麋鹿与杀死人同罪，这实际是在国中设置了一个方圆四十里的陷阱。民众认为它大，不是很自然的吗？"

原文

齐宣王问曰："交邻国有道乎？"孟子对曰："有。惟仁者能以大事小，是故汤事葛①，文王事昆夷②。惟智者为能以小事大③，故太王事獯鬻④，勾践事吴⑤。以大事小者，乐天者也；以小事大者，畏天者也。乐天者保天下，畏天者保其国。《诗》云⑥：'畏天之威，于时保之。'"王曰："大哉言矣！寡人有疾，寡人好勇。"对曰："王请无好小勇。夫抚剑疾视曰：'彼恶敢当我哉！'此匹夫之勇，敌一人者也。王请大之。《诗》云⑦：'王赫斯怒⑧，爰整其旅⑨，以遏徂莒⑩，以笃周祜⑪，以对于天下。'此文王之勇也。文王一怒而安天下之民。《书》曰⑫：'天降下民，作之君，作之师，惟曰其助上帝宠之。四方有罪无罪惟我在，天下曷敢有越厥志⑬？'一人衡行于天下⑭，武王耻之。此武王之勇也。而武王亦一怒而安天下之民。今王亦一怒而安天下之民，民惟恐王之不好勇也！"

注释

① 葛：古国名。在今河南睢县北；一说在今河南郾城北。后为汤所灭。

② 昆夷：亦作"混夷"，周初西戎国名。

③ 小、大：分别指小国和大国。

④ 獯鬻（xūn yù）：古族名。亦作猃狁、荤粥、薰育、荤允等。殷周之际，主要活动在今陕西、甘

肃北境及内蒙古自治区西部。

⑤勾践事吴：越王勾践惨败于吴后亲自到吴国为吴王服役，回国后卧薪尝胆，求治图强，终于复仇。

⑥《诗》云：以下诗句见《周颂·我将》。

⑦《诗》云：以下诗句见《大雅·皇矣》。

⑧赫斯怒：勃然震怒。

⑨爰：乃；于是。

⑩以遏徂莒：徂同"阻"。莒，西周初分封的诸侯国。国都在今山东胶县西南。

⑪祜：福。

⑫《书》曰：以下为《尚书》逸文。

⑬厥：用法同"其"。

⑭衡：同"横"。

齐宣王问道："与邻国交往有原则和办法吗？"孟子答道："有的。只有有仁爱之心的人才能以大国的身份服从小国，因此商汤服从葛伯，周文王服从昆夷。只有聪明的人能以小国服从大国，因此周太王服从獯鬻，勾践服从吴王。以大国的身份服从小国的人，是愿意服从天命的人；以小国的身份服从大国的人，是畏惧天命的人。愿意服从天命的人可以安定天下，畏惧天命的人可以保护他的国家。《诗经》中说：'畏惧上天的威灵，心存谨慎所以得以保存。'"齐宣王说："这话说得太好了！不过寡人有个毛病，寡人好斗勇。"（孟子）答道："请王不要逞个人的勇武。手按着剑瞪眼睛说：'你怎么敢抵挡我呢！'这不过是普通人的勇武，只能抵敌一个人。希望王能有大的勇武。《诗经》中说：'王勃然震怒，于是整肃军队，抵御住了莒国的入侵，增添了周的福泽，并以此显示于天下。'这就是文王的勇武。文王一怒便安定了天下的民众。《书经》中说：'上天降了芸芸众民，并选定了君主，选定了贤人。君主和贤人惟一的责任就是帮助上帝爱护民众。（因此）四方之大，有罪过或没罪过，均由我来负责。普天之下谁敢违背我的意志行事呢？'普天之下让一个人横行霸道，周武王感到耻辱。这也就是周武王的勇武。而周武王于是就在一怒之下安定了天下的民众。今大王也在一怒之下安定天下的民众，这样，民众只怕王不爱好勇武呢？"

齐宣王见孟子于雪宫①。王曰："贤者亦有此乐乎？"孟子对曰："有。人不得，则非其上矣。不得而非其上者，非也；为民上而不与民同乐者，亦非也。乐民之乐者，民亦乐其乐；忧民之忧者，民亦忧其忧。乐以天下，忧以天下，然而不王者，未之有也。

"昔者齐景公②问于晏子曰③：'吾欲观于转附、朝儛④，遵海而南，放

中国家庭·基本藏书

于琅邪⑤，吾何修而可以比于先王观也？'晏子对曰：'善哉问也！天子适诸侯曰巡狩。巡狩者，巡所守也。诸侯朝于天子曰述职。述职者，述所职也。无非事者。春省耕而补不足，秋省敛而助不给。夏谚曰："吾王不游，吾何以休？吾王不豫，吾何以助？一游一豫，为诸侯度。"今也不然：师行而粮食，饥者弗食，劳者弗息。睊睊胥谗⑥，民乃作慝⑦。方命虐民，饮食若流。流连荒亡，为诸侯忧。从流下而忘反谓之流，从流上而忘反谓之连，从兽无厌谓之荒，乐酒无厌谓之亡。先王无流连之乐，荒亡之行。惟君所行也。'

"景公悦，大戒于国，出舍于郊。于是始兴发补不足。召大师曰⑧：'为我作君臣相说之乐！'盖《徵招》《角招》是也⑨。其诗曰：'畜君何尤⑩？'畜君者，好君也。"

① 雪宫：齐宣王的离宫。

② 齐景公：春秋时齐国国君，名杵臼。齐庄公的异母弟。公元前547—前490在位。

③ 晏子：名婴，字平仲，春秋时齐国大夫。

④ 转附朝儛：转附，疑今山东烟台市西北的芝罘岛。朝儛，疑今山东荣成东之召石山。

⑤ 琅邪：即琅邪山。在今山东省胶南南境。

⑥ 睊睊胥谗：睊睊，侧目相视。胥，全，都。谗，毁谤。

⑦ 慝（tè）：邪恶。

⑧ 大师：古代乐官名。

⑨ 徵招角招：徵（zhǐ），徵和角是古代五音（宫、商、角、徵、羽）中的两个。招，同"韶"。

⑩ 尤：错误，过失。

齐宣王在雪宫接见孟子。齐宣王说："贤能的人也有这种快乐吗？"孟子答道："有的。人要是得不到快乐，就会讲君主的坏话，当然这是不对的；但作为民众的君主而不和民众一起享受快乐，也是不对的。君主把民众的快乐当作自己的快乐，民众也会把他的快乐当作自己的快乐；君主忧虑民众所忧虑的，民众也忧虑他所忧虑的。与天下的民众同乐，与天下的民众同忧，这样还不能称王于天下，是从来没有的。

"过去齐景公曾问晏子说：'我想到转附和朝儛等地去观光，就沿着海边向南而去，一直到达琅邪，我怎么才能和以前先王的巡游相比拟呢？'晏子答道：'问得好呀！天子到诸侯的国家去叫做巡狩。所谓巡狩，就是巡视诸侯所守卫的疆土。诸侯去朝见天子叫做述职。所谓述职，就是讲述自己的职任和工作。他们这样并不是无所事事。春天巡视耕种情况，对贫困的地区或农户进行补助；秋天考察收获情况，再对歉收的地区或农户加以赈济。夏朝的谚语说：'我们的国王不出来巡游，我怎么能够休息呢？我们的国王不快乐，我怎么能够得到补助呢？一个巡游，一个快乐，为诸侯树立了榜样。'今天就不同了：国王的车驾一动，就要征调很多粮草。这样，饥饿的人越发吃不到东西，劳作的人越发得不到休息。大家瞪眼怒骂，民众起来反抗。既违背天理又残害民众，挥霍粮食像流水一样。毫无节制地挥霍浪费，诸侯们都非常忧愁。顺流而下的游玩，乐而忘返，称做流；逆流而上的游玩，乐而忘返，称做连；打猎而毫无厌倦，称做荒；饮酒而毫无节制，称做亡。以前的贤王没有流连的游乐，也没有荒亡的行为。请君主来决定自己的所作所为吧。

"齐景公听了很高兴，先在国都内严申制度，然后出城驻扎到郊外。并开始拿出钱粮救济穷人。（齐景公）又把管音乐的大师叫来，对他说：'给我创作一首君臣同乐的乐曲！'这首乐曲就是《徵招》《角招》。其中的歌词说：'畜君有什么不对的呢？'什么是畜君，就是喜爱国君的意思。"

齐宣王问曰："人皆谓我毁明堂^①，毁诸？已乎？"孟子对曰："夫明堂者，王者之堂也。王欲行王政，则勿毁之矣。"王曰："王政可得闻与？"对曰："昔者文王之治岐也^②，耕者九一，仕者世禄，关市讥而不征^③；泽梁无禁^④；罪人不孥。老而无妻曰鳏，老而无夫曰寡，老而无子曰独，幼而无父曰孤。此四者，天下之穷民而无告者。文王发政施仁，必先斯四者。《诗》云^⑤：'哿矣富人^⑥，哀此茕独。'"王曰："善哉言乎！"曰："王如善之，则何为不行？"曰："寡人有疾，寡人好货。"对曰："昔者公刘好货^⑦，《诗》云^⑧：'乃积乃仓，乃裹餱粮，于橐于囊^⑨，思戢用光^⑩。弓矢斯张，干戈戚扬，爰方启行。'故居者有积仓，行者有裹囊也。然后可以'爰方启行'。王如好货，与百姓同之，于王何有？"王曰："寡人有疾，寡人好色。"对曰："昔者太王好色，爱厥妃。《诗》云^⑪：'古公亶父^⑫，来朝走马，率西水浒，至于岐下，爰及姜女^⑬，聿来胥宇^⑭。'当是时也，内无怨女，外无旷夫。王如好色，与百姓同之，于王何有？"

① 明堂：古代天子宣明政教的地方，凡朝会及祭礼、庆赏、选士、养老等大典，均在其中举行。
② 岐：地名，今陕西岐山县一带。
③ 讥：查问。
④ 泽梁：水中筑堰像桥梁一样的捕鱼设施。
⑤《诗》云：以下诗句见《小雅·正月》。
⑥ 哿（gě）：表称许之词。

中国家庭基本藏书

⑦公刘：古代周族领袖，传说他是后稷曾孙。

⑧《诗》云：以下诗句见《大雅·公刘》。

⑨橐囊：口袋；袋子。

⑩戢（jí）；通"辑"，齐。

⑪《诗》云：以下诗句见《大雅·绵》。

⑫古公亶父：即周太王。

⑬姜女：即太姜；太王之妃。

⑭聿：语助，无义。 胥：视察。

译文

齐宣王问道："人们都劝我毁掉明堂，到底是毁掉呢？还是不毁掉？"孟子答道："什么叫明堂呢？就是国王宣明政教的殿堂。王如果想施行王道政治，那就不要把它毁掉。"齐宣王说："什么叫王道政治，我能听听吗？"（孟子）答道："过去周文王治理岐地，耕田的人纳九分之一的税；做官的人世代承袭俸禄；关卡和集市只稽查，而不征税；在湖泊里搭堰捕鱼也无禁令；犯罪的也只惩处本人，而不株连家属。年老了没有妻子叫鳏夫，年老了没有丈夫叫寡妇，年老了没有儿子叫独者，年幼而没有父亲叫孤儿。这四种人是天下穷困而没有依靠的人。周文王施政从仁德出发，一定首先考虑的是照顾这四种人。《诗经》中说：'能很好生活的那些富人，可怜孤独无靠的人吧！'"齐宣王说："这话说得太好了！"（孟子）说："王如果认为这话说得好，那为什么不去实行呢？"（齐宣王）说："寡人有个毛病，寡人喜爱钱财。"（孟子）答道："过去公刘也喜爱钱财。《诗经》中说：'把粮食储藏在仓库里，用来做干粮，袋子也装得满满的。百姓一心，发扬国威。拉开弓，搭上箭，刀枪剑戟一齐举，浩浩荡荡奔向前。'在原地居住的人因仓库有粮不会挨饿，上前方的人口袋里装满了粮食也不会挨饿。这样才可以'远行出征'。王如果爱好钱财，和老百姓一同喜爱，对王您来说有什么困难呢？"齐宣王说："寡人有个毛病，寡人喜爱女色。"（孟子）答道："从前周太王也喜爱女色，并宠爱他的妃子。《诗经》中说：'古公亶父，清晨骑马奔跑，沿着河水的西岸，来到岐山之下，姜氏女陪伴着他，到民居中来视察。'周太王统治时期，在内没有未嫁人的老处女，在外也没有未娶妻的单身汉。王如果喜爱女色，也要和老百姓一道喜爱，这对王您来说有什么困难呢？"

原文

孟子谓齐宣王曰："王之臣有托其妻子于其友而之楚游者，比其反也①，则冻馁其妻子，则如之何？"王曰："弃之。"曰："士师不能治士②，则如之何？"王曰："已之。"曰："四境之内不治，则如之何？"王顾左右而言他。

①比（bì）：及，至。

②士师：古代官名。掌禁令、狱讼、刑罚。

孟子对齐宣王说："王有个臣僚将妻儿托付给朋友照顾，而自己到楚国游历去了，等到他回来，(看到)他的妻儿在受冻挨饿，他该怎么办呢？"齐宣王说："和他的朋友断绝交往。"(孟子)说："司法长官不能治理好部下，该怎么办呢？"齐宣王说："撤掉他。"(孟子)说："国家治理不好，该怎么办呢？"齐宣王(听后)向左右张望，把话题扯到其他事情上去了。

孟子见齐宣王，曰："所谓故国者，非谓有乔木之谓也，有世臣之谓也。王无亲臣矣，昔者所进，今日不知其亡也。"王曰："吾何以识其不才而舍之？"曰："国君进贤，如不得已，将使卑逾尊，疏逾戚，可不慎与？左右皆曰贤，未可也；诸大夫皆曰贤，未可也；国人皆曰贤，然后察之；见贤焉，然后用之。左右皆曰不可，勿听；诸大夫皆曰不可，勿听；国人皆曰不可，然后察之；见不可焉，然后去之。左右皆曰可杀，勿听；诸大夫皆曰可杀，勿听；国人皆曰可杀，然后察之；见可杀焉，然后杀之。故曰，国人杀之也。如此，然后可以为民父母。"

孟子去见齐宣王，说道："我们所说的'故国'，并不是因为那里有生长多年的乔木才这样称呼的，而是因为有世代传承的臣僚才这样称呼的。王现在没有亲信的臣子了，从前所进用的臣子，想不到今天都不知哪里去了。"齐宣王说："我怎样去识别那些没有才能的人，并不用他们呢？"(孟子)说："国君选用贤能的人，如不得不起用他们的话，就要把低贱的人提拔到尊贵的人之上，把与自己关系疏远的人提拔到关系亲近的人之上，这样做，难道不应该慎重考虑吗？左右亲近的人都说某人好，不要听从；各位大夫都说某人好，不要听从；国内的人都说某人好，然后再进行考察；发现他确实贤能，然后再起用他。左右亲信都说不可以用某人，不要听从；各位大夫都说不可以用某人，也不要听从；国内的人都说不可以用某人，然后再去考察他；发现他真的是个不可以用的人，然后再把他罢免掉。左右亲信都说某人该杀，不要听从；各位大夫都说某人该杀，也不要听从；国内的人都说某人该杀，然后考察这个人；发现他真的该杀，然后再把他杀掉。所以说，是全国人民

中国家庭基本藏书

把他杀死的。如果能做到这样，然后才能做民众的父母。"

 原文

　　齐宣王问曰："汤放桀①，武王伐纣②，有诸？"孟子对曰："于传有之。"曰："臣弑其君，可乎？"曰："贼仁者谓之'贼'，贼义者谓之'残'。残贼之人谓之'一夫'。闻诛一夫纣矣，未闻弑君也。"

注释

　　① 汤：商朝的建立者。　桀：夏朝末代君主，暴君。
　　② 纣：商朝末代君主，暴君。

 译文

　　齐宣王问道："商汤王流放夏桀王，周武王讨伐商纣王，有这样的事吗？"孟子答道："史书上有这样的记载。"（齐宣王）说："做臣子的杀死他的国君，这可以吗？"（孟子）说："损害仁爱的人叫做'贼'，损害道义的人叫做'残'。残贼全有的人称做'一夫'。听说诛杀了个一夫纣，而没有听说杀死国君。"

原文

　　孟子见齐宣王，曰："为巨室，则必使工师求大木①，则王喜，以为能胜其任也。匠人斫而小之，则王怒，以为不胜其任矣。夫人幼而学之，壮而欲行之，王曰：'姑舍女所学而从我。'则何如？今有璞玉于此②，虽万镒③，必使玉人雕琢之。至于治国家，则曰：'姑舍女所学而从我。'则何以异于教玉人雕琢玉哉？"

注释

　　① 工师：春秋战国时期的官名，掌管百工和官营手工业。
　　② 璞玉：指未雕琢的玉。
　　③ 镒（yì）：古代重量单位，合当时的二十两，一说是二十四两。

 译文

　　孟子去见齐宣王，说："建造大的房子，一定要让工师去寻求大的木料，那么，王就会感到高兴，认为他能够胜任这个工作。如果建造房子的工人把木料砍小了，那样，王就会发怒，认为他不能胜任这个工作。有人从小学习一门技艺，想在长大后能实际运用，而王却对他说：'暂且把你所学的放下跟从我干吧。'那能行吗？假如现在这里有一块未曾雕琢过的玉石，虽然它价值万镒，但必须让玉匠来雕琢它（才能成器）。可说到治理国家，你却说：'暂且把你所学的放下跟从我干吧。'这和让玉匠雕琢天然玉石的做法有什么不一样呢？"

原文

齐人伐燕，胜之。宣王问曰："或谓寡人勿取，或谓寡人取之。以万乘之国伐万乘之国，五旬而举之，人力不至于此。不取，必有天殃。取之，何如？"孟子对曰："取之而燕民悦，则取之，古之人有行之者，武王是也。取之而燕民不悦，则勿取，古之人有行之者，文王是也。以万乘之国伐万乘之国，箪食壶浆以迎王师①，岂有他哉？避水火也。如水益深，如火益热，亦运而已矣。"

注释

① 箪（dān）：古代盛饭的圆竹器。 浆：酸米汤。

译文

齐国攻打燕国，获胜，齐宣王问道："有人劝寡人不要灭掉燕国，也有人劝寡人灭掉燕国。以一个万乘大国攻打另一个万乘大国，仅用五十天就攻占了它的领土，这仅凭人的力量是做不到的。不灭掉它，天必定会降下灾祸。灭掉它，怎么样？"孟子答道："如果灭掉它燕国的民众感到高兴，那么，就灭掉它，古人有这样做的，周武王便是。如果灭掉它燕国的民众不高兴，就不要灭掉它，古人也有这样做的，周文王便是。以一个万乘之国去讨伐另一个万乘之国，(百姓)用箪盛食用壶盛汤来迎接王的军队，那会有什么别的意思呢？只不过是想脱离水深火热的苦日子罢了。如果民众苦难更加深重了，那不过是一次政权的转移罢了。"

原文

齐人伐燕，取之。诸侯将谋救燕。宣王曰："诸侯将谋伐寡人者，何以待之？"孟子对曰："臣闻七十里为政于天下者，汤是也。未闻以千里畏人者也。《书》曰：'汤一征，自葛始①。'天下信之，东面而征，西夷怨；南面而征，北狄怨，曰：'奚为后我？'民望之，若大旱之望云霓也②。归市者不止，耕者不变，诛其君而吊其民，若时雨降，民大悦。《书》曰：'徯我后③，后来其苏。'今燕虐其民，王往而征之，民以为将拯己于水火之中也，箪食壶浆以迎王师。若杀其父兄，系累其子弟，毁其宗庙，迁其重器④，如之何其可也？天下固畏齐之强也，今又倍地而不行仁政，是动天下之兵也。王速出令，反其旄倪⑤，止其重器，谋于燕众，置君然后去之，则犹可及止也。"

中国家庭基本藏书

注释

① 汤一征，自葛始：此六字引自今已亡佚的《汤征》。

② 霓：虹的一种。亦称副虹。

③ 傒（xī）：等待。　后：这里指王。

④ 重器：国家的宝器。

⑤ 旄倪：旄通"耄"（mào），八九十岁的老人；倪，通"儿"。旄倪即老人和小孩的合称。

译文

　　齐国攻打燕国，并占领了它。其他诸侯国家一起谋划准备援救燕国。齐宣王问道："各诸侯国正在谋划要攻打寡人，这该怎么对待呢？"孟子答道："臣听说凭方圆七十里土地而统一天下的人，是商汤王。还未听说占据方圆千里之地而害怕别人的。《书经》中说：'商汤开始征讨，是从攻打葛国开始的。'天下之人都很信服他，当他征讨东方的时候，西方的夷人便不高兴；当他征讨南方的时候，北方的狄人也不高兴，都说：'为什么把我们放到后面？'民众盼望他，就像天大旱盼望乌云和彩虹一样。到市场去做生意和买东西的人依然来往不断，种田的人照常在田地里耕作。杀死他们暴虐的国君，而抚慰当地的民众，就像及时雨降临一样，民众都非常高兴。《书经》中说：'盼望我王，王来了，我们的苦难解除了。'今天燕国虐待他的民众，王前往征讨，燕国的民众认为这是将要把他们从水深火热中救出来，因此都会用箪盛上食物，用壶装上汤，来迎接王的军队。面对如此情况，如果杀死他们的父兄，俘获他们的子弟，毁坏他们的宗祠家庙，迁走他们的传国宝器，这样做怎么可以呢？天下固然畏惧齐国的强大，今天又扩张了一倍的土地，却不施行仁爱之政，实际是引起天下各诸侯国的发兵进攻。王赶快发出命令，放回被俘获的老人孩子，停止搬运燕国的传国宝器，再和燕国的民众商量，择立一个新君然后撤离，这样，还来得及阻止各诸侯国出兵。"

原文

　　邹与鲁哄。穆公问曰①："吾有司死者三十三人，而民莫之死也。诛之，则不可胜诛；不诛，则疾视其长上之死而不救，如之何则可也？"孟子对曰："凶年饥岁，君之民老弱转乎沟壑，壮者散而之四方者，几千人矣；而君之仓廪实，府库充，有司莫以告，是上慢而残下也。曾子曰②：'戒之戒之！出乎尔者，反乎尔者也。'夫民今而后得反之也。君无尤焉！君行仁政，斯民亲其上，死其长矣。"

注释

① 穆公：即邹穆公。

②曾子：名参，孔子学生。

邹国和鲁国在边界上发生了纠纷。邹穆公问(孟子)道："(这一次冲突)有关官员死了三十三人，而民众却没有因此死难的。杀死这些民众，又不可能杀那么多；不杀，又恨他们眼睁睁看着他们的长官死去而不援救，这怎么办才好呢？"孟子答道："灾荒年间，您的百姓中，年老体弱尸体抛到山沟郊野之中，年轻体壮的流亡到了四面八方，一共几千人呀；而您的仓库里却堆满了粮食，府库里藏满了财物，这些情况，有关官员都没有向您报告，老百姓的流亡就是因为上级官员不尽职守而造成的。曾子说过：'千万注意！千万注意！你怎样对待别人，别人也会怎样对待你。'今天的情况，正是民众对官员的报复。您也不要为此发愁，您只要实行仁德政治，民众自然会亲近爱护他们的上司，并甘心情愿地为他们的长官牺牲的。"

滕文公问曰①："滕，小国也，间于齐、楚。事齐乎？事楚乎？"孟子对曰："是谋非吾所能及也。无已，则有一焉：凿斯池也，筑斯城也，与民守之，效死而民弗去，则是可为也。"

①滕文公：滕国国君，滕国国都在今山东滕州西南。

滕文公问道："滕国，是一个弱小的国家，位于齐、楚网个大国中间。是顺附齐国呢？还是顺附楚国呢？"孟子答道："这个事情不是我的能力所谋划得了的。如果非要我说，倒有一个建议：挖掘好护城河，修筑好城墙，与民众一起守卫，排死，民众也不离去，这样，还是可以有作为的。"

滕文公问曰："齐人将筑薛①，吾甚恐，如之何则可？"孟子对曰："昔者大王居邠②，狄人侵之，去之岐山之下居焉③。非择而取之，不得已也。苟为善，后世子孙必有王者矣。君子创业垂统，为可继也。若夫成功，则天也。君如彼何哉？强为善而已矣！"

中国家庭基本藏书

①薛：古国名。任姓。首都在今山东滕州南。

②邠：亦作豳。商、西周邑，在今陕西旬邑县东北。
③岐山：在今陕西岐山县东北。

滕文公问道："齐国人准备在薛地建筑城池，我很害怕，该怎么办才好呢？"孟子答道："从前周太公在邠地居住，狄族人侵扰他，他就迁徙到岐山脚下去居住。他并不是主动选择了那个地方，而是因为不得已。只要是实行仁德政治，后代的子孙中必然会出现统一天下的国王。君子创立功业，传于后代，是为了把他的事业发扬光大，后继有人。至于是否成功，只能听天由命了。您对齐人怎么办呢？自己努力实行仁政罢了！"

滕文公问曰："滕，小国也；竭力以事大国，则不得免焉，如之何则可？"孟子对曰："昔者大王居邠，狄人侵之。事之以皮币，不得免焉；事之以犬马，不得免焉；事之以珠玉，不得免焉。乃属其耆老而告之曰①：'狄人之所欲者，吾土地也。吾闻之也：君子不以其所以养人者害人。二三子何患乎无君？我将去之。'去邠，逾梁山②，邑于岐山之下居焉。邠人曰：'仁人也，不可失也。'从之者如归市。或曰：'世守也，非身之所能为也。效死勿去。'君将择于斯二者。"

①耆：古称六十岁为耆。
②梁山：在今陕西乾县西北。

滕文公问道："滕国是个弱小的国家，尽心竭力地服侍大国，仍然难免于灾祸，怎么办才好呢？"孟子答道："从前周太王居住在邠地，狄族人侵犯他。用裘皮和绢帛去讨好他们，不能免除侵害；用名狗名马去讨好他们，也不能免除侵害；用珍珠宝玉去讨好他们，还不能免除侵害。于是周太王召集当地的老人对他们说：'狄族人所想要的，是我们的土地。我听说过：有德行的人不能让本来用做养活人的东西却成为人的祸害。你们哪用担心没有君主呢？我准备离开这里。'（说完即）离开了邠地，翻越过梁山，在岐山脚下建筑城邑定居下来。（周太王走后，）邠人（非常怀念）说：'这是一个有仁德的人，不能失去他。'纷纷前往追随他，就像赶集市一样。也有人说：'这是祖先传下来让我们世代相守的基业，不能自己擅作主张将它丢弃。宁死也不能离去。'对以上两个做法，您可以自己从中选择一个。"

鲁平公将出^①，嬖人臧仓请曰："他日君出，则必命有司所之。今乘舆已驾矣，有司未知所之，敢请。"公曰："将见孟子。"曰："何哉？君所为轻身以先于匹夫者？以为贤乎？礼义由贤者出；而孟子之后丧逾前丧^②。君无见焉！"公曰："诺。"

乐正子入见^③，曰："君奚为不见孟轲也。"曰："或告寡人曰，'孟子之后丧逾前丧'，是以不往见也。"曰："何哉？君所谓逾者，前以士，后以大夫；前以三鼎，而后以五鼎与^④？"曰："否，谓棺椁衣衾之美也^⑤。"曰："非所谓逾也，贫富不同也。"

乐正子见孟子，曰："克告于君，君为来见也。嬖人有臧仓沮君^⑥，君是以不果来也^⑦。"曰："行，或使之；止，或尼之^⑧。行止，非人所能也。吾之不遇鲁侯，天也，臧氏之子焉能使予不遇哉？"

【注释】

① 鲁平公：景公之子，名叔，一说名旅。
② 后丧逾前丧：后丧指孟子母丧，前丧指孟子父丧。
③ 乐正子：名克，孟子的学生。
④ 鼎：古代一种炊具，多用青铜制成，祭祀时也用以盛祭品。　祭礼：天子九鼎，诸侯七，卿大夫五，元士三。用鼎的多少，体现着当时的等级差别。
⑤ 棺椁：内棺称"棺"，外棺称"椁"。
⑥ 沮：通"阻"。
⑦ 不果：《词诠》："凡事与预期相合者曰果，不合者曰不果。"
⑧ 尼：止。

【译文】

鲁平公准备外出，他所宠幸的小臣臧仓来请示说："过去您外出，一定要告诉有关官员您要去的地方。现在出行的车马都准备好了，有关官员还不知您去哪里，因此，冒昧地问一声。"鲁平公说："是要去见孟子。"（臧仓）说："怎么啦？您为什么降低自己的身份先去看一个普通人呢？是不是认为他是一个贤人呢？礼义应该由贤人表现出来；而孟子给母亲办丧事的花费超过了以前给父亲办丧事的花费。您不要去看望他！"鲁平公说："好吧。"

乐正子入宫见鲁平公，说道："您为什么不去看望孟轲呢？"（鲁平公）说："有人告我说：'孟子给母亲办丧事的花费超过了以前给父亲办丧事的花费'，因此就不去看他了。"（乐正子）说："这有什么，您所说超过这件事，是由于以前孟轲是士，用士礼安葬他的父亲,后来孟轲做了大夫,母亲去世后,就用大夫礼仪安葬他的母亲了;也就是安葬父亲的祭礼用了三个鼎,而安葬母亲的祭礼用了五个鼎,您是不是指这件事呢?"(鲁平公)说:"不,我指的是棺椁衣被精美程度超过以前。"(乐正子)说:"那不能叫超过,是前后贫富不同造成的。"

乐正子去见孟子,说道:"我去跟君主说了,君主正要来看您,可是有个叫臧仓的奸佞小臣阻拦了君主,所以君主没有前来。"(孟子)说:"去做一件事,有一种力量在指使他;不去做这件事,也有一种力量在阻拦他。做或者不做,不是仅凭个人的主观意愿就能决定的。我不能和鲁侯相见,是天命如此,姓臧的那小子怎么能阻拦我和鲁侯相见呢?"

◎ 公孙丑上

在本篇，孟子通过论述，否定了管仲、晏子的功业，提出了"行仁政而王"的主张。认为在对国家的治理上，"仁则荣，不仁则辱"，还具体指出了实行仁政的五种做法。孟子还认为，忍人之心是仁政的基础，为了做到仁，要与人为善，不断反省自己。孟子还对"圣人"作了分析评价，并极力推崇孔子，认为"自有生民以来未有盛于孔子也"。孟子还认为自己"善养吾浩然之气"。

原文

公孙丑问曰①："夫子当路于齐②，管仲③、晏子之功，可复许乎④？"孟子曰："子诚齐人也，知管仲、晏子而已矣。或问乎曾西曰⑤：'吾子与子路孰贤⑥？'曾西蹴然曰⑦：'吾先子之所畏也⑧。'曰：'然则吾子与管仲孰贤？'曾西艴然不悦⑨，曰：'尔何曾比予于管仲？管仲得君如彼其专也，行乎国政如彼其久也，功烈如彼其卑也；尔何曾比予于是？'"曰："管仲，曾西之所不为也，而子为我愿之乎？"

曰："管仲以其君霸，晏子以其君显。管仲、晏子犹不足为与？"曰："以齐王，由反手也。"曰："若是，则弟子之惑滋甚。且以文王之德，百年而后崩，犹未洽于天下⑩；武王、周公继之⑪，然后大行。今言王若易然，则文王不足法与？"曰："文王何可当也？由汤至于武丁⑫，贤圣之君六七作，天下归殷久矣，久则难变也。武丁朝诸侯，有天下，犹运之掌也。纣之去武丁未久也，其故家遗俗，流风善政，犹有存者；又有微子、微仲、王子比干、箕子、胶鬲⑬，皆贤人也，相与辅相之，故久而后失之也。

"尺地，莫非其有也；一民，莫非其臣也；然而文王犹方百里起，是以难也。齐人有言曰：'虽有智慧，不如乘势；虽有镃基，不如待时。'今时则易然也：夏后、殷、周之盛，地未有过千里者也，而齐有其地矣；鸡鸣狗吠相闻，而达乎四境，而齐有其民矣。地不改辟矣，民不改聚矣，行仁政而王，莫之能御也。

"且王者之不作，未有疏于此时者也；民之憔悴于虐政，未有甚于此时者也。饥者易为食，渴者易为饮。孔子曰：'德之流行，速于置邮而传

中国家庭基本藏书

命.'当今之时,万乘之国行仁政,民之悦之,犹解倒悬也。故事半古之人,功必倍之,惟此时为然。"

① 公孙丑:孟子的学生。

② 当路:当权,当政。

③ 管仲:名夷吾。春秋时齐国的名相,曾辅佐齐桓公成为春秋时的第一个霸主。

④ 许:期望。朱熹集注:"许犹期也。"

⑤ 曾西:字子西,春秋时鲁国人,曾参之子。

⑥ 子路:鲁国人。仲氏,名由,也字季路。孔子学生。

⑦ 蹴然:恭敬貌。

⑧ 先子:自称死去的父亲。

⑨ 艴(fú)然:恼怒貌。

⑩ 洽:广博、周遍,可引申为统一。

⑪ 周公:西周初年政治家。姬姓,名旦。周武王之弟。

⑫ 武丁:商代君主。后被称为高宗。盘庚弟小乙之子。

⑬ 微子……胶鬲:微子,名启,商纣王的庶兄。微仲,微子之弟,名衍。王子比干,纣王的叔父,相传因屡次劝谏纣王,被剖心而死。箕子,纣王的诸父,曾因劝谏纣王,遭到囚禁。周武王灭商后被释放。胶鬲,商纣王之臣。

公孙丑问道:"先生如果在齐国执掌政权,管仲、晏子的功业可以再次复兴吗?"孟子说:"你真是一个齐国人,只知道有个管仲、晏子罢了。曾经有人问过曾西:'您和子路相比,谁更贤能呢?'曾西听后很恭敬地说:'他是我父亲所敬畏的人。'那人又问:'那么,您和管仲相比,谁更贤能呢?'曾西显出不高兴的样子,说道:'您怎么把我和管仲相比?管仲得到国君那样专一的信任重用,掌握国家的权力是那样地长久,而所取得的功绩又是那样微不足道,而你却要把我和他相比!'"(孟子)又说:"管仲是曾西还不愿相比的人,难道你认为我愿意和他相比吗?"

（公孙丑）说:"管仲能使他的君主称霸天下,晏子能使他的君主名扬诸侯。难道管仲、晏子还不足称道吗?"(孟子)说:"以齐国来统一天下,易如反掌。"(公孙丑)说:"照您这样说,弟子就更糊涂了。以周文王那样的德行,而且活了一百岁才死去,但还没有使天下人归附,武王、周公继承了他的事业,才使王道发扬光大,(使天下统一并巩固。)今天您把统一天下说得那么容易,难道连周文王也不足以效法吗?"(孟子)说:"谁敢和周文王相比呢？（商朝）从汤王到武丁,贤明的君主出现了六七个,天下民众归附殷商很久了,而时间长了也就很难变动了。武丁统治时期,使诸侯来朝拜,治理天下,就像在手掌上转动一件东西一样。纣王即位时,距武丁统治时期并不长,武丁时期的故旧世家,良好习俗,淳厚民风,仁德政教,有些还保存着;又有微子、微仲、王子比干、箕子、胶鬲等贤士,一心辅佐纣王,所以（商朝）又延续了相当长的一段时间才灭亡。

"当时，每一尺土地，没有不为纣王所有；每一个百姓，没有不是纣王的臣民；而周文王仅凭所拥有的方圆百里之地去统一天下，因此是很不容易的。齐国有句俗话说：'纵然聪明，不如顺势而为；纵有锄头，不如等待农时。'就现在的形势来看，要推行王政就容易多了：即便在夏、商、周最兴盛的时期，诸侯土地也没有超过方圆一千里的。而今天齐国却拥有这样广阔的土地；而且在齐国境内还能处处听到鸡鸣狗叫的声音，说明齐国的人口也很多。土地不用拓展了，民众也不必再增加了，推行仁政去统一天下，是谁也阻挡不了的。

"况且贤明君主不出现的时间，从来没有现在这样长久的；民众被暴虐政治折磨得疲惫不堪，也从来没这样厉害过。饥饿的人不选择食物，口渴的人也不苛求饮料。孔子说：'德政的流行，比通过驿站传达政令还要快。'现今这个时代，拥有一万辆兵车的大国实行仁政，民众高兴得就会像倒挂着的人被解救了一样。所以用力等于古人一半，一定能取得高于古人一倍的功业，只有在当今这个时代能做到。"

原文

公孙丑问曰："夫子加齐之卿相，得行道焉，虽由此霸王，不异矣。如此，则动心否乎？"孟子曰："否；我四十不动心。"曰："若是，则夫子过孟贲远矣①。"曰："是不难，告子先我不动心②。"

曰："不动心有道乎？"曰："有。北宫黝之养勇也③：不肤桡④，不目逃，思以一豪挫于人，若挞之于市朝；不受于褐宽博⑤，亦不受于万乘之君；视刺万乘之君若刺褐夫；无严诸侯，恶声至，必反之。孟施舍之所以养勇也⑥，曰：'视不胜犹胜也；量敌而后进，虑胜而后会，是畏三军者也。舍岂能为必胜哉？能无惧而已矣。'孟施舍似曾子，北宫黝似子夏⑦。夫二子之勇，未知其孰贤，然而孟施舍守约也。昔者曾子谓子襄曰⑧：'子好勇乎？吾尝闻大勇于夫子矣⑨：自反而不缩，虽褐宽博，吾不惴焉；自反而缩，虽千万人，吾往矣。'孟施舍之守气，又不如曾子之守约也。"

曰："敢问夫子之不动心与告子之不动心，可得闻与？""告子曰：'不得于言，勿求于心；不得于心，勿求于气。'不得于心，勿求于气，可；不得于言，勿求于心，不可。夫志，气之帅也；气，体之充也。夫志至焉，气次焉；故曰'持其志，无暴其气。'""既曰，'志至焉，气次焉'。又曰，'持其志，无暴其气'。何也？"曰："志壹则动气，气壹则动志也，今夫蹶者

中国家庭基本藏书

趋者,是气也,而反动其心。"

"敢问夫子恶乎长?"曰:"我知言,我善养吾浩然之气。""敢问何谓浩然之气?"曰:"难言也。其为气也,至大至刚,以直养而无害,则塞于天地之间。其为气也,配义与道;无是,馁也。是集义所生者,非义袭而取之也。行有不慊于心,则馁矣。我故曰,告子未尝知义,以其外之也。必有事焉,而勿正;心勿忘,勿助长也,无若宋人然⑩。宋人有闵其苗之不长而揠之者⑪,芒芒然归,谓其人曰:'今日病矣!予助苗长矣!'其子趋而往视之,苗则槁矣。天下之不助苗长者寡矣。以为无益而舍之者,不耘苗者也;助之长者,揠苗者也,非徒无益,而又害之。"

"何谓知言?"曰:"诐辞知其所蔽⑫,淫辞知其所陷,邪辞知其所离,遁辞知其所穷。生于其心,害于其政;发于其政,害于其事。圣人复起,必从吾言矣。""宰我、子贡善为说辞⑬,冉牛、闵子、颜渊善言德行⑭。孔子兼之,曰:'我于辞命,则不能也。'然则夫子既圣矣乎?"曰:"恶!是何言也?昔者子贡问于孔子曰:'夫子圣矣乎?'孔子曰:'圣则吾不能,我学不厌而教不倦也。'子贡曰:'学不厌,智也;教不倦,仁也。仁且智,夫子既圣矣⑮。'夫圣,孔子不居,是何言也?"

"昔者窃闻之:子夏、子游、子张皆有圣人之一体⑯,冉牛、闵子、颜渊则具体而微,敢问所安?"曰:"姑舍是。"曰:"伯夷、伊尹何如⑰?"曰:"不同道。非其君不事,非其民不使;治则进,乱则退,伯夷也。何事非君,何使非民;治亦进,乱亦进,伊尹也。可以仕则仕,可以止则止,可以久则久,可以速则速,孔子也。皆古圣人也,吾未能有行焉;乃所愿,则学孔子也。"

"伯夷、伊尹于孔子,若是班乎?"曰:"否;自有生民以来,未有孔子也。"曰:"然则有同与?"曰:"有。得百里之地而君之,皆能以朝诸侯,有天下;行一不义,杀一不辜,而得天下,皆不为也,是则同。"

曰:"敢问其所以异。"曰:"宰我、子贡、有若⑱,智足以知圣人,污不至阿其所好。宰我曰:'以予观于夫子,贤于尧、舜远矣⑲。'子贡曰:'见其礼而知其政,闻其乐而知其德,由百世之后,等百世之王,莫之能违也。自生民以来,未有夫子也。'有若曰:'岂惟民哉?麒麟之于走兽,凤凰之于飞鸟,太山之于丘垤,河海之于行潦,类也。圣人之于民,亦类也。出于其类，拔乎其萃，自生民以来，未有盛于孔子也。'"

注释

①孟贲（bēn）：战国时勇士。

②告子：墨子的学生。

③北宫黝（yōu）：其人不可考。

④桡（náo）：通"挠"，退缩。

⑤褐宽博：褐（hè），粗衣，地位低下者所穿，因指地位低的人。宽博，似指宽大的衣服，为富贵人所穿，因指富贵人。褐宽博，泛指士庶民众。

⑥孟施舍：其人不可考。

⑦子夏：即孔子的学生卜商。

⑧子襄：曾子的学生。

⑨夫子：指孔子。

⑩宋：古国名，都彭城（今江苏徐州市），有今河南东部和山东江苏、安徽间地。

⑪闵：今作"悯"，通"愍"，忧愁。

⑫诐（bì）：偏颇；邪僻。

⑬宰我、子贡：宰我，又名宰予。子贡，即端木赐。二人均为孔子的学生。

⑭冉牛、闵子、颜渊：冉牛，即冉伯牛，名耕。闵子，即闵子骞，名损。颜渊，名回。三人均为孔子的学生。

⑮夫子既圣矣：此句《论语》失载。

⑯子游、子张：二人为孔子的学生。

⑰伯夷、伊尹：伯夷，商末孤竹国君长子。初，孤竹君以次子叔齐为继承人，孤竹君死后，叔齐让位，他不受，后二人都投奔到周。武王灭商后，他们不愿做周的臣民，又逃到首阳山，不食周粟而死。伊尹，商初大臣。辅助商汤王攻灭夏桀。名伊，尹是官名。

⑱有若：孔子的学生，春秋末鲁国人。

⑲尧、舜：古代传说中上古的两位帝王。

译文

公孙丑问道："先生如果做了齐国的卿相，就能够实现自己的政治主张了，因此小则称霸，大者称王，是不足奇怪的。如果这样，您是否动心呢？"孟子说："不，我到四十岁的时候就不再动心了。"（公孙丑）说："这样看来，先生比孟贲强多了。"（孟子）说："这并不难，告子比我还早就不动心了。"

（公孙丑）说："做到不动心有说法吗？"（孟子）说："北宫黝培养自己的勇敢精神时，肌肤被刺，不退缩，眼睛被戳，不躲开，觉得只要稍微输给对手，就像在集市或朝堂之中被人用鞭子抽一样；不受制于士庶民众，也不受制于拥有一万辆兵车的大国国君；把刺杀大国君主，看作像刺杀一个很普通的人；不畏惧各诸侯，听到侮辱自己的语言，一定要报复。孟施命培养自己的勇敢精神又有所不同，他说：'我对待战胜不了的敌人，也鼓足战胜对方的勇气；如果先估计敌人的强弱然后再发起进攻，考虑到是不是会取胜再进行交锋，这样的人在面对众多军队时一定会感到畏惧。我孟施舍怎能做到每战必胜呢？只不过是能做到无所畏惧罢了。"孟施舍像曾子，北宫黝像子夏。这两个人的勇敢，不知谁更强一些，不过从表面看，孟施舍的方法比较简单，容易做到。从前曾子对子襄说：'你崇尚勇武吗？我曾经从先生那里听到过关于大勇的论述，即自己觉得不占理，就是普通人，我也不去恐吓他；自己觉得占理，就是人多势众，我也敢向前。'孟施舍的勇武之气，是不像曾子的方法那样简单易行的。"

（公孙丑）说："冒昧地问问，先生的不动心与告子的不动心（有什么区别），我可以听听吗？"（孟子说：）"告子说过，'如果语言上理亏，就不要动心思去想什么办法；如果动心思想不出什么办法，就不要去意气用事。'动心思想不出什么办法，就不要意气用事，是对的；语言上理亏，就不要去想对策，是不对的。因为意志是感情意气的统帅；而感情意气是身体内在的精神力量。意志是最主要的，其次是感情意气。所以说：'要坚定思想意志，不要随便发泄自己的感情意气。'"（公孙丑说：）"您既然说，'意志是最主要的，其次是感情意气'。可是您又说，'坚定思想意志，不要随便发泄自己的感情意气'。这是为什么呢？"（孟子）说："志向专一了，感情意气就会随之凝聚起来；感情意气专一了，也会影响到意志，就如跌倒与奔跑，是感情意气的表现，但反过来也会影响到心情，引起心情的波动。"

（公孙丑问道）"冒昧问一下，先生擅长什么呢？"（孟子）说："我能了解别人话语中的意思，我善于培养我的浩然之气。""请问什么叫浩然之气呢？"（孟子）说："一下子很难说清楚。这种气呀，特别大也特别强，用正义培养它，而且不要伤害它，就会充满天地之间。这种气呀，要与义与道相配合；如果不这样，就会萎缩。（这种气）是由义日积月累所产生的，不是个别的仗义行为所取得的。如果做了有愧于心的事，它就萎缩了。所以我说，告子并不懂什么叫义，因为他把义看作身外之物了。一定要努力培养它，但不要有什么特定的目标，心里不要忘了他，也不要违背它的发展规律去有意拔高它。不要像那个宋国人一样。宋国有个人发愁田地里的禾苗长得不快，于是就用手拔高它，然后十分疲倦地回去了，对家里的人说：'今天我累坏了，我帮助禾苗长高了！'他儿子赶快跑到地里去看，禾苗都枯萎了。其实天下的人不帮助禾苗生长的人是很少的。认为逐渐培养没有好处就放弃不做，就是只种庄稼不锄草的人；违背规律想一下子增长，就是和拔禾苗长高的人一样，不仅没有好处，反而有害处。"

（公孙丑问）："怎样才算了解别人的话语呢？"（孟子）答道："够周全的话我知道它的偏差在哪里，过分夸张的话我知道它的缺陷在哪里，不合正道的话我知道它的距离在哪里，遮遮掩掩的话我知道它的真相在哪里。这四种话从他的心里产生，然后危害政治；如果在政治上再采用这些话，就会危害国家的各项具体事业。即使现在圣人出现，也一定会赞同我的话。"（公孙丑说）："宰我、子贡善于说辩，冉牛、闵子、颜渊善于谈论道德品行。孔子则兼而有之，但是他还说：'我对于辞令，是不擅长的。'那么，先生能称得上是圣人了吗？"（孟子）说："哎哟！这是什么话！从前子贡问孔子说：'先生是圣人了吗'孔子说：'圣人，我做不到，我不过学习不知满足，教人不觉疲倦罢了。'子贡说：'学习不知满足，是智；教人不觉疲倦，是仁。

做到仁又做到智,先生就是圣人了。'圣人,孔子都不敢自居,(说我是圣人,)这算什么话呢?"

(公孙丑说)"从前我私下听说过:子夏、子游、子张都各自具有圣人的某一方面长处,冉牛、闵子、颜渊大体接近圣人,却不那样博大精深,请问先生,您像他们中的谁呢?"(孟子)说:"暂且不谈这个。"(公孙丑又)问:"伯夷和伊尹怎么样?"(孟子)答道:"不是一类人。不是他理想中的君主,他不服侍,不是他理想中的民众,他不去使用;天下太平就出来做官,天下混乱就隐居不出,伯夷就是这样的人。任何君主都去服侍,任何百姓都去使用;天下太平出来做官,天下混乱也出来做官,伊尹就是这样的人。有机会做官就做官,该辞职时就辞职,能长久做就长久做,要马上走就马上走,孔子就是这样的人。他们都是古代的圣人,但我都不能做到;至于我所希望的是想学孔子的做法。"

(公孙丑问:)"伯夷、伊尹对于孔子,能相提并论吗?"(孟子)答道:"不能;自从有人类以来,还没有人能比得上孔子的。"(公孙丑又)问:"那么,他们三位有相同的地方吗?"(孟子)答道:"有。如果得到方圆百里的土地,并且以他们三人中的一个作为国君,都能做到使诸侯臣服,从而统一天下;如果让他们做一件不合道义的事,杀一个没有过错的人,而争得天下,他们谁也不会去做,这是他们相同的地方。"

(公孙丑)说:"冒昧问一下,他们所不同的地方是什么呢?"(孟子)说:"宰我、子贡、有若三人的聪明智慧足以了解圣人,再不好,也不会偏护他们所亲近的人。宰我说:'以我来看先生,贤能比尧、舜强多了。'子贡说:'看到一个国家的礼制实行状况,就知道这个国家政治的好坏,听到这个国家的音乐,就知道这个国家的仁德如何,经百代之后,出现的百代君王,都不能背离孔子之道。自从人类出现以来,没有能比得上先生的。'有若说:'难道仅仅是民众吗?麒麟对于奔跑的野兽,凤凰对于飞翔的禽鸟,泰山对于小山和土堆,河海对于小溪小河,都是同一类型。圣人对于民众,也属同类。(但圣人)却从同类中涌现出来,远远超过了他的同类,自从有人类以来,再没有比孔子更伟大的了。'"

孟子曰:"以力假仁者霸,霸必有大国;以德行仁者王,王不待大,汤以七十里,文王以百里。以力服人者,非心服也,力不赡也;以德服人者,中心悦而诚服也,如七十子之服孔子也①。《诗》云②:'自西自东,自南自北,无思不服。'此之谓也。"

①七十子:指孔子门下才德出众的学生。七十,举成数而言。《史记·孔子世家》:"身通六艺者七十有二人。"

②《诗》云:以下诗句见《大雅·文王有声》。

中国家庭基本藏书

译文

孟子说："依凭实力再假借仁义的名义是能称霸诸侯的，而称霸必然是大国才能够做到；依靠道德去实行仁政是能称王于天下的，但称王不必凭依国家的强大。汤仅以方圆七十里的土地，文王仅以方圆百里的土地，（就使天下归服了。）仗着实力让人服从的，并不是真心地服你，只是由于自己的实力不如人而已；依靠仁德让人服从的，那才是心悦诚服，就像七十贤人信服孔子一样。《诗经》中说：'从西从东，从南从北，无不心悦诚服。'就是说的这个意思。"

原文

孟子曰："仁则荣，不仁则辱；今恶辱而居不仁，是犹恶湿而居下也。如恶之，莫如贵德尊士，贤者在位，能者在职；国家闲暇，及是时，明其政刑。虽大国，必畏之矣。《诗》云①：'迨天之未阴雨，彻彼桑土②，绸缪牖户。今此下民，或敢侮予？'孔子曰：'为此诗者，其知道乎！能治其国家，谁敢侮之？'

"今国家闲暇，及是时，般乐怠敖，是自求祸也。祸福无不自己求之者。《诗》云③：'永言配命，自求多福。'《太甲》曰④：'天作孽，犹可违；自作孽，不可活。'此之谓也。"

①《诗》云：以下诗句见《豳风·鸱鸮》。
②桑土：桑根。土（dù），借为"杜"，树根。
③《诗》云：以下诗句见《大雅·文王》。
④《太甲》：《尚书》篇名，今已亡佚。

译文

孟子说："实行仁政，就会荣耀，不实行仁政，就会遭受屈辱；今天如果害怕遭受屈辱，却又不实行仁政，这就像讨厌潮湿，却又居住在低洼的地方一样。如果真怕受屈辱，最好不过是推崇德政并尊重士人，让贤德的人居于高位，让能干的人担当要职；国家太平，再抓住时机，修明政治法律。这样，就是强大的国家，也会对我们感到畏惧的。《诗经》中说：'趁还未天阴下雨，伐些树木，再把门和窗修理一下。现在这些被统治的民众，谁敢欺侮我？'孔子说：'作这首诗的人，他懂道理呀！能治理好他的国家，谁还敢欺侮他吗？'

"如今国家太平无事，在这个时候，如果追求享乐，息惰游玩，就是自己在寻求灾祸。灾祸和幸福没有不是自己招来的。《诗经》中说：'（做事）要永远符合天命，自己去寻求更多的幸福。'《太甲》也说：'天降的灾祸，还可以逃避；自己造成的罪孽，是逃也逃不掉的。'也是这个道理。"

原文

　　孟子曰："尊贤使能，俊杰在位，则天下之士皆悦，而愿立于其朝矣；市，廛而不征①，法而不廛，则天下之商皆悦，而愿藏于其市矣；关，讥而不征，则天下之旅皆悦，而愿出于其路矣；耕者，助而不税②，则天下之农皆悦，而愿耕于其野矣；廛③，无夫里之布④，则天下之民皆悦，而愿为之氓矣⑤。信能行此五者，则邻国之民仰之若父母矣。率其子弟，攻其父母，自有生民以来未有能济者也。如此，则无敌于天下。无敌于天下者，天吏也。然而不王者，未之有也。"

注释

　　① 廛而不征：郑玄注："廛，市物邸舍。税其舍不税其物。"
　　② 助：是借民力助耕公田的一种劳役租赋制度。相传实行于商代。
　　③ 廛：此处指民居。
　　④ 布：由古代农具演变而成的一种铜币。此处泛指钱币。
　　⑤ 氓（méng）：朱骏声《说文通训定声·壮部》："自彼来此之民曰氓，从民从亡，会意。"

译文

　　孟子说："尊重有道德的人，任用有才能的人，杰出的人在掌权的位置上，这样，天下的士人都会感到高兴，并愿在朝廷中任职了；在集市上，建造存放货物的邸舍，只征收房产税，而不征收存放货物税，依法治理市场，但不多征商业税，这样天下的商人都会感到高兴，而愿意把货物囤积到市场上卖了；关口，只稽查而不征税，这样，天下来往的旅客就都会感到高兴，而愿意经过这里的道路了；耕田的人，只让他们助耕公田，此外就不向他们征税了，这样，天下的农夫就都会感到高兴，而愿意到这里的田野上来耕种了；居民，如不能助耕公田，也不向他们征收钱币等税，这样，普天之下的民众都会感到高兴，而愿意迁徙到这里居住了。真正能做到这五个方面，那么，邻近国家的民众就会敬仰他如同父母了。(如果邻国前来攻打)，就像率领他的子弟，攻打他的父母一样，从有人类以来，还没有这样取得成功的。能这样，普天之下就无人能敌了。天下无人能敌，就是'天吏'。如此还不能称王天下，是从来还没有的。"

原文

　　孟子曰："人皆有不忍人之心。先王有不忍人之心，斯有不忍人之政矣。以不忍人之心，行不忍人之政，治天下可运之掌上。所以谓人皆有

中国家庭基本藏书

不忍人之心者，今人乍见孺子将入于井，皆有怵惕恻隐之心，非所以内交于孺子之父母也①，非所以要誉于乡党朋友也②，非恶其声而然也。由是观之，无恻隐之心，非人也；无羞恶之心，非人也；无辞让之心，非人也；无是非之心，非人也。恻隐之心，仁之端也；羞恶之心，义之端也；辞让之心，礼之端也；是非之心，智之端也。人之有是四端也，犹其有四体也。有是四端而自谓不能者，自贼者也；谓其君不能者，贼其君者也。凡有四端于我者，知皆扩而充之矣，若火之始然③，泉之始达。苟能充之，足以保四海；苟不充之，不足以事父母。"

① 内交：内，同"纳"，接纳。内交，即结交。
② 要（yāo）：通"徼"。求；取。
③ 然："燃"的本字，燃烧。

孟子说："人们对别人都有同情心。过去的君王因对别人有同情心，于是才有同情人们的政治。凭着对别人的同情心，去实行同情人们的政治，治理天下就可以运转在手掌之上了。之所以说人都有同情心的原因是：现在有人看见一个小孩将要掉到井里去，都会产生一种惊怕同情的心情，这并不是为了要结交讨好这个小孩的父母，也不是为了要在乡亲朋友之间求得什么声誉，也不是怕听那个小孩惊叫的声音才这样做的。就此来看，没有同情心的，不能算是人；没有羞耻心的，不能算是人；没有谦让心的，不能算是人；没有是非心的，不能算是人。同情心是仁的发端；羞耻心是义的发端；谦让心是礼的发端；是非心是智的发端。人有这四种发端，就好像有四肢一样。有这四个发端还自认为不行的人，是自己瞧不起自己的人；说他的君主没能力的人，是瞧不起他的君主的人。凡是具有这四个发端的人，自己的知识就能扩充起来，就像火刚刚点燃，就像泉水刚刚流出，要是能够扩充它，就一定能够安定天下；要是不愿扩充它，最终连父母也赡养不了。"

孟子曰："矢人岂不仁于函人哉①？矢人惟恐不伤人，函人惟恐伤人。巫匠亦然②。故术不可不慎也。孔子曰：'里仁为美。择不处仁，焉得智③？'夫仁，天之尊爵也，人之安宅也。莫之御而不仁，是不智也。不仁、不智，无礼、无义，人役也。人役而耻为役，由弓人而耻为弓，矢人而耻为矢也。如耻之，莫如为仁。仁者如射：射者正己而后发；发而不中，不怨胜己者，反求诸己而已矣。"

①函：护身的铠甲。

②巫匠：巫，即巫医，古代用祝祷、占卜等迷信方法或兼用一些药物以治病为业的人。匠，即工匠，有专门技术的工人。这里指木匠。

③引语见《论语·里仁篇》。

孟子说："造箭的人难道比造甲的人要残忍吗？造箭的人生怕造的箭不能射伤人，造甲的人却生怕造的甲不能防御兵器对人体的伤害。巫医和木匠也是如此。因此，谋生的思路和办法不能不慎重考虑和对待呀。孔子说：'与仁共处是很美好的。不选择与仁共处，怎能算是聪明呢？'仁，是上天赐予的尊贵爵位，是人安居的住所。没有人阻拦你，而你却不仁，这是不聪明的。不仁、不智，无礼、无义，这样的人只能做别人的仆役。做别人的仆役而耻于自己的身份，就像做弓的人耻于做弓，做箭的人耻于做箭一样。如真的感到耻辱，就不如去实行仁。实行仁的人，就好像射箭：射的人必先端正自己的姿势然后开弓放箭；发出去的箭没有射中目标，不能埋怨那些胜过自己的人，应反过来看看自己差在什么地方。"

原文

孟子曰："子路，人告之以有过，则喜。禹闻善言①，则拜。大舜有大焉，善与人同②，舍己从人，乐取于人以为善。自耕稼、陶、渔以至为帝，无非取于人者。取诸人以为善，是与人为善者也。故君子莫大乎与人为善。"

①禹闻善言：禹，传说夏朝的第一个君主，并因治洪水而著名。《尚书·皋陶谟》："禹拜昌言。""昌言"即"善言"。

②同：同"通"。

孟子说："子路，如果有人告诉他做错了，他就会感到高兴。禹听到对自己有益的话，就会对说话的人致礼感谢。伟大的舜更是了不得，善于理解别人，能舍弃自己的错误，听从正确的意见，乐于吸取别人的优点来加强自身的修养。他从种庄稼，做陶器，当渔夫，一直到当天子，所有的优点都是从别人那里吸取来的。吸取别人的优点去做好事，就是与别人一同做好事。所以君子最重要的就是要善待别人。"

中国家庭基本藏书

原文

孟子曰："伯夷，非其君，不事；非其友，不友。不立于恶人之朝，不与恶人言；立于恶人之朝，与恶人言，如以朝衣朝冠坐于涂炭。推恶恶之心，思与乡人立，其冠不正，望望然去之^①，若将浼焉^②。是故诸侯虽有善其辞命而至者，不受也。不受也者，是亦不屑就已。柳下惠不羞污君^③，不卑小官；进不隐贤，必以其道；遗佚而不怨，阨穷而不悯。故曰：'尔为尔，我为我，虽袒裼裸裎于我侧^④，尔焉能浼我哉？'故由由然与之偕而不自失焉，援而止之而止。援而止之而止者，是亦不屑去已。"孟子曰："伯夷隘，柳下惠不恭。隘与不恭，君子不由也。"

① 望望然：怨恨貌。

② 浼（měi）：污染。

③ 柳下惠：春秋时鲁国大夫。展氏，名获，字禽。食邑在柳下。谥惠。以善于讲究贵族礼节著称。

④ 袒裼裸裎（dànxī luǒchéng）：赤身露体的意思。

孟子说："伯夷，不是他理想的君主，不去服侍；不是理想的朋友，不去结交。不到坏人当权的朝廷里去做官，也不同坏人交谈；在坏人当权的朝廷里做官，或者与坏人交谈，就好像穿着上朝的礼服，戴着上朝的礼冠，坐在泥泞中一样。把这种厌恶坏人坏事的心情推而广之，便觉得和乡下佬站在一起，(看到)那人的帽子不正，就不由得会表现出难忍的样子离去，像怕弄脏似的。因此当时诸侯中虽然有用好言好语邀请他的，但他都没有接受。他之所以不接受邀请，是瞧不起那些诸侯，不愿意俯就罢了。柳下惠却不以侍奉坏的君主为耻辱，也不嫌弃小的官职；入朝做官也不隐藏自己的才能，但一定要坚持自己的原则；没有被提升任用，也不埋怨，贫穷潦倒也不忧愁。所以他说：'你是你，我是我，你就是赤身裸体站在我旁边，怎么能把我玷污了呢？'所以能很自然地与任何人相处，而自己不失常态，牵住他让他停住他就停住。牵住他让他停住，他之所以停住，不过是他用不着离去罢了。"孟子(接着)说："伯夷狭隘，柳下惠不讲原则。狭隘与不讲原则，都是君子所不肯采取的。"

◎ 公孙丑下

题解

通过与齐、宋、薛等国国君的交往，孟子在本篇阐述了自己一些处世的原则，同时也流露出了颇为自负的心情。孟子还阐述和提出了"天时不如地利，地利不如人和"的观点；在平陆指出了邑宰孔距心的虐政；通过蚔蛙的辞职，阐述了做官的原则；讲述了自己与王欢不合的原因；通过对母亲丧葬，讲述了自己对丧葬的看法；通过齐国对燕国的征伐，阐述了改过的原则。

原文

孟子曰："天时不如地利，地利不如人和。三里之城，七里之郭，环而攻之而不胜。夫环而攻之，必有得天时者矣；然而不胜者，是天时不如地利也。城非不高也，池非不深也，兵革非不坚利也，米粟非不多也；委而去之，是地利不如人和也。故曰：域民不以封疆之界，固国不以山溪之险，威天下不以兵革之利。得道者多助，失道者寡助。寡助之至，亲戚畔之①；多助之至，天下顺之。以天下之所顺，攻亲戚之所畔；故君子有不战，战必胜矣。"

注释

①畔：同"叛"。

译文

孟子说："天时不如地利，地利不如人利。比如方圆三里的小城，方圆七里的外城，敌人围攻它，却不能取得胜利。之所以围住并攻打它，一定是有了天赐的良机；然而不能取得胜利，这说明，尽管有天赐的良机，但是还不如占有地利。城墙不是不高，护城河不是不深，兵器和甲胄也不是不锐利和坚固，城里存的粮食也不是不多；弃城而逃跑，这说明虽占有地利，但是却抵挡不住人和的力量。所以说：统治人民不凭借国家所设置的疆界，保卫国家不依靠山溪的险要，威慑天下也不依靠兵器和甲胄的锐利和精良。实行仁政的来帮助他的人多，不实行仁政的来帮助他的人少。帮助的人少到了极点，连亲戚都会背叛他；帮助的人多到了极点，天下的人都会归顺他。凭借天下人的归顺，去攻打连亲戚都背叛的人；那么，君子不发动战争，一旦发动战争，必然会取得胜利的。"

中国家庭基本藏书

原文

孟子将朝王，王使人来曰："寡人如就见者也，有寒疾，不可以风。朝，将视朝，不识可使寡人得见乎？"对曰："不幸而有疾，不能造朝。"明日，出吊于东郭氏①。公孙丑曰："昔者辞以病，今日吊，或者不可乎？"曰："昔者疾，今日愈，如之何不吊？"

王使人问疾，医来。孟仲子对曰②："昔者有王命，有采薪之忧③，不能造朝。今病小愈，趋造于朝，我不识能至否乎？"使数人要于路，曰："请必无归，而造于朝！"不得已而之景丑氏宿焉④。

景子曰："内则父子，外则君臣，人之大伦也。父子主恩，君臣主敬。丑见王之敬子也，未见所以敬王也。"曰："恶！是何言也！齐人无以仁义与王言者，岂以仁义为不美也？其心曰，'是何足与言仁义也'云尔，则不敬莫大乎是。我非尧舜之道，不敢以陈于王前，故齐人莫如我敬王也。"景子曰："否；非此之谓也。礼曰，'父召，无诺⑤；君命召，不俟驾⑥'。固将朝也，闻王命而遂不果，宜与夫礼若不相似然。"

曰："岂谓是与？曾子曰：'晋楚之富，不可及也；彼以其富，我以吾仁；彼以其爵，我以吾义，吾何慊乎哉？'夫岂不义而曾子言之？是或一道也。天下有达尊三：爵一，齿一，德一。朝廷莫如爵，乡党莫如齿，辅世长民莫如德。恶得有其一以慢其二哉？故将大有为之君，必有所不召之臣；欲有谋焉，则就之。其尊德乐道，不如是，不足与有为也。故汤之于伊尹，学焉，然后臣之，故不劳而王；桓公之于管仲，学焉，然后臣之，故不劳而霸。今天下地丑德齐⑦，莫能相尚，无他，好臣其所教，而不好臣其所受教。汤之于伊尹，桓公之于管仲，则不敢召。管仲且犹不可召，而况不为管仲者乎？"

① 东郭氏：齐国的大夫。

② 孟仲子：可能是孟子的堂兄弟。

③ 采薪之忧：朱熹注："言病不能采薪。"后用为自称有病的委婉之辞。

④ 景丑氏：其人不可考。

⑤ 诺：答应声。孔颖达疏："应之以唯而不称诺，唯恭于诺也。"

⑥ 君命召，不俟驾：《荀子·大略》云："诸侯召其臣，臣不俟驾，颠倒衣裳而走，礼也。"

⑦ 丑：通"俦"，同类；相同。

孟子准备去朝见齐王，这时齐王派人来传话说："我本来是要来看你的，结果受了风寒，见不得风吹。（明天）早上，将临朝处理政务，不知那时，你可让寡人见见面吗？"（孟子）答道："不凑巧，我也有病，不能去上朝。"第二天，（孟子）要到东郭大夫家吊丧。公孙丑说："昨天齐王想见您，您推说有病，今天却去吊丧，这样做，大概不可以吧？"（孟子）说："昨天得的病，今天好了，为什么不可以去吊丧呢？"

　　齐王派人来问候（孟子）的病情，并带来了医生。孟仲子对前来的人说："昨天王传来召命，结果正值身体不适，不能奉命上朝。今天病刚好了点，就赶快上朝去了，我不知他是否能够赶到朝廷？"之后，孟仲子派了好几个人到路上去拦住孟子，（让告诉孟子）说："请千万不要回家，一定要赶快到朝廷去！"（鉴于这种情况，孟子）不知该怎么办，只好躲到景丑家歇宿去了。

　　景子（即景丑）说："在家有父子，在外有君臣，这是人与人之间非常重要的伦常关系。父子之间以恩爱为主，君臣之间以恭敬为主。我看见王对先生很尊敬，却没有看见先生尊敬王呢。"（孟子）说："哎，这叫什么话呀！在齐国人中没有人向王讲仁义的，难道他们认为仁义不是个好东西吗？（其实）他们的心里是这样想的，'这个王哪值得和他谈仁义呢？'他们这样看待王，这才是最大的不尊敬。我呢，不是符合尧舜的道理，不敢到王前面去陈述，所以在齐国人中没有像我这样尊敬王的。"景子说："不，我说的并不是这个，按照礼来说，父亲召唤，不能称诺；国君召命，不能等车马驾好了再去'。而你本来是要去朝见王的，结果你听到王的召命以后，反而不去了，这好像与礼有点不相符合吧。"

　　（孟子）说："怎么能这样说呢？曾子说过：'晋国和楚国的财富，是无人可比的；他凭他的富庶，我凭我的仁德；他凭他的爵位，我凭我的义气，我难道比他少什么？'这些话如果没有道理，难道曾子会说吗？应该是有些道理的。天下称得上尊贵的东西有三种，爵位算一个，年龄算一个，道德算一个。在朝廷中最看重的是爵位，在乡党民间最看重的是年龄，辅佐国君统治民众最重要的是道德。怎么能凭借其中一个而怠慢其他两个呢？因此想大有作为的国君，必然有他所不能召唤的臣子；如果有什么事情要商量，就亲自到臣子那里去。他不这样推崇和实行道德，是不能够有所作为的。所以商汤王对于伊尹，先向他学习，然后再把他作为自己的臣子，因此没有费多大力气即统一了天下。齐桓公对于管仲，也是先向他学习，然后再把他作为自己的臣子，因此没有费多大的力气即称霸诸侯。当今天下各大诸侯国土地大小相同，对民众的恩惠也大致差不多，谁也不比谁强，这没有别的缘故，只是因为这些国家的国君喜欢用一些听话的人做臣子，而不喜欢用能对他有所教导的人做臣子。商汤王对于伊尹，齐桓公对于管仲，就不敢让人去召唤。管仲尚且不能去召唤，而何况不屑于做管仲的人呢？"

陈臻问曰^①："前日于齐，王馈兼金一百而不受^②；于宋，馈七十镒而受；于薛^③，馈五十镒而受。前日之不受是，则今日之受非也；今日之受是，则前日之不受非也。夫子必居一于此矣。"孟子曰："皆是也。当在宋也，予将有远行，行者必以赆^④；辞曰：'馈赆。'予何为不受？当在薛也，予有戒心；辞曰：'闻戒，故为兵馈之。'予何不受？若于齐，则未有处也。无处而馈之，是货之也。焉有君子而可以货取乎？"

① 陈臻：孟子的学生。
② 兼金一百：兼金，价值倍于常的好金。一百，即一百镒。镒，古代重量单位，二十两或二十四两。
③ 薛：时为齐靖郭君田婴封邑，在今山东滕州东南。
④ 赆（jìn）：赠给人的路费或礼物。

陈臻问道："从前在齐国，齐王赠送您上等金一百镒，而您不接受；后来到宋国，宋国国君赠送您七十镒，而您接受了；又到了薛地，封君赠送您五十镒，您也接受了。如果从前您不接受是对的，那么，您今天接受就是错误的；如果今天接受是对的，那么，您从前不接受就是错误的。在这两者之中，只有一个是正确的。"孟子说："都是对的。当时我在宋国的时候，正准备要远行，(按照常理)对远行的人是一定要送些路费的；(我离别时，宋国君对我)说道：'赠送点路费。'对此，我怎能不接受呢？后来在薛地，(我离开时)怕路途危险，(薛地封君对我)说：'听说你怕路途危险，所以给你些钱买兵器。'对此，我怎能不接受呢？至于在齐国，就没有什么理由。没有理由而送我东西，实际是收买我。哪有正人君子可以被用钱财收买的呢？"

孟子之平陆^①，谓其大夫曰^②："子之持戟之士，一日而三失伍，则去之否乎？"曰："不待三。""然则子之失伍也亦多矣。凶年饥岁，子之民，老羸转于沟壑，壮者散而之四方者，几千人矣。"曰："此非距心之所得为也。"曰："今有受人之牛羊而为之牧之者，则必为之求牧与刍矣。求牧与刍而不得，则反诸其人乎？抑亦立而视其死与？"曰："此则距心之罪也。"他日，见于王曰："王之为都者^③，臣知五人焉。知其罪者，惟孔距心。"为王诵之。王曰："此则寡人之罪也。"

① 平陆：古都邑名，战国齐地，在今山东汶上县西北。

② 大夫：战国时的邑宰亦称大夫。

③ 都：《周礼·地官·小司徒》："九夫为井，四井为邑，四邑为丘，四丘为甸，四甸为县，四县为都。"

孟子到了平陆，对当地长官(孔距心)说："如果您手中拿戟的卫士，一天中三次掉队，您会开除他吗？"(孔距心)答道："等不到三次(我就把他开除了)。"(孟子说：)"但是您掉队的地方也很多呀。灾荒年间，您的民众，年老体弱的抛尸于山沟野外，年轻体壮的逃亡到四方各地的，几乎上一千人了。"(孔距心)答道："这种事情不是我孔距心所能改变得了的。"(孟子)说："比如今天有人接受别人的牛羊，并替他放牧，就一定要为牛羊寻找牧场和草料。如果寻找不到牧场和草料，是将牛羊退还给原主呢，还是站在那儿眼看它们死掉呢？"(孔距心)答道："(您这样一说)这就是我距心的罪过了。"过了些日子，(孟子)朝见齐王，说："王地方上都一级的长官，臣了解五个人。知道自己有罪过的，只有孔距心一人。"接着为齐王讲述了前些天见孔距心的情况。齐王(听后)说："这是寡人的罪过呀！"

孟子谓蚳蛙曰①："子之辞灵丘而请士师②，似也，为其可以言也。今既数月矣，未可以言与？"蚳蛙谏于王而不用，致为臣而去。齐人曰："所以为蚳蛙则善矣；所以自为，则吾不知也。"公都子以告③。曰："吾闻之也：有官守者，不得其职则去；有言责者，不得其言则去。我无官守，我无言责也，则吾进退岂不绰绰然有余裕哉？"

① 蚳（chí）蛙：齐国大夫。

② 灵丘：战国齐地，即今山东高唐县南南镇。

③ 公都子：孟子的学生。

孟子对蚳蛙说："您辞去灵丘的职务而请求做治狱官，似乎有些道理，因为这样可以向王进言。至今您到新的职位已经几个月了，还不能向王进言？"蚳蛙向齐王进谏但没有被采纳，于是辞掉官职离去了。(针对这件事)齐国有人说："(孟子)这样为蚳蛙考虑是好的；但(蚳蛙)是怎么为自己考虑的，那我们就不知道了。"公都子把这话转告给(孟子)。(孟子)说："我听说过：有官职的，不能尽到职责就应

中国家庭基本藏书

该离去；有进谏责任的，所提的建议不恰当或不被采纳也应该离去。我没有官职，我也没有进谏的责任，这样，我想进则进，想退则退，回旋的地方是绰绰有余的。"

【原文】

孟子为卿于齐，出吊于滕，王使盖大夫王欢为辅行①。王欢朝暮见，反齐滕之路，未尝与之言行事也。公孙丑曰："齐卿之位，不为小矣；齐滕之路，不为近矣，反之而未尝与言行事，何也？"曰："夫既或治之，予何言哉？"

【注释】

①盖（gě）：战国齐地，在今山东沂源县东南。

【译文】

孟子在齐国做卿，奉命到滕国去吊丧，齐王又派盖邑的大夫王欢做他的副使，与他同行。(孟子与)王欢朝夕相处，但在往返于齐滕两国的路途中，孟子从来没有和王欢谈到过这次出使吊丧的事情。公孙丑说："齐国卿的官位，不算小了；齐滕之间的路程，也不算近了，你们一起往返从未谈到这次出使吊丧的事情，这是为什么呢？"(孟子)答道："他既然独断专行，我有什么可说的呢？"

【原文】

孟子自齐葬于鲁①，反于齐，止于嬴②。充虞请曰③："前日不知虞之不肖，使虞敦匠事。严，虞不敢请。今愿窃有请也：木若以美然。"曰："古者棺椁无度，中古棺七寸④，椁称之。自天子达于庶人，非直为观美也，然后尽于人心。不得，不可以为悦；无财，不可以为悦。得之为有财，古之人皆用之，吾何为独不然？且比化者无使土亲肤，于人心独无恔乎⑤？吾闻之也：君子不以天下俭其亲。"

【注释】

①自齐葬于鲁：此指孟子从齐返鲁归葬母丧。
②嬴：战国时齐邑名，在今山东莱芜西北。
③充虞：孟子的学生。
④中古：当时的中古，指周公制礼以来。
⑤恔（xiào）：畅快。

孟子从齐国运送母亲的灵柩到鲁国安葬，返回齐国后，在嬴邑停留下来。充虞恭敬地问道："承蒙您看得起我，前些天让我主管棺椁制造等事情。当时忙乱，我不敢请教。今天想请教一下：棺木似乎太华美了。"（孟子）答道："上古棺椁的大小，没有一定的规格；到了中古棺木厚七寸，椁与棺相称。从天子直到普通人，(讲究棺椁)并不仅仅是为了美观，而是要尽人们的孝心。得不到好的棺椁，是不能称心的；没钱财做好的棺椁，也是不能称心的。我有财力，又能得到做棺材的好木料，而且古人都是这样做的，为什么我就不能这样做呢？难道只是为了使死者的遗体不接触到泥土，就满足了吗？我听说过：君子不应当在父母身上去节省。"

原文

沈同以其私问曰[1]："燕可伐与[2]？"孟子曰："可；子哙不得与人燕，子之不得受燕于子哙。有仕于此[3]，而子悦之，不告于王而私与之吾子之禄爵；夫士也，亦无王命而私受之于子，则可乎？何以异于是？"

齐人伐燕。或问曰："劝齐伐燕，有诸？"曰："未也；沈同问'燕可伐与'，吾应之曰'可'，彼然而伐之也。彼如曰，'孰可以伐之'？则将应之曰，'为天吏，则可以伐之'。今有杀人者，或问之曰，'人可杀与'？则将应之曰'可'。彼如曰，'孰可以杀之'？则将应之曰：'为士师，则可以杀之。'今以燕伐燕，何为劝之哉？"

注释

①沈同：齐国大臣。

②燕可伐与：齐宣王五年，燕王哙把燕国让给他的相国子之，从而引起燕国内乱，齐宣王乘机派兵伐燕。

③仕：通"士"。

沈同凭他与孟子的私交问道："燕国可以征讨吗？"孟子答道："可以；燕王子哙不能把燕国随便让给别人；相国子之也不应该从子哙那里随便接受燕国的政权。比如这里有个士人，而你喜欢他，不告诉王就把你的俸禄爵位都私自送给他；而那个士人，也不通过王的诏命，就私自接受了，这样做可以吗？子哙、子之私自授受的事，和这个事例又有何不同呢？"

齐国征伐燕国。有人问(孟子)道："你曾劝齐国讨伐燕国，有这回事吗？"(孟子)答道："没有；沈同问我'燕国可以征讨吗'，我回答说'可以'，他们就这样去征讨

中国家庭基本藏书

燕国了。他如果再问，'谁可以去征讨燕国'？那我将会回答说，'只有天吏才可以去征讨燕国'。比如现在有个杀人犯，有人问道，'这个犯人该杀吗？'我将会回答说，'该杀'。他如果再问，'谁可以杀他'？那我将会回答说：'只有司法长官才可以杀死他。'如今一个与燕国同样无道的国家，去讨伐燕国，我为什么要劝他呢？"

【原文】

　　燕人畔①。王曰："吾甚惭于孟子②。"陈贾曰③："王无患焉。王自以为与周公孰仁且智？"王曰："恶！是何言也！"曰："周公使管叔监殷④，管叔以殷畔⑤；知而使之，是不仁也；不知而使之，是不智也。仁智，周公未之尽也，而况于王乎？贾请见而解之。"

　　见孟子，问曰："周公何人也？"曰："古圣人也。"曰："使管叔监殷，管叔以殷畔也，有诸？"曰："然。"曰："周公知其将畔而使之与？"曰："不知也。""然则圣人且有过与？"曰："周公，弟也；管叔，兄也。周公之过，不亦宜乎？且古之君子⑥，过则改之；今之君子，过则顺之。古之君子，其过也，如日月之食，民皆见之；及其更也，民皆仰之。今之君子，岂徒顺之，又从为之辞。"

【注释】

　　①燕人畔：齐破燕，燕王哙死，子之亡。赵派人护送燕公子职入燕为王。而齐志在吞燕，故云"畔"。

　　②吾甚惭于孟子：孟子曾劝齐宣王不要伐燕，齐宣王不听。

　　③陈贾：齐国大夫。

　　④周公使管叔监殷：周武王克纣后，封叔鲜于管，是为管叔；封叔度于蔡，是为蔡叔。使二人监纣子武庚，治殷遗民。武王死后，周公监国，对此没有变动。

　　⑤管叔以殷畔：周武王死后，周公辅佐成王，管叔、蔡叔疑周公将篡位，即挟武庚作乱。周公伐诛武庚，杀管叔而放蔡叔。

　　⑥君子：本章指统治者。

【译文】

　　（齐国占领燕国后）燕国人发生叛乱。齐王说："我对孟子感到非常惭愧。"陈贾说："王不要难过。王自认为和周公比较，谁更仁德和聪明呢？"齐王说："哎！这是什么话呀！（我怎么能和周公相比呢？）"（陈贾）说："周公让管叔监管殷朝遗民，管叔却在殷民的帮助下发生叛乱；如果周公预料到此事，却让管叔去，是不仁德的；如果周公没有预料到此事，而让管叔去，是不聪明的。仁和智，周公都不能完全做到，那何况于王呢？我请求去见孟子向他解释一下。"

　　（陈贾）见到孟子，问道："周公是个什么样的人呢？"（孟子）答道："古代的圣人。"（陈贾又）问："（周公）让管叔去监管殷朝遗民，管叔却在殷民的帮助下反叛，有这回事吗？"（孟子）答道："有的。"（陈贾又）问："周公是预料到管叔将要发动叛乱，而让他去的吗？"（孟子）答道："没有料到。"

（陈贾说：）"那么，圣人也有过错吗？"

（孟子）答道："周公是弟弟；管叔是兄长。（弟弟怎么能对哥哥起疑心呢？）周公的过错，难道不是可以理解的吗？再说古代的君子，有了过错即随时改正；今天的君子，有了过错却将错就错。古代的君子，他的过错，就好像日食月食一样，民众都能看得见；当他改正时，民众都抬头仰望着。今天的君子，何止是将错就错，还要编造一些话来为自己的过错辩解。"

原文

孟子致为臣而归。王就见孟子，曰："前日愿见而不可得，得侍同朝，甚喜；今又弃寡人而归，不识可以继此而得见乎？"对曰："不敢请耳，固所愿也。"

他日，王谓时子曰①："我欲中国而授孟子室②，养弟子以万钟③，使诸大夫国人皆有所矜式。子盍为我言之④！"

时子因陈子而以告孟子，陈子以时子之言告孟子。孟子曰："然，夫时子恶知其不可也？如使予欲富，辞十万而受万，是为欲富乎？季孙曰：'异哉子叔疑⑤！使己为政，不用，则亦已矣，又使其子弟为卿。人亦孰不欲富贵？而独于富贵之中有私龙断焉⑥。'古之为市也，以其所有易其所无者，有司者治之耳。有贱丈夫焉⑦，必求龙断而登之，以左右望，而罔市利。人皆以为贱，故从而征之。征商自此贱丈夫始矣。"

注释

① 时子：齐臣。
② 中国：国都（即临淄城）之中。
③ 钟：春秋战国时期的量器单位。
④ 盍（hé）：何不。
⑤ 季孙、子叔疑：已不可考。
⑥ 龙：同"垄"。
⑦ 丈夫：古时以称成年男子。

译文

孟子辞去官职准备返回故乡。齐王去看望孟子，说："前些日子想见你，但未能如愿，后来能到朝廷来共事，感到非常高兴；今天又要舍弃寡人而回归故乡，不知今后是否还能相见？"（孟子）答道："这是我不敢请求的，但是我很希望的。"

中国家庭基本藏书

过了些天，齐王对时子说："我想在都城中给孟子一处住宅，同时给粟米万钟以收养他的弟子，使各位大夫和百姓都有个效法的榜样。你何不为我去告诉孟子！"

时子于是托陈子将这些话告诉孟子，陈子即将时子的话转告了孟子。孟子说："这事情吗，那个时子怎知是做不得的？如果我想发财，辞去十万钟的俸禄，而接受一万钟的赠与，这是想发财吗？季孙说过：'子叔疑真怪！自己想当官，未被任用，也就算了，又让他的子弟去做卿。人谁不想发财显贵？而他把发财显贵的事情都私自垄断了。'古代做买卖，是拿自己多余的去换自己所没有的，有关部门只是管理罢了。有个下贱的男子，一心追求垄断，并为此登上高坡，以便能够左右张望，从而占有市场上的全部利益。人们都认为他太卑劣，因而向他征收商税。向商人征税就是从这个下贱的男子开始的。"

原文

孟子去齐，宿于昼①。有欲为王留行者，坐而言。不应，隐几而卧②。客不悦曰："弟子齐宿而后敢言③，夫子卧而不听，请勿复敢见矣。"曰："坐。我明语子。昔者鲁缪公无人乎子思之侧，则不能安子思④；泄柳、申详无人乎缪公之侧，则不能安其身⑤。子为长者虑⑥，而不及子思；子绝长者乎？长者绝子乎？"

注释

①昼：齐国邑名，在今山东淄博市临淄镇西北。
②几：矮或小的桌子。古人的几用以倚凭身体。
③齐宿：先一日斋戒。齐，通"斋"。
④鲁缪公：缪同"穆"。鲁缪公，名显，在位三十三年。子思：孔子之孙，名伋。缪公常派人向子思表达诚意，使子思安心留下。
⑤泄柳、申详：泄柳，鲁贤人。申详，孔子学生子张之子。泄柳、申详由贤者关照而见容于鲁。
⑥长者：孟子年老，故自称长者。

译文

孟子离开齐国，在昼邑过夜。有一位想为齐王挽留孟子的人，坐着对孟子说话。（孟子）不回答，依靠在几上打瞌睡。那人不高兴地说："弟子斋戒后才敢跟您谈话，先生却打瞌睡，不听我说，以后再也不敢来见您了。"（孟子）说："坐下来。让我明白地告诉你。从前如果子思身边没有鲁缪公常派人表达诚意，就不能使子思安心；如果鲁缪公身边没有人关照泄柳、申详，泄柳、申详也不能在鲁国安身。你替我这老人考虑考虑吧，我的处境不如子思，是你对我做得过分呢？还是我对你做得过分呢？"

原文

孟子去齐。尹士语人曰①："不识王之不可以为汤武，则是不明也；识其不可，然且至，则是干泽也②。千里而见王，不遇故去，三宿而后出昼，是何濡滞也③？士则兹不悦。"

高子以告④。曰："夫尹士恶知予哉？千里而见王，是予所欲也；不遇故去，岂予所欲哉？予不得已也。予三宿而出昼，于予心犹以为速，王庶几改之。王如改诸，则必反予。夫出昼，而王不予追也，予然后浩然有归志⑤。予虽然，岂舍王哉！王由足用为善；王如用予，则岂徒齐民安，天下之民举安。王庶几改之，予日望之！予岂若是小丈夫然哉？谏于其君而不受，则怒，悻悻然见于其面⑥，去则穷日之力而后宿哉？"

尹士闻之曰"士诚小人也。"

注释

① 尹士：齐国人。
② 干泽：犹干禄。干，贪求；泽，恩泽，此指禄位。
③ 濡滞：迟延。赵岐注："濡滞，淹久也。"
④ 高子：孟子的学生。
⑤ 浩然：水流汹涌的样子。
⑥ 悻悻：怒恼貌。朱熹注："悻悻，怒意也。"

译文

孟子离开了齐国，尹士对人们说："看不出齐王不可能成为商汤王或周武王那样的国君，那是孟子的不明智；知道齐王不能够，然而还要来，那就是贪求禄位。不远千里而来求见齐王，不被知遇而离去，并在昼邑住了三夜才走，为什么那样迟滞呢？我不高兴这样。"

高子把(尹士)的话告诉(孟子)。(孟子)说："那个尹士怎么能了解我呢？不远千里来见齐王，是我所希望的；不被知遇而离去，难道是我所希望的吗？我只是不得已罢了。我在昼邑住了三夜才走，从我的内心来看还认为是太快了，总希望齐王能够改变态度。王如果能改变态度，就一定会召我回去。我出了昼邑，而王还没有追我回去，我才坚定了回乡的念头。虽然我这样做，并不是要舍弃王！希望王以后要努力实行善政；王如果用我，又何止让齐国民众太平，让普天之下的民众都会太平。王或许会改变态度的，我天天盼望着！我难道像那些小家子气的人一样吗？向君主进谏而没有被采纳，便恼怒，显出满脸不高兴的样子，离去，就终日奔走，不到太阳落山不休息吗？"

中国家庭基本藏书

尹士听到这话后说:"我真是个小人呀。"

孟子去齐,充虞路问曰:"夫子若有不豫色然①。前日虞闻诸夫子曰:'君子不怨天,不尤人②。'"曰:"彼一时,此一时也。五百年必有王者兴,其间必有名世者。由周而来,七百有余岁矣③。以其数,则过矣;以其时考之,则可矣。夫天未欲平治天下也;如欲平治天下,当今之世,舍我其谁也!吾何为不豫哉?"

① 豫:快乐;安适。
② 不怨天,不尤人:孔子语,见《论语·宪问篇》。
③ 七百有余岁矣:从武王建周到孟子去齐,其间为七百二十三年。

孟子离开齐国,路途中,充虞问道:"看样子,先生好像有点不高兴。前些日子我听先生说:'君子不抱怨老天,不责怪他人。'"(孟子)说:"那是一个时期,这是一个时期。每过五百年一定会有贤明的国王出现,其间还会出现一些圣贤人物。从周建立以来,至今已经七百多年了。论年数,已经超过了五百;论时势,也该是明君圣贤出现的时候了。上天还没有想让天下太平吧;如果想让天下太平,在当今这个时代,除了我,还能是谁呢?我怎么会不高兴呢?"

孟子去齐,居休①。公孙丑问曰:"仕而不受禄,古之道乎?"曰:"非也;于崇②,吾得见王,退而有去志;不欲变,故不受也。继而有师命,不可以请。久于齐,非我志也。"

① 休:战国齐地,在今山东滕州西北。
② 崇:古国名,在今河南嵩县北。

孟子离开齐国,居住在休邑。公孙丑问道:"做官而不接受俸禄,是古代的道德准则吗?"(孟子)说:"不是;在崇地,我见到了齐王,回来就有离去的意思;不想改变,所以也就不接受俸禄了。接着,齐国调动军队,不能请求离开。长久地停留在齐国,并不是我的心愿。"

◎滕文公上

题解

　　孟子在本篇通过对滕国世子办丧事的指导,讲述了孝子厚葬的做法;又通过对墨家薄葬的批评,阐述了孝子厚葬的缘起及合理性。孟子还对滕文公讲述了为君之道,即"必恭俭礼下,取于民有制"。对陈相阐述了事物的差别,及社会分工的必然性,提出了"劳心者治人,劳力者治于人,治于人者食人,治人者食于人"的观点。在讲述中流露出了重中原,轻四方的思想。

原文

　　滕文公为世子①,将之楚,过宋而见孟子。孟子道性善,言必称尧舜。世子自楚反,复见孟子。孟子曰:"世子疑吾言乎?夫道一而已矣。成靦谓齐景公曰②:'彼,丈夫也;我,丈夫也;吾何畏彼哉?'颜渊曰:'舜,何人也?予,何人也?有为者亦若是。'公明仪曰③:'文王,我师也;周公岂欺我哉?'今滕,绝长补短,将五十里也,犹可以为善国。《书》曰:'若药不瞑眩,厥疾不瘳④。'"

注释

　　①滕文公:战国时滕国国君。
　　②成靦(gàn):齐国臣子。
　　③公明仪:曾子的学生。
　　④厥:乃。 瘳(chōu):病愈。

译文

　　滕文公做太子的时候,要到楚国去,途经宋国时见到了孟子。孟子向他讲人性本善的理论,说话不离尧舜。太子从楚国返回时,又去见孟子。孟子说:"太子怀疑我说的话吗?但真理就是这么一个呀。成靦对齐景公说:'他是男子汉,我也是男子汉,我为什么怕他呢?'颜渊说:'舜是什么样的人?我是什么样的人?有所作为的人也会像他那样。'公明仪说:'文王是我的老师;周公难道会欺骗我吗?'现在滕国,取长补短,大致有长宽各五十里,还是可以治理为一个好的国家。《书经》中说:'如果吃了药不头晕眼花,那病就不会好。'"

原文

　　滕定公薨①,世子谓然友曰②:"昔者孟子尝与我言于宋,于心终不忘。

中国家庭基本藏书

今也不幸至于大故，吾欲使子问于孟子，然后行事。"然友之邹问于孟子。

孟子曰："不亦善乎！亲丧，固所自尽也③。曾子曰：'生，事之以礼；死，葬之以礼，祭之以礼，可谓孝矣④。'诸侯之礼，吾未之学也；虽然，吾尝闻之矣。三年之丧⑤，齐疏之服⑥，馆粥之食⑦，自天子达于庶人，三代共之。"

然友反命，定为三年之丧。父兄百官皆不欲，曰："吾宗国鲁先君莫之行⑧，吾先君亦莫之行也，至于子之身而反之，不可。且《志》曰⑨，'丧祭从先祖'。曰：'吾有所受之也。'"

谓然友曰："吾他日未尝学问，好驰马试剑。今也父兄百官不我足也，恐其不能尽于大事⑩，子为我问孟子！"

然友复之邹问孟子。

孟子曰："然，不可以他求者也。孔子曰⑪：'君薨，听于冢宰⑫，歠粥⑬，面深墨，即位而哭，百官有司莫敢不哀，先之也。'上有好者，下必有甚焉者矣。君子之德，风也；小人之德，草也。草尚之风⑭，必偃。是在世子。"

然友反命。世子曰："然，是诚在我。"

五月居庐⑮，未有命戒。百官族人可，谓曰知。及至葬，四方来观之，颜色之戚，哭泣之哀，吊者大悦。

① 滕定公：滕文公之父。

② 然友：世子的老师。

③ 自尽：尽自己的力量完成应该做的事。

④ 曾子曰诸句：孔子所言，见《论语·为政篇》。

⑤ 三年之丧：按照古礼，凡父母或祖父母死后，子与承重孙（嫡长孙）自闻丧之日起，不得任官、应考、嫁娶、娱乐等，在家守孝三年（以二十七月为满，也有以二十五月为满的）。

⑥ 齐疏之服：缝边的粗布衣服，即当时的丧服。齐（zī），缝边。疏，粗布。

⑦ 馆粥之食：古代居丧期间的食物。馆（zhān），稠粥。

⑧ 宗国：古代称同姓的诸侯国家。赵岐注："滕鲁同姓，俱出文王。鲁，周公之后；滕，叔绣之后。"

⑨ 志：记也，指当时各诸侯国的档案材料。

⑩ 其：世子自指。

⑪ 孔子曰以下：参看《论语·宪问》第四章。

⑫ 冢宰：在《周礼》为辅佐天子之官。后世因以冢宰为宰相之称。

⑬ 歠（chuò）：饮；啜。

⑭ 尚：加在上面。

⑮ 五月居庐：诸侯薨五月乃葬，末葬前，孝子必居凶庐，也即简易搭盖的小屋。

滕定公去世，世子对自己的老师然友说："从前孟子曾经在宋国和我交谈过，至今一直难以忘怀。现在父亲去世，遭逢大丧，我想让您去问问孟子，然后再办丧事。"然友就到邹邑去问孟子。孟子说："不是很好吗？父母去世，就应该尽自己的力量去安排丧事。曾子说：'父母在世，依照礼去奉侍；去世，依照礼去办丧事，依照礼去祭祀，这就称得上是尽孝心了。'诸侯的礼仪，我没有学习过；不过，我曾经听说过。三年居丧，穿缝边的粗布孝服，只吃稠粥，从天子到普通民众，夏、商、周三代都是相同的。"

然友回国后转达了孟子的话，太子即决定实行三年的丧礼。滕国的宗室长辈和各级官吏都不愿意。说道："和我们同宗的鲁国先前的国君没有实行三年丧礼，我国先前的国君也没有实行，到了你却要改变先辈的做法，这是不可以的。而且记载我国礼法制度的《志》中说：'丧礼祭礼依照祖先成法。'应该说：'我们是有成例可以遵循的。'"

（太子）便对然友说："我以前不曾做过学问，爱好跑马弄剑。'今天（我要实行三年的丧礼），父老兄长和各级官吏都不满意，恐怕我不能够做到守丧三年，你再替我去问问孟子该如何办！"

然友又到邹邑去问孟子。

孟子说："嗯。这事是不可强求别人的。孔子说过：'君主去世，太子要将政务暂时移交给宰相，喝粥，面色墨黑，在孝子的位置上哭泣，大小官吏没有敢不悲哀的，这是由于太子带头的缘故。'地位高的人有什么爱好，在下面的人一定会更加爱好。君子的品德就像风一样；小人的品德就像草一样，风从草上吹过，草必然会倒下。这件事完全决定于太子。"

然友回来向太子转达。太子说："对，这确实决定于我。"

于是太子在丧庐中居住了五个月，没有颁布过命令和戒律。百官和同宗的人都很赞成，认为太子知礼。等到安葬时，四方的人都来观礼，个个面色悲戚，哭泣哀痛，吊丧的人非常满意。

滕文公问为国。孟子曰："民事不可缓也。《诗》云①：'昼尔于茅②，宵尔索绹③；亟其乘屋④，其始播百谷。'民之为道也，有恒产者有恒心，无恒产者无恒心。苟无恒心，放辟邪侈，无不为已。及陷乎罪，然后从而刑之，是罔民也。焉有仁人在位罔民而可为也？是故贤君必恭俭礼下，取于民有制。阳虎曰⑤：'为富不仁矣，为仁不富矣。'

"夏后氏五十而贡，殷人七十而助，周人百亩而彻，其实皆什一也。

中国家庭基本藏书

彻者，彻也；助者，藉也。龙子曰⑥：'治地莫善于助，莫不善于贡。'贡者，校数岁之中以为常⑦。乐岁，粒米狼戾⑧，多取之而不为虐，则寡取之；凶年，粪其田而不足，则必取盈焉。为民父母，使民盻盻然⑨，将终岁勤动，不得以养其父母，又称贷而益之，使老稚转乎沟壑，恶在其为民父母也？夫世禄，滕固行之矣。《诗》云⑩：'雨我公田，遂及我私。'惟助为有公田。由此观之，虽周亦助也。

"设为庠序学校以教之。庠者，养也；校者，教也；序者，射也。夏曰校，殷曰序，周曰庠；学则三代共之，皆所以明人伦也。人伦明于上，小民亲于下。有王者起，必来取法，是为王者师也。《诗》云⑪：'周虽旧邦，其命惟新'，文王之谓也。子力行之，亦以新子之国！"

使毕战问井地⑫。孟子曰："子之君将行仁政，选择而使子，子必勉之！夫仁政，必自经界始。经界不正，井地不钧⑬，谷禄不平，是故暴君污吏必慢其经界。经界既正，分田制禄可坐而定也。夫滕，壤地褊小，将为君子焉，将为野人焉。无君子，莫治野人；无野人，莫养君子。请野九一而助，国中什一使自赋。卿以下必有圭田⑭，圭田五十亩；余夫二十五亩。死徙无出乡，乡田同井，出入相友，守望相助，疾病相扶持，则百姓亲睦。方里而井，井九百亩，其中为公田⑮。八家皆私百亩，同养公田；公事毕，然后敢治私事，所以别野人也。此其大略也；若夫润泽之，则在君与子矣。"

①《诗》云：以下引自《豳风·七月》。

②于茅：于，往也，茅，用如动词，取茅的意思。

③索绹：动词，搓也。索，绳索。《小尔雅·广器》："大者谓之索，小者谓之绳。"绹（táo），绳索。

④乘：治。

⑤阳虎：一作阳货，或说字货。春秋后期季孙氏的家臣。曾挟持季桓子，掌握国政，权势很大。后来又到晋国，为赵鞅家臣。

⑥龙子：上古贤人。

⑦挍：同"校"、"较"。

⑧狼戾（lì）：即狼藉。

⑨盻（xì）盻然：赵岐注："盻盻，勤苦不休息之貌。"

⑩《诗》云：以下引自《小雅·大田》。

⑪《诗》云：以下引自《大雅·文王》。

⑫毕战：滕国大夫。

⑬钧：同"均"。

⑭圭田：古代卿大夫的祭田。朱熹注："圭，洁也。所以奉祭祀也。"

⑮公田：井田制度下，由若干农民共同耕种，而将收获物全部缴给统治者的土地，与当时农民耕种的私田相对称。

　　滕文公问(孟子)怎样治理国家。孟子说："民众生产和生活的事是不能放松的。《诗经》中说：'白天采取茅草，晚上搓成绳索；赶快修筑房屋，并开始播种五谷。'民众有根本的规律：有固定产业的人，做什么事情会有一个稳定的思想和品性；没有固定产业的人，做什么事情思想和品性往往不稳定。如果没有个稳定的思想和品性，就会任意胡为，违法乱纪。等哪一天犯了罪，然后再抓起来处罚，这样等于坑害民众，也即失去了民众。哪里有仁人执政，失去民众，而有所作为的？因此贤明的君主一定要恭良、节俭、礼遇臣下，对民众征收赋税，要有一个制度。阳虎说：'要想发财，就不能仁爱；要仁爱，就发不了财。'

　　"古代的赋税制度：夏代每个男子五十亩土地，而实行'贡'法；商代每个男子七十亩土地，而实行'助'法；周代每个男子一百亩土地，而实行'彻'法，这三种征税办法，税率都是十分抽一。'彻'是'通'的意思。'助'是借助的意思。龙子说：'征收田税最好的是助法，最不好的是贡法。'贡法是比较若干年之中的一个平均数进行征税。丰年，到处都撒着米谷，多征收一些也不为暴虐，但并不多收；灾年，收到的禾秆连肥田都不够，税还必须按常年征收足额。作为民众父母的君主，让民众辛辛苦苦，结果一年到头劳作不休，连父母都养活不了，还得借高利贷来补足税款，让老人和孩子抛尸于山沟野外，这怎么算给民众做父母呢？有爵位的人都有一定的田租收入，并可世代相承，这种制度，滕国早就实行了。《诗经》中说：'雨落到我的公田，又落到我的私田。'只有助法才有公田的说法。这样看来，就是周朝，也实行'助'的税法。

　　"开办庠、序、学、校来教育民众。'庠'是教养的意思；'校'是教导的意思；'序'，是陈列的意思。夏朝叫'校'，商朝叫'序'，周朝叫'庠'；至于国家的教育机构，三代都叫'学'。教育的目的都是为了让人了解伦理关系的道理。伦理关系统治者搞清楚了，小老百姓自然也就会和睦了。如果有贤王兴起，一定会取来效法，这样即成为贤王的老师了。《诗经》中说：'周虽是个古老的国家，国运却有着新的气象。'这诗是赞美文王的。您努力实行吧，也让您的国家出现新的面貌！"

　　(滕文公)派毕战向孟子问关于井田制的情况。孟子说："您的国君想实行仁政，选中您并派您来问我，您一定要好好干！实行仁政，一定要从整理田界开始。田界划分不正确，井田的大小就会不均匀，作为俸禄的田租也就不公平。因此，暴虐的君主和贪官污吏一定要把井田之间的界限弄乱的。井田的界限要是正确了，分配土地，制定官吏俸禄，就很容易决定了。滕国土地狭小，但也有官吏，也有劳动人民。没有官吏，就不能治理劳动人民；没有劳动人民，也不能养活官吏。建议郊

中国家庭基本藏书

野采用九分抽一的助法，国都内十分抽一征税。公卿以下官吏一定要有供祭祀用的圭田，圭田每人五十亩；其余的，每人二十五亩。（要使被统治的百姓）安葬和迁移不出本乡本土，乡间井田相连，出来进去相见，大家都很友善，互相帮助，防御盗贼，有了疾病，大家相互照顾，百姓亲爱，和睦相处。一平方里的土地划为一个井田，每一井田有九百亩的土地，井田中间百亩为公田。其余八百亩分给八家作为私田，公田由八家共同耕种：每年先要把公田的事务干完，才敢料理私田事务，这样，就把官吏和劳动人民区别开了。这只是一个大概情况，至于怎样去进一步完善，就在国君和您本人了。"

原文

有为神农之言者许行①，自楚之滕。踵门而告文公曰："远方之人闻君行仁政，愿受一廛而为之氓。"文公与之处。其徒数十人，皆衣褐，捆屦织席以为食②。

陈良之徒陈相与其弟辛负耒耜自宋之滕，曰："闻君行圣人之政，是亦圣人也，愿为圣人氓。"

陈相见许行而大悦，尽弃其学而学焉。

陈相见孟子，道许行之言曰："滕君则诚贤君也；虽然，未闻道也。贤者与民并耕而食，饔飧而治③。今也滕有仓廪府库，则是厉民而以自养也，恶得贤？"孟子曰："许子必种粟而后食乎？"曰："然。""许子必织布而后衣乎？"曰："否，许子衣褐。""许子冠乎？"曰："冠。"曰："奚冠？"曰："冠素。"曰："自织之与？"曰："否，以粟易之。"曰："许子奚为不自织？"曰："害于耕。"曰："许子以釜甑爨，以铁耕乎？"曰："然。""自为之与？"曰："否，以粟易之。""以粟易械器者，不为厉陶冶；陶冶亦以其械器易粟者，岂为厉农夫哉？且许子何不为陶冶，舍皆取诸其宫中而用之④？何为纷纷然与百工交易？何许子之不惮烦？"

曰："百工之事固不可耕且为也。""然则治天下独可耕且为与？有大人之事⑤，有小人之事。且一人之身，而百工之所为备；如必自为而后用之，是率天下而路也⑥。故曰，或劳心，或劳力；劳心者治人，劳力者治于人；治于人者食人，治人者食于人，天下之通义也。当尧之时，天下犹未平，洪水横流，泛滥于天下，草木畅茂，禽兽繁殖，五谷不登，禽兽偪人⑦，兽蹄鸟迹之道交于中国。尧独忧之，举舜而敷治焉⑧。舜使益掌火，益烈山泽而焚之，禽兽逃匿。禹疏九河⑨，瀹济漯而注诸海⑩，决汝汉，排淮泗而注之江⑪，然后中国可得而食也。当是时也，禹八年于外，三过其门而不入，虽欲耕，得乎？

"后稷教民稼穑⑫，树艺五谷；五谷熟而民人育。人之有道也，饱食、暖衣、逸居而无教，则近于禽兽。圣人有忧之，使契为司徒⑬，教以人伦：父子有亲，君臣有义，夫妇有别，长幼有叙，朋友有信。放勋曰⑭：'劳之来之⑮，匡之直之，辅之翼之，使自得之，又从而振德之。'圣人之忧民如此，而暇耕乎？

"尧以不得舜为己忧，舜以不得禹、皋陶为己忧⑯。夫以百亩之不易为己忧者，农夫也。分人以财谓之惠，教人以善谓之忠，为天下得人者谓之仁。是故以天下与人易，为天下得人难。孔子曰：'大哉尧之为君！惟天为大，惟尧则之，荡荡乎民无能名焉！君哉舜也！巍巍乎有天下而不与焉⑰！'尧舜之治天下，岂无所用其心哉？亦不用于耕耳。

"吾闻用夏变夷者，未闻变于夷者也。陈良，楚产也，悦周公、仲尼之道，北学于中国。北方之学者，未能或之先也。彼所谓豪杰之士也。子之兄弟事之数十年，师死而遂倍之！

"昔者孔子没，三年之外，门人治任将归⑱，入揖于子贡，相向而哭，皆失声，然后归。子贡反，筑室于场，独居三年，然后归。他日，子夏、子张、子游以有若似圣人，欲以所事孔子事之，强曾子。曾子曰：'不可；江汉以濯之，秋阳以暴之⑲，皜皜乎不可尚已。'今也南蛮鴃舌之人⑳，非先王之道，子倍子之师而学之，亦异于曾子矣。吾闻出于幽谷迁于乔木者，未闻下乔木而入于幽谷者。《鲁颂》曰㉑：'戎狄是膺，荆舒是惩。'周公方且膺之，子是之学，亦为不善变矣。

"从许子之道，则市贾不贰㉒，国中无伪；虽使五尺之童适市㉓，莫之或欺。布帛长短同，则贾相若；麻缕丝絮轻重同㉔，则贾相若；五谷多寡同，则贾相若；屦大小同，则贾相若。"

曰："夫物之不齐，物之情也；或相倍蓰㉕，或相什百，或相千万。子比而同之，是乱天下也。巨屦小屦同贾，人岂为之哉？从许子之道，相率而为伪者也，恶能治国家？"

① 神农：即神氏，传说中农业和医药的发明者。又传他曾尝百草，发现药材，教人治病。一说神

中国家庭基本藏书

农即炎帝。许行：楚国人，学说与孟子有别。

②捆（kǔn）屦：赵岐注："捆，犹叩木校也。织屦欲使坚，故叩之也。"屦（jù）：麻、葛等制成的单底鞋。

③饔飧：早餐和晚餐。赵岐注："饔飧，熟食也，朝曰饔，夕曰飧。"

④宫：远古房屋的通称。

⑤大人：与"君子"相似，此处指当权者。

⑥路：同"露"，败坏。

⑦偪：古"逼"字。

⑧敷：同"溥"，普遍。

⑨九河：据《尔雅·释水》说是徒骇、太史、马颊、覆釜、胡苏、简、絜、钩盘、鬲津等九条河，今已不能确指。近人多主张九河不一定是九条河，而是古代黄河下游许多支流的总称。

⑩济漯：济，古四渎之一。发源于今河南济源市西王屋山，下游并入黄河。漯（tà），古代黄河下游主要支流之一，今已不存。

⑪决汝汉，排淮泗而注之江：就实际而言，除汉水外，汝与淮泗都不入江。这里孟子不过是申述禹治水功绩，未必字字确实。

⑫后稷：古代周族的始祖。善于种植各种粮食作物，曾在尧舜时代做农官，教民耕种。周族认为他是开始种稷和麦的人。

⑬契（xiè）：亦作偰、禼。传说中商的始祖，帝喾（kù）之子，母为简狄。曾助禹治水有功，被舜任为司徒，掌管教化。又神话传说契为简狄吞玄鸟（燕）卵所生。

⑭放勋：唐尧的称号，一说是尧的名。

⑮劳之来之：《尔雅》："劳、来，勤也。"

⑯皋陶（gāo yáo）：一作咎繇。传说中东夷族的首领。偃姓。相传曾被舜任为掌管刑法的官。

⑰孔子曰等句：见《论语·泰伯》。

⑱任：行李。

⑲秋阳以暴之：周历以夏历十一月为岁首，故周之所谓秋阳，实为夏日之阳。

⑳南蛮鴃（jué）舌：赵岐注："鴃，博劳鸟也。"这是孟子讥许行的话。许行，楚人，与孟子学说不同，所以孟子讥他语音如鸣鴃。

㉑《鲁颂》曰两句：见《诗经·鲁颂·閟宫》。

㉒贾：同"价"，价。

㉓五尺之童：先秦时期尺短，这是就当时尺子而言。

㉔屦（jù）：古代的一种鞋。

㉕蓰（xǐ）：五倍。

译文

　　有一位信奉神农氏学说的人叫许行，从楚国来到滕国，上门来告滕文公说："我这来自遥远地方的人听说您实行仁政，希望能得到一处普通的住宅，成为您的郊野之民。"滕文公给了他住房。他的几十个徒弟，都穿着粗麻制的短衣，以编麻鞋、织席子为生。

　　陈良的徒弟陈相和他的弟弟陈辛也背着农具从宋国来到滕国，(对滕文公)说："听说您实行圣人的政治，那您也是个圣人了，愿为圣人的郊野之民。"

陈相见到许行后，非常高兴，完全抛弃了自己原来的学说，而向许行学习。

陈相来看望孟子，转述许行的话说："滕国的君主确实是个贤明的君主，不过，他还不懂得经邦治国的道理。贤能的人与普通民众一样耕田种地养活自己，自做早饭和晚饭，还要治理民众。如今，滕国有存放粮食的仓库和存放货物的府库，这些都是剥削民众来奉养自己，这怎能称得上贤明呢？"孟子问："许先生一定要自己种粮食，然后才吃饭吗？"（陈相）答道："是的。"（孟子又问：）"许先生一定要自己织布，然后才穿衣服吗？"答道："不是，许先生只穿粗麻织的短衣。""许先生戴帽子吗？"答道："戴帽子。"问："戴什么样的帽子？"答道："戴白绸子做的帽子。"问："是自己织的吗？"答道："不是，是用粟米换来的。"问："许先生为什么不自己织呢？"答道："那样就妨碍了耕田种地。"问："许先生也用釜甑等炊具做饭，用铁制的农具耕种吗？"答道："是的。""这些东西是自己做的吗？"答道："不是，是用粟米换来的。""用粟米换取炊具和农具，并不损害陶器艺人和铁匠的利益；因为陶器艺人和铁匠也要用他们所做的物品去换粟米，难道他们这样做也损害农民的利益吗？况且许先生为什么不亲自做陶器和铁器呢？为什么不一切东西都是从自己家拿出来才用呢？为什么很多东西都要和各种工匠和艺人交换呢？为什么许先生就这样不嫌麻烦呢？"

（陈相）答道："各种工匠的工作(是一种专门的技艺)根本不可能一边种地一边再干的。"（孟子道：）"那么，难道治理天下就能够一边耕种田地，一边又去干的吗？有官长的工作，有小民的工作。只要是一个人，就一定需要各种工匠所生产的产品。如果每件产品必须经过自己制作才使用它，那就是率领天下的人疲于奔命了。所以说，有的人劳动脑力，有的人劳动体力；劳动脑力的人统治人，劳动体力的人被人统治；被统治的人供养别人，统治人的人享受别人供养，这是天下通行的一般道理。在尧统治时期，天下还不太平，洪水成灾，泛滥天下，草木生长茂盛，飞禽走兽到处繁殖，谷物却生长不了，飞禽走兽威胁着人们的生存，野兽和飞鸟的踪迹纵横交错于中原地区。尧自己对此感到忧虑，选拔舜来帮助自己治理。舜派伯益掌管放火工作，伯益将山野沼泽的草木尽行烧毁，迫使飞禽走兽四处逃匿。禹又疏通黄河下游的九河，疏导济水漯水流入大海，挖宽汝水汉水河道，掘开淮河泗水，让它们流入长江。这样，中原的土地才可以耕种，人民才有了饭吃。在那个时候，禹八年在外，三次路过自己的家门都没有进入，(忙成这样)即使是想亲自去耕种，可能吗？

"后稷又教导人民耕种庄稼，栽培各种谷物；五谷成熟了，人民得以养育生息。人有人的生存之道，吃饱、穿暖，住得安逸了，如果没有教养，那么还和禽兽差不多。对此，圣人又感到忧虑，于是委派契做司徒，掌管教育，教给人们伦理关系的道理：父子之间要有亲情，君臣之间要有礼义，夫妇之间要分内外，长幼之间要讲尊卑，朋友之间要守诚信。尧说：'督促他们，纠正他们，帮助他们，让他们各安本业，然后再对他们施以教育。'圣人这样一心一意地为民众考虑，哪有空闲的时间去种地呢？

中国家庭基本藏书

"尧以得不到舜这样的人而感到忧虑，舜以得不到禹、皋陶这样的人而感到忧虑。为了一百亩田地耕种不好而忧虑的，那是农民。把财物分给别人，叫做'惠'；教导人们做善事，叫做'忠'；为了天下的太平而寻求人才，叫做'仁'。因此，把天下让给别人比较容易，为了治理天下寻求人才就困难了。孔子说：'尧这样的君主真是伟大！只有天是最伟大的，只有尧能够效法天，尧带给民众的众多恩惠，是民众无法用语言来形容的！舜那样好的君主！天下坐得那样稳固，而并不想从中得到什么好处！'尧舜治理天下，难道不费心劳神吗？他们只是不把心思用在种庄稼上罢了。

"我听说用先进的夏文化去改变落后的夷文化的，而没有听说夏文化改变为夷文化的。陈良是土生土长的楚国人，却喜爱周公、孔子的学说，北上到中原国家求学。北方的学者，没有人能够超过他。他可以称得上豪杰之士了。你们兄弟跟从他学了几十年，结果老师一死，你们就背叛了他！

"从前，孔子去世，守丧三年完毕，学生们收拾行李准备回家，行前，他们向子贡作揖告别，相对而哭，都泣不成声，之后才依依不舍地回去。子贡又返回孔子的墓地附近，在平坦的空地上建造房屋，又独自居住了三年，然后才回去。过了些日子，子夏、子张、子游认为有若有点像圣人，想像侍奉孔子那样侍奉他，并强迫曾子赞同。曾子说：'不行，比如曾经让江汉的水洗涤过，让夏天的太阳暴晒过，白白的不能再白了。（孔子那样的圣人，谁能和他比呢？）'如今许行这个说话像鸟叫的南蛮子，也敢来非议我们祖先的圣王之道，而你们又违背自己的老师去向他学习，那就和曾子不同了。我听说过（鸟儿）飞出幽暗的山谷，迁往高大的树木，而没有听说离开高大的树木，而飞逃幽暗的山谷的，《鲁颂》中说：'抗击戎狄，征伐荆楚。'（对荆楚和戎狄）周公要攻打他们，而你却要学习他们，真是变得越来越糟糕了。"

（陈相）说："如果遵从许先生的学说，市场上的价格就会没有两样，国内便没有欺诈行为；就是让五尺高的小孩子到集市上去买东西，也不会受到欺骗。麻布丝绸的长短相同，那么价钱就会相同；麻线丝绵的轻重相同，那么价钱也会相同；五谷杂粮的多少相同，那么价钱也会相同；鞋的大小相同，那么价钱也会相同。"

（孟子）说："各种物品的质量形状不一样，是很自然的；有的相差一倍五倍，有的相差十倍百倍，有的相差千倍万倍。你让它们的价钱完全一致，实际就是要把天下搞乱。大鞋小鞋一样的价钱，人们难道会接受吗？如果按照许先生的学说办，是让大家一个跟着一个虚伪欺诈，这怎么能够治理国家呢？"

原文

墨者夷之因徐辟而求见孟子①。孟子曰："吾固愿见，今吾尚病，病愈，我且往见，夷子不来！"他日，又求见孟子。孟子曰："吾今则可以见矣。不直，则道不见②；我且直之。吾闻夷子墨者，墨之治丧也，以薄为其道也③；夷子思以易天下，岂以为非是而不贵也；然而夷子葬其亲厚，则是以所贱事亲也。"

　　徐子以告夷子。夷子曰："儒者之道，古之人若保赤子④，此言何谓也？之则以为爱无差等，施由亲始⑤。"徐子以告孟子。孟子曰："夫夷子信以为人之亲其兄之子为若亲其邻之赤子乎？彼有取尔也。赤子匍匐将入井，非赤子之罪也。且天之生物也，使之一本，而夷子二本故也。盖上世尝有不葬其亲者，其亲死，则举而委之于壑。他日过之，狐狸食之，蝇蚋姑嘬之⑥。其颡有泚⑦，睨而不视⑧。夫泚也，非为人泚，中心达于面目，盖归反蘽梩而掩之⑨。掩之诚是也，则孝子仁人之掩其亲，亦必有道矣。"徐子以告夷子，夷子怃然为间曰："命之矣。"

① 墨者：信奉墨子学说的人。　夷之：不可考。　徐辟：墨子的学生。

② 见：同"现"。

③ 以薄为其道也：墨家主张薄葬，《墨子》中有《薄葬篇》。

④ 古之人若保赤子：《尚书·康诰》："若保赤子，惟民其康乂。"

⑤ 施：施行；实施。

⑥ 蚋（ruì）：体形似蝇，刺吸人体和动物血液。　姑：应读为"盬"（gǔ），咀也。　嘬（chuài）：叮，咬。

⑦ 泚（cǐ）：出汗的样子。

⑧ 睨（nì）：斜视。

⑨ 蘽梩（léi lǐ）：赵岐注："蘽梩，笼臿之属，可以取土者也。"

　　墨家学者夷之通过徐辟的关系求见孟子。孟子说："我原本是想见的，但我现在正生病，等病好了，我将去看他，夷子不要来了。"过了些天，(夷之)又求见孟子。孟子说："我今天可以见他了。但不说直话，真理就显现不来；我就直说吧。我听说夷子是墨家学派的人，墨家办理丧事，在理论上讲究薄葬；夷子想用这样的理论来改变天下的风气，不仅仅是认为不这样就不足为贵了；但是夷子却厚葬他的父母亲，这就是拿他瞧不起的做法去奉事他的父母亲了。"

　　徐子把孟子所说的转告夷子。夷子说："儒家的学说认为，古代的君王爱护百姓就像爱护婴儿一样，这话是什么意思呢？我认为这是说，人们之间的爱是没有亲疏和高低等级差别的，但这种爱要从对亲人开始实行。"徐又把这话转告孟子。孟子说："夷子真认为人们爱他哥哥的儿子就像爱他邻居家的婴儿一样吗？他不过是抓住了这样一个方面。婴儿在地上爬行，快要掉到井里去了，这并不是婴儿的罪过。(这时看见的人，都会去救助婴儿，夷子认为这就是爱无等次，实际这是人的恻隐之心。)况天生万物，让他们只有一个根源，而夷子却认为有两个根源。(这

中国家庭基本藏书

母死后,就抬着扔到山沟里去。过了些天,他经过这里时,看见狐狸在吃他亲人的
尸体,苍蝇蚊子又在尸体上叮咬。那人不禁额头上冒汗,斜着眼睛,不敢正目而视。
那汗不是流给别人看的,是内心的悔恨在面目上的流露,于是他就返回家中找来
箩筐铲子取土把尸体掩埋了。把尸体掩埋确实是应该的,(如此说来)孝子和仁慈
的人安葬他们的父母亲人,也一定是有它的道理的。"徐子又把这话转告给夷子,
夷子怅惘茫然地停了一会后说:"我懂得了。"

中国家庭基本藏书

诸子百家卷

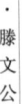

孟子·滕文公上

◎滕文公下

题解

　　通过答问，孟子在本篇阐述了君主为政所具备的客观条件及主观修养。通过阐述，指明了什么叫大丈夫，说明了士人入仕的客观合理性。还通过对尧舜以来历史的阐述，突出了孔子作《春秋》的历史功绩，表达了孟子自己的历史责任。还通过对宋与齐、楚等大国关系的论述，指出像宋这样的小国，"苟行王政"，即能自立图强等。

原文

　　陈代曰①："不见诸侯，宜若小然；今一见之，大则以王，小则以霸。且《志》曰：'枉尺而直寻②，宜若可为也。'"孟子曰："昔齐景公田，招虞人以旌③，不至，将杀之。志士不忘在沟壑，勇士不忘丧其元。孔子奚取焉？取非其招不往也。如不待其招而往，何哉？且夫枉尺而直寻者，以利言也。如以利，则枉寻直尺而利，亦可为与？

　　"昔者赵简子使王良与嬖奚乘④，终日而不获一禽。嬖奚反命曰：'天下之贱工也。'或以告王良。良曰：'请复之。'强而后可⑤，一朝而获十禽。嬖奚反命曰：'天下之良工也。'简子曰：'我使掌与女乘。'谓王良。良不可，曰：'吾为之范我驰驱⑥，终日不获一；为之诡遇⑦，一朝而获十。《诗》云⑧："不失其驰，舍矢如破。"我不贯与小人乘⑨，请辞。'御者且羞与射者比⑩；比而得禽兽，虽若丘陵，弗为也。如枉道而从彼，何也？且子过矣：枉己者，未有能直人者也。"

注释

　　①陈代：孟子的学生。

　　②寻：古代长度单位。八尺为寻。

　　③旌（jīng）：古代的一种旗帜。缀旄牛尾于竿头，下有五彩析羽。用以指挥或开道。

　　④赵简子：即赵鞅。又名志父，亦称赵孟。春秋末年晋国的卿。他战胜范氏、中行氏，扩大封地，奠定以后建立赵国的基础。　王良：春秋时的善御者。　嬖（bì）：受宠幸的小人。奚：嬖人名。

　　⑤强：被迫。　可：答应。

　　⑥范我驰驱："范"用作动词。据《谷梁传》载，驾驭田猎的车，尘土飞扬时也要在轨道上运行，马蹄还要合拍有节奏。

　　⑦诡遇：谓打猎时不按规矩，纵横驰骋以追逐禽兽。

　　⑧《诗》云：以下两句见《小雅·车攻》。

⑨贯：同"惯"。

⑩御者且羞与射者比：射者，语义双关，明指嬖奚，暗指射利之徒与射利之事。比，合也。

陈代说："不去谒见诸侯，似乎觉得小了点；如今一见到诸侯，大则可以称王于天下，小则可以称霸于诸侯。而且《志》中说：'弯曲一尺，伸直一寻'，似乎应该去试试。"孟子说："过去齐景公到田野打猎，用旌旗召唤管理山林沼泽的官员。该官员不来，齐景公就准备杀死他。志士不怕弃尸山野，勇士不怕丢掉性命。孔子看重管山林沼泽官员的什么呢？就是看重他不是常礼召唤就敢于拒绝。如果不等待召唤就前往迎接，那又会怎么样呢？所谓弯曲一尺，伸直一寻，是从获利的角度而言的。如果说到获利，那么就是弯曲一寻，伸直一尺的利益了，也可以这样做吗？

"从前，赵简子让王良跟他宠幸小臣奚驾车去打猎，整天都没有打到一只野兽。返回后，奚向赵简子报告说：'王良是天下最差的驾车工。'有人把这话告诉王良。王良说：'请再来一次。'奚在别人的逼迫下同意了，仅一个早晨，即猎获了十只野兽。这次，奚回来后又报告说：'王良是天下最好的驾车工。'赵简子说：'我让他专门给你驾车好了。'把这话告诉王良。王良不同意，说道：'我给他按规矩驾车行进，整天猎获不了一只；我不按规矩给他驾车行进，一早晨就猎获十只。《诗经》中说：'按照规矩驾车奔驰，箭一放出就射中目标，我不习惯给小人驾车，我不能担任。'驾车的人尚且羞于与差的射手合作；与那样的人为伍，即使猎获到飞禽走兽，堆得像小山一样，也不愿干。如果我们不坚持自己的主张而追随别人，那算什么人呢？况且你错了：因为自己不是个正直的人，是从来也不能够让别人变得正直的。"

景春曰①："公孙衍、张仪岂不诚大丈夫哉②？一怒而诸侯惧，安居而天下熄。"孟子曰："是焉得为大丈夫乎？子未学礼乎？丈夫之冠也③，父命之；女子之嫁也，母命之，往送之门，戒之曰：'往之女家，必敬必戒，无违夫子！'以顺为正者，妾妇之道也。居天下之广居，立天下之正位，行天下之大道④；得志，与民由之；不得志，独行其道。富贵不能淫，贫贱不能移，威武不能屈，此之谓大丈夫。"

① 景春：纵横家，与孟子同时。

② 公孙衍：战国时魏人。号犀首。初在秦为大良造，后入魏为将，主张合纵抗秦。晚年任魏相。张仪：战国时著名的纵横家，游说各国服从秦国，并著有《张子》十篇，今佚。

③ 丈夫之冠也：古时男子二十岁成年，要举行加冠的礼节。

④广居、正位、大道：朱熹《集注》云："广居，仁也；正位，礼也；大道，义也。"

景春说："公孙衍、张仪难道不是真正的大丈夫吗？一旦发怒，让诸侯恐惧；安居在家，天下就没有争端。"孟子说："这样的人怎能称得上是大丈夫呢？你没有学过礼吗？男子举行加冠礼时，父亲要加以训勉；女子出嫁的时候，母亲要加以训勉，把她送到门口时，还要告诫说：'到了你的婆家，一定要恭敬，一定要谨慎，不要违拗丈夫的意愿！'以顺从为立身之本，是为人妻为人妇的基本原则。至于身处天下最广大的住所'仁'里，站在天下最正位置'礼'上，走在天下最宽广的道路'义'上；得志时，与民众一同前行；不得志时，个人单独行道。富贵不能动摇我的意志，贫贱也不能改变我的志向，威武也不能让我屈服变节，这样才能称之为大丈夫。"

周霄问曰①："古之君子仕乎？"孟子曰："仕。《传》曰：'孔子三月无君，则皇皇如也，出疆必载质②。'公明仪曰：'古之人三月无君，则吊③。'""三月无君则吊，不以急乎？"曰："士之失位也，犹诸侯之失国家也。《礼》曰：'诸侯耕助，以供粢盛④；夫人蚕缫⑤，以为衣服⑥。牺牲不成⑦，粢盛不洁，衣服不备，不敢以祭。惟士无田，则亦不祭。'牲杀、器皿、衣服不备，不敢以祭，则不敢以宴，亦不足吊乎？"

"出疆必载质，何也？"曰："士之仕也，犹农夫之耕也；农夫岂为出疆舍其耒耜哉？"曰："晋国亦仕国也⑧，未尝闻仕如此其急。仕如此其急也，君子之难仕⑨，何也？"曰："丈夫生而愿为之有室，女子生而愿为之有家；父母之心，人皆有之。不待父母之命，媒妁之言，钻穴隙相窥，逾墙相从，则父母国人皆贱之。古之人未尝不欲仕也，又恶不由其道。不由其道而往者，与钻穴隙之类也。"

①周霄：魏国人。

②质：通"贽"、"挚"。古人初次求见君主所献上的礼物，有表示献身之意。

③吊：这里指慰问遭遇不幸者。

④耕助："助"即"藉"，古代天子有藉田千亩，诸侯百亩。于每年孟春，天子率三公九卿诸侯大夫躬耕，以示重农。　粢盛：盛在祭器内以供祭祀的谷物。

⑤夫人：诸侯的妻子。　缫（sāo）：制丝过程中将几根茧丝抽出，合并而成生丝。

⑥衣服：古时上曰衣，下曰裳。此处是指祭服。

中国家庭基本藏书

⑦牺牲：古时祭祀用牲的通称。色纯为"牺"，体全为"牲"。　成：盛也，丰盛也，肥实也。

⑧晋国：此处指魏国。

⑨君子：此指有道德修养的士人。

译文

　　周霄问道："古代的君子做官吗？"孟子答道："做官。《传》中说：'孔子三个月没有被国君任用，就茫茫然无所适从，离开一个国家，一定要带上求见君主的礼物。'公明仪也说：'古代的士人要是三个月没有被国君任用，就应该去安慰他。'"（周霄又问：）"三个月没有被君主任用，就去安慰他，不是太急了吗？"（孟子）答道："士人失去官位，就像诸侯失去国家一样。《礼》中说：'诸侯亲自参加耕种，以便供奉祭品中的谷物；夫人亲自养蚕缫丝，是为了做祭祀穿的服装。牺牲不丰盛，粢盛不洁净，祭服不具备，是不能举行祭祀的。如果士人没有田地，那也不能举行祭祀。'宰杀的牲口、祭祀用的器具、祭服不具备，不能举行祭祀，也就不能参加宴会，难道不应该安慰他吗？"

　　（周霄又问：）"离开国界一定要带上求见国君的礼物，又是为什么呢？"（孟子）答道："士人去做官，就好像农民去种地，农民难道会因为出国就丢掉他的农具吗？"（周霄）说："魏国也是一个可以去做官的国家，我还没有听说做个官就如此迫切。做官既然如此急迫，君子又不轻易做官，这又是为什么呢？"（孟子）说："生个男孩想让他娶妻成家，生个女孩想让她嫁人成家；做父母的这种心愿，人人都是有的。但要是还没有等到父母亲做主张，媒人说合，就钻墙洞扒门缝去眉目传情，然后翻墙私奔，这样，父母和周围的人都会小看他们。古代的人并不是不想做官，但又讨厌不是经过正道谋取来的官位。不经正道去谋取官位，就和钻墙洞扒门缝一样。"

原文

　　彭更问曰①："后车数十乘，从者数百人，以传食于诸侯②，不以泰乎③？"孟子曰："非其道，则一箪食不可受于人；如其道，则舜受尧之天下，不以为泰，子以为泰乎？"曰："否；士无事而食，不可也。"曰："子不通功易事，以羡补不足④，则农有余粟，女有余布；子如通之，则梓匠轮舆皆得食于子。于此有人焉，入则孝，出则悌，守先王之道，以待后之学者，而不得食于子；子何尊梓匠轮舆而轻为仁义者哉？"曰："梓匠轮舆，其志将以求食也；君子之为道也，其志亦将以求食与？"曰："子何以其志为哉？其有功于子，可食而食之矣。且子食志乎？食功乎？"曰："食志。"曰："有人于此，毁瓦画墁⑤，其志将以求食也，则子食之乎？"曰："否。"曰："然则子非食志也，食功也。"

① 彭更：孟子的学生。

② 传（zhuàn）：通"转"。

③ 泰：过甚。

④ 羡：有余；剩余。

⑤ 墁（màn）：墙上的涂饰。

彭更问道："跟随的车子几十辆，跟从的人几百个。从这一国吃到那一国，不是有些太过分了吗？"孟子答道："如果来路不正，就是一篮子饭也不能接受别人的；如果来路正，那么，舜可以接受尧禅让给的天下，并不觉得过分，这你以为过分了吗？"（彭更）说："不是这个意思。但士人没做什么事情就白吃饭，是不应该的。"（孟子）说："如果你不互相流通各行各业的产品，用多余的来补充不足的，那么农民就会有多余的米剩下，妇女就会有多余的布剩下；你如果能互通有无，那么木匠和制车的工人，就能依靠你找到饭吃。假如这里有个人，在家孝顺父母，出外尊敬长辈，恪守先王的礼法道义，去培养下一代学者，结果却不能从你那里得到饭吃，你为什么看重木匠和制车的工人，而轻视仁人义士呢？"（彭更）说："木匠和制车的工人，他们做工的目的就是为了找碗饭吃；君子研究和宣扬自己的学说，他们的初衷也是为了找碗饭吃吗？"（孟子）说："你为什么一定要追究他们的动机呢？他们对你有功劳，能够给他们吃的就给他们吃的吧。再说，你给人吃的，是依据动机呢，还是依据成效呢？"（彭更）说："依据动机。"（孟子）说："比方这里有个人，把房上的瓦打碎，在墙的涂饰上乱画，而他的动机却是想弄碗饭吃，这样，你会给他吃吗？"（彭更）说："不能。"（孟子）说："这样看来，你给人吃的，不是依据动机，而是依据成效的。"

万章问曰①："宋，小国也；今将行王政，齐楚恶而伐之②，则如之何？"孟子曰："汤居亳③，与葛为邻④，葛伯放而不祀。汤使人问之曰：'何为不祀？'曰：'无以供牺牲也。'汤使遗之牛羊。葛伯食之，又不以祀。汤又使人问之曰：'何为不祀？'曰：'无以供粢盛也。'汤使亳众往为之耕，老弱馈食。葛伯率其民，要其有酒食黍稻者夺之，不授者杀之。有童子以黍肉饷，杀而夺之。《书》曰：'葛伯仇饷⑤。'此之谓也。

"为其杀是童子而征之，四海之内皆曰：'非富天下也，为匹夫匹妇复雠也。''汤始征，自葛载⑥'，十一征而无敌于天下。东面而征，西夷怨；南面而征，北狄怨，曰：'奚为后我？'民之望之，若大旱之望雨也。归市

中国家庭基本藏书

者弗止,芸者不变,诛其君,吊其民,如时雨降。民大悦。《书》曰:'徯我后,后来其无罚!''有攸不惟臣⑦,东征,绥厥士女⑧,篚厥玄黄⑨,绍我周王见休⑩,惟臣附于大邑周⑪。'其君子实玄黄于篚以迎其君子,其小人箪食壶浆以迎其小人;救民于水火之中,取其残而已矣。《太誓》曰⑫:'我武惟扬,侵于之疆⑬,则取于残,杀伐用张,于汤有光。'不行王政云尔,苟行王政,四海之内皆举首而望之,欲以为君;齐楚虽大,何畏焉?"

① 万章:孟子的得意门生。

② 今将行王政,齐楚恶而伐之:据《战国策》与《史记》记载,宋王偃行同桀纣,终为齐、魏、楚所灭。这里说宋王偃行王政,与《战国策》《史记》记载有别。

③ 亳(bó):古都邑名,今河南商丘市。

④ 葛:古国名,国都在今河南宁陵县东北。

⑤ 葛伯仇饷:此四字为《尚书》逸篇文字。

⑥ 汤始征,自葛载:此六字为已亡佚的《尚书·汤征》之文。

⑦ 攸:所。 惟:为;是。

⑧ 绥:安;安抚。

⑨ 篚厥玄黄:篚(fěi),盛物的竹器,此处用如动词。厥,其。玄黄,指丝帛。

⑩ 绍:发语词,无义。 休:美好,吉庆。

⑪ 大邑周:甲骨文和金文中有"大邑商""大邑周"之辞,犹后世之称"大唐""大明"也。

⑫ 《太誓》:即《泰誓》,《尚书》篇名,今已亡佚。

⑬ 于:即邘国,在今河南沁阳西北。

万章问道:"宋是个小国家;如今想推行王政,齐楚两国憎恨,想要出兵讨伐它,这该怎么办呢?"孟子说:"商汤王居住在亳时,与葛国为邻,葛伯放荡竟不祭祀上天和鬼神。汤王派人问道:'为什么不祭祀呢?'(葛伯)答道:'置办不起牛羊等祭品。'汤王即派人给他送去牛羊。葛伯把牛羊吃了,仍没有举行祭祀。汤又派人去问葛伯说:'为什么不祭祀?'(葛伯)答道:'没有供祭祀用的谷物。'汤王即派亳地的民众前去为葛伯耕种,老弱给前来耕种的人送食物。葛伯却率领他的民众,拦路抢劫所送的酒食黍稻,不给的就杀掉。有个小孩送去肉和黍款待那些耕田者,葛伯不仅抢走了肉和黍,而且还把小孩杀了。《书经》上说:'葛伯仇恨送饭的。'就是指这件事说的。

"汤王就是因为这个小孩被杀,才去征讨葛伯的,(当时)四海之内的人都说:'汤王并不是为了据天下为己有,而是为了给老百姓报仇雪恨。''汤王征讨作战,便是从伐葛开始的',出征十一次,天下无人能够抵挡。他征讨东方时,西方的夷人不高兴;征讨南方时,北方的狄人不高兴,说道:'为什么把我们放到后面?'民众盼望汤王,就像大旱之年盼望下雨一样。市场上照常做买卖,农民照常在地里种田,杀掉那暴虐的君主,抚慰那受欺压的民众,就好像及时雨降临。民众非常高兴。《书经》中说:'盼望我王,王来了我们不再受欺辱!'又说:'有所不臣服的,周王去东征,安定那里的男女民众,他们用筐奉上丝绸,让我们的周王见到高兴。希望能归附大周做它的臣民。'官员们用筐奉上丝绸去迎接官员,老百姓提着饭篮和酒壶去迎接士兵;这次出征是把民众从水深火热中拯救出来,只是除掉了那残暴的国君罢了。《太誓》中说:'我们的威武要发扬,攻打到于国的疆土上,除掉那残暴的国君,该杀的都把他杀光,功绩比商汤还辉煌。'不实行王政就罢了,如果要实行王政,天下的人都会抬起头来盼望,希望他能为君王;齐国和楚国虽然强大又有什么可怕的呢?"

原文

孟子谓戴不胜曰[①]:"子欲子之王之善与?我明告子。有楚大夫于此,欲其子之齐语也,则使齐人傅诸,使楚人傅诸?"曰:"使齐人傅之。"曰:"一齐人傅之,众楚人咻之[②],虽日挞而求其齐也,不可得矣;引而置之庄岳之间数年[③],虽日挞而求其楚,亦不可得矣。子谓薛居州,善士也,使之居于王所。在于王所者,长幼卑尊皆薛居州也,王谁与为不善?在王所者,长幼卑尊皆非薛居州也,王谁与为善?一薛居州,独如宋王何?"

注释

① 戴不胜:宋臣。

② 咻(xiū):喧扰。

③ 庄岳:庄,四通八达的道路。岳,高大的山,这里似指泰山。庄岳,指当时齐国人口稠密的地区。

译文

孟子对戴不胜说:"你想让你的国君学好吗?我明白地告诉你。这里有个楚国的大夫,想让他的儿子学习齐国话,那么,是找齐国人教呢?还是找楚国人教呢?"(戴不胜)答道:"找齐国人教他。"(孟子)说:"一个齐国人教他,许多楚国人喧扰,就是每天抽打他,逼他学说齐国话,也是学不会的;但如果把他安置在齐国繁华的地方住上几年,虽然每天抽打他,让他讲楚国话,也是不可能的。你说的薛居州,是个很好的士人,让他居住在王宫里。那样,居住在王宫里的人,不论年长年幼的,卑贱尊贵的,都是薛居州那样的好人,这时,王和谁去干坏事呢?如果在王宫里住的,年长的年幼的,卑贱的尊贵的,都不是薛居州那样的好人,王和谁一起去干好事呢?一个薛居州能对宋王有什么影响呢?"

中国家庭基本藏书

【原文】

公孙丑问曰："不见诸侯何义？"孟子曰："古者不为臣不见。段干木逾垣而辟之①，泄柳闭门而不内，是皆已甚；迫，斯可以见矣。阳货欲见孔子而恶无礼②，大夫有赐于士③，不得受于其家，则往拜其门。阳货瞰孔子之亡也④，而馈孔子蒸豚；孔子亦瞰其亡也，而往拜之。当是时，阳货先，岂得不见？曾子曰：'胁肩谄笑⑤，病于夏畦⑥。'子路曰：'未同而言，观其色赧赧然⑦，非由之所知也。'由是观之，则君子之所养，可知已矣。"

【注释】

① 段干木：战国初年魏国人。姓段干，名木。为魏文侯所尊敬，但他不接受魏文侯给的爵禄官职。

② 阳货欲见孔子：事见《论语·阳货篇》。

③ 大夫：阳货为鲁正卿季氏之宰，为"大夫级"，而其时孔子无官职，故称"士"。

④ 瞰（kàn）：窥视。

⑤ 胁肩谄笑：耸起肩膀，装出笑脸，形容逢迎的丑态。

⑥ 畦（qí）：治地成畦，分畦栽种。赵岐注："言其意苦劳极，甚于仲夏之月治畦灌园之勤也。"

⑦ 赧赧然：脸红，难为情的样子。

【译文】

公孙丑问道："不去晋见诸侯，是什么道理？"孟子说："古时候不是诸侯的臣子就不去晋见。段干木曾经跳墙躲避魏文侯，泄柳也关闭大门不接纳鲁缪公，这些都做得太过分了；逼迫太紧，也是可以相见的。阳货想见孔子，而自己又不愿失礼。依礼，大夫对士有所赐与，士不能在家里接受赐与，就要上门拜谢大夫。阳货看到孔子外出的时候，去给孔子送了一只蒸熟的小猪；孔子也探看到阳货外出的时候，才去答谢。当时，阳货如果不先(那样做)，怎么会导致他们不能见面呢？曾子说：'耸起肩膀，装出笑脸，比在酷热的夏天整畦田灌菜园还难受。'子路说：'不是同路人，却要相互交谈，看着他的脸色，一副难为情的样子，这是我难以理解的。'从这些来看，君子怎样修养自己的道德品质，就明白了。"

【原文】

戴盈之曰①："什一，去关市之征，今兹未能，请轻之，以待来年，然后已，何如？"孟子曰："今有人日攘其邻之鸡者②，或告之曰：'是非君子之道。'曰：'请损之，月攘一鸡，以待来年，然后已。'如知其非义，斯速已矣，何待来年？"

① 戴盈之：宋国大夫。

② 攘：窃取；夺取。

　　戴盈之说："田税十分抽一，除去对关卡和市场的征税，今年还不能做到，希望能减轻一些，等到明年，再全部实行，怎么样？"孟子说："现在有个人每天去偷窃邻居的鸡。有人告诉他说：'这不是正派人的作为。'他答道：'那就减少一些，每月偷一只鸡，等到明年，再洗手不干。'如果知道所作所为不是正道，就马上不要干了，为什么要等到明年？"

原文

　　公都子曰①："外人皆称夫子好辩，敢问何也？"孟子曰："予岂好辩哉？予不得已也。天下之生久矣，一治一乱。当尧之时，水逆行，泛滥于中国，蛇龙居之，民无所定；下者为巢，上者为营窟②。《书》曰：'洚水警余③。'洚水者，洪水也。使禹治之。禹掘地而注之海，驱蛇龙而放之菹④；水由地中行，江、淮、河、汉是也。险阻既远，鸟兽之害人者消，然后人得平土而居之。

　　"尧舜既没，圣人之道衰，暴君代作，坏宫室以为污池，民无所安息；弃田以为园囿，使民不得衣食。邪说暴行又作，园囿、污池、沛泽多而禽兽至。及纣之身，天下又大乱。周公相武王诛纣，伐奄三年讨其君，驱飞廉于海隅而戮之⑤，灭国者五十，驱虎、豹、犀、象而远，天下大悦。《书》曰⑥：'丕显哉，文王谟！丕承者，武王烈！佑启我后人，咸以正无缺。'

　　"世衰道微，邪说暴行有作⑦，臣弑其君者有之，子弑其父者有之。孔子惧，作《春秋》。《春秋》，天子之事也；是故孔子曰：'知我者其惟《春秋》乎！罪我者其惟《春秋》乎！

　　"圣王不作，诸侯放恣，处士横议⑧，杨朱、墨翟之言盈天下⑨。天下之言不归杨，则归墨。杨氏为我，是无君也；墨氏兼爱，是无父也。无父无君，是禽兽也。公明仪曰：'庖有肥肉，厩有肥马；民有饥色，野有饿莩，此率兽而食人也。'杨、墨之道不息，孔子之道不著，是邪说诬民，充塞仁义也。仁义充塞，则率兽食人，人将相食。吾为此惧，闲先圣之道，距杨、

中国家庭基本藏书

墨，放淫辞，邪说者不得作。作于其心，害于其事；作于其事，害于其政。圣人复起，不易吾言矣。

"昔者禹抑洪水而天下平，周公兼夷狄，驱猛兽而百姓宁，孔子成《春秋》而乱臣贼子惧。《诗》云：'戎狄是膺，荆舒是惩，则莫我敢承。'无父无君，是周公所膺也。我亦欲正人心，息邪说，距诐行，放淫辞，以承三圣者；岂好辩哉？予不得已也。能言距杨墨者，圣人之徒也。"

① 公都子：孟子的学生。

② 营窟：洞穴。

③ 洚水警余：此为《尚书》逸篇中文。洚水，古水名，这里指洪水泛滥。

④ 菹（zū）：赵岐注："菹，泽生草者也。"

⑤ 飞廉：亦作"蜚廉"。殷末时人。《史记·秦本纪》："蜚廉生恶来。恶来有力，蜚廉善走，父子俱以材力事殷纣。"

⑥《书》曰以下：当为《尚书》逸篇中文。

⑦ 有：同"又"。

⑧ 处士：古时称有才德而隐居不仕的人。

⑨ 杨朱：战国初哲学家，魏国人。相传他反对墨子的"兼爱"和儒家的伦理思想。 墨翟：墨家的创始人。相传原为宋国人，后长期住在鲁国。

公都子说："别人都说先生喜好辩论，请问，这是为什么？"孟子答道："我难道喜好辩论吗？我只是迫不得已呀！天下自有人类以来已经很长时间了，总是太平一个时期，混乱一个时期。在尧统治时期，河水倒流，在中原地区到处泛滥，蛇龙占据大地，人民没有个安定的住所；在低处生活的人们在树上搭巢居住，在高处生活的人们挖洞穴居住。《书经》中说：'洚水警示我们。'所谓洚水就是洪水。就让禹去治理。禹挖掘河道把水引向海里，把蛇龙等动物驱赶到草泽里去；水在河道里向前流动，长江、淮河、黄河、汉水就是这样。危险和障碍消除后，害人的禽兽也不见了，这样，人们就能够在平原上居住了。

"尧舜去世以后，圣人之道便衰微了，暴虐的君主不断出现，他们毁坏房屋来挖掘池塘。使民众没有安定生活的地方；又毁坏良田建筑园林，使民众断绝了衣食来源。荒谬的学说，暴虐的行为又不断出现，园林、池塘、草泽多了起来，禽兽也出现了。在商纣王统治时期，天下又陷入大乱。周公辅佐武王诛杀了纣王，又征伐奄国，经过三年，灭掉了它的君主；将恶人飞廉驱赶到海边，并杀死他。当时灭掉的国家有五十个，同时，把虎、豹、犀、象等猛兽驱赶到远方，天下民众都非常高兴。《书经》中说：'显赫呀，文王的谋略！承其后，武王的功烈！保佑引导我们这些人，身行正道没有所缺。

"世道又逐渐变坏了,荒谬的学说、暴虐的行为又发生了。有臣子杀死国君的,有儿子杀死父亲的。孔子对这些感到忧虑,于是就写了《春秋》这部书。《春秋》写的是以天子为中心的国家大事,因此,孔子说:'了解我的只有通过《春秋》这部书吧!怪罪我的,也只是通过《春秋》这部书吧!'

　　"(孔子以后,)没有出现圣明的天子,诸侯肆意妄为,没有官位的士人到处发表议论,杨朱、墨翟的言论传遍了天下。天下的学说主张,不属于杨朱,就属于墨翟。杨朱派主张的一切为自己,就是目无君主;墨翟派主张的人与人一视同仁,就是目无父母。无视父母和君主,那就是禽兽。公明仪说:'厨房里有肥肉,厩棚里有肥马,民众却显出饥饿的脸色,野外却躺着饿死者的尸体,这就是率领禽兽吃人呀。'杨朱、墨翟的言论不消除,孔子的学说就不能发扬光大,是歪理邪说蒙蔽了民众,堵塞了仁义的道路。仁义的道路被堵塞,也就等于率领野兽吃人,人互相残食。我为这样的现实而忧惧,出来捍卫古代圣人的学说,反对杨朱、墨翟的谬论,这样,蒙蔽民众的胡说,宣扬歪理邪说的人就不能得逞。荒谬的念头从心里产生,就要危害他所做的事情;危害了他所做的事情,也就是危害了他所推行的政治。即使圣人重现,也不会改变我说的话。

　　"过去禹制伏了洪水,天下就得以太平;周公兼并夷狄等民族,赶跑了猛兽,百姓才得以安宁;孔子写成了《春秋》一书,奸臣和逆子才有所畏惧。《诗经》中说:'攻击戎狄,惩罚荆舒,就无人能阻挡我前进。'目无父母君长的人,正是周公所要惩罚的。我也要端正人心,消灭歪理邪说。反对邪僻的行为,排斥荒唐的言论,继承大禹、周公、孔子三位圣人的事业,难道是喜好辩论吗?我是不得已才这样做的呀!能以言论反对杨朱、墨翟的人,就是圣人的门徒了。"

原文

　　匡章曰[①]:"陈仲子岂不诚廉士哉[②]?居於陵[③],三日不食,耳无闻,目无见也。井上有李,螬食实者过半矣[④],匍匐往,将食之;三咽,然后耳有闻,目有见。"孟子曰:"于齐国之士,吾必以仲子为巨擘焉[⑤]。虽然,仲子恶能廉?充仲子之操,则蚓而后可者也。夫蚓,上食槁壤[⑥],下饮黄泉。仲子所居之室,伯夷之所筑与?抑亦盗跖之所筑与[⑦]?所食之粟,伯夷之所树与?抑亦盗跖之所树与?是未可知也。"

　　曰:"是何伤哉?彼身织屦,妻辟纑[⑧],以易之也。"曰:"仲子,齐之世家也;兄戴,盖禄万钟;以兄之禄为不义之禄而不食也,以兄之室为不义之室而不居也,辟兄离母,处于於陵。他日归,则有馈其兄生鹅者,已频顣曰[⑨]:'恶用是鶃鶃者为哉[⑩]?'他日,其母杀是鹅也,与之食之。其兄自外至,曰:'是鶃鶃之肉也。'出而哇之[⑪]。以母则不食,以妻则食之;以兄之室则弗居,以於陵则居之,是尚为能充其类乎?若仲子者,蚓

中国家庭基本藏书

诸子百家卷

而后充其操者也。"

 注释

①匡章：战国时齐国名将。齐威王时曾率军击退秦国的进攻。齐宣王时又率军攻破燕国。齐湣王时，又联合韩魏大败楚军。

②陈仲子：即《荀子·不苟篇》《韩非子·外储说》的"田仲"。

③於陵：邑名，战国齐地，在今山东邹平县东南。

④蟪（cáo）：即蛴蟪，金龟子的幼虫。

⑤巨擘（bò）：大拇指。比喻特殊的人或物。

⑥槁壤：同"膏壤"，沃土也。

⑦盗跖：名跖，古代大盗。《荀子·不苟篇》称："盗跖吟口，名声若日月，与舜禹俱传而不息；然而君子不贵者，非礼义之中也。"

⑧辟纑：分析练过的麻，搓成线。

⑨频顣：即颦蹙，皱眉蹙额，不快乐的样子。

⑩鶂（yì）鶂：形容鹅叫的声音。

⑪哇：拟声词。

 译文

　　匡章说："陈仲子难道不是一个真正廉洁的人吗？住在於陵，三天不吃东西，耳朵听不到声音，眼睛也看不清了。井上有个李子，已被蟪虫吃掉了大半个，他爬过去，拿来吃；咽了三口，耳朵才能听到声音，眼睛才能看得清。"孟子说："在齐国的人士中间，我一定要为陈仲子竖大拇指。不过，陈仲子怎么能称得上廉洁呢？要是推广他的这种操守，那就是把人变成蚯蚓才能做得到。那蚯蚓，上吃地面上的沃土，下饮地下的泉水(是无所谓廉洁的)。陈仲子所居住的房子，是伯夷那样廉洁的人修建的呢，还是盗跖那样贪婪的人建筑的呢？他所吃的粮食，是伯夷那样廉洁的人所种的呢，还是盗跖那样贪婪的人所种的呢？对此，是不可知道的。"

　　(匡章)说："那有什么关系呢？他亲自用葛、麻制鞋，妻子又析麻搓线，换取生活用品。"(孟子)说："仲子是齐国的宗族大家。他的哥哥陈戴，每年禄米一万钟，但他却认为他的哥哥的禄米是不义的禄米，而不食用；认为他哥哥的住宅是不义的住宅，而不居住，避开哥哥，离开母亲，居住到於陵。有一天他从於陵回来，正好碰上有人送他哥哥一只活鹅，便皱着眉头说道：'要这种呃呃叫的东西干什么呢？'过了些天，他母亲把这只鹅杀了，做熟了给他吃。恰逢他哥哥出外回来，说：'这就是呃呃叫的那个东西的肉呀。'(他听后)便跑出门去，哇的一声，呕了出来。母亲做的东西不吃，妻子做的却吃；哥哥的房子不居住，於陵的房子却居住，这能算是推广廉洁之义吗？像仲子的作为，只有人先变成蚯蚓才能去实行他的节操。"

◎ 离娄上

题解

　　孟子认为：为政要遵循先王之道，以史为鉴，实行仁政，顺乎天道，赢得民心。否则就会自取灭亡。孟子还反对征战，强调君主、巨室的表率作用。孟子还论述了自我及人伦关系，认为：诚是立身之本；眼是心灵之窗；父不可教子；事亲、守身为大；尊敬师长；人之患在好为人师；孝为人本，无后为大；宽以待人等。

原文

　　孟子曰："离娄之明[1]，公输子之巧[2]，不以规矩，不能成方员；师旷之聪[3]，不以六律[4]，不能正五音[5]；尧舜之道，不以仁政，不能平治天下。今有仁心仁闻而民不被其泽，不可法于后世者，不行先王之道也。故曰：徒善不足以为政，徒法不能以自行。《诗》云[6]：'不愆不忘[7]，率由旧章。'遵先王之法而过者，未之有也。

　　"圣人既竭目力焉，继之以规矩准绳，以为方员平直，不可胜用也；既竭耳力焉，继之以六律正五音，不可胜用也；既竭心思焉，继之以不忍人之政，而仁覆天下矣。故曰：为高必因丘陵，为下必因川泽；为政不因先王之道，可谓智乎？是以惟仁者宜在高位。不仁而在高位，是播其恶于众也。上无道揆也[8]，下无法守也，朝不信道，工不信度，君子犯义，小人犯刑，国之所存者幸也。故曰：城郭不完，兵甲不多，非国之灾也；田野不辟，货财不聚，非国之害也。上无礼，下无学，贼民兴，丧无日矣。《诗》曰[9]：'天之方蹶[10]，无然泄泄[11]。'泄泄犹沓沓也。事君无义，进退无礼，言则非先王之道者，犹沓沓也。故曰：责难于君谓之恭，陈善闭邪谓之敬，吾君不能谓之贼。"

注释

　　① 离娄：古代传说中的人物。亦作："离朱"。赵岐注："离娄者，古之明目者，盖以为黄帝之时人也。黄帝亡其玄珠，使离朱索之，离朱即离娄也。能视于百步之外，见秋毫之末。"
　　② 公输子：名般，一作班，鲁国人，因称"鲁班"。是我国古代著名的建筑工匠。旧时建筑工匠尊为"祖师"。
　　③ 师旷：春秋时晋国乐师。字子野。目盲，善弹琴，辨音能力很强。
　　④ 六律：指阳律六而言，分别为黄钟、太簇、姑洗、蕤宾、夷则、无射。

中国家庭基本藏书

⑤五音：即五声，指宫、商、角、徵、羽。

⑥《诗》云以下：见《大雅·假乐》。

⑦愆（qiān）：失误；过失。

⑧揆（kuí）：尺度；准则。

⑨《诗》云以下：见《大雅·板》。

⑩蹶（guì）：动。

⑪泄泄：其说有三：一、谓多言。即笑语杂沓之意。二、孔颖达谓"竞随从而为之制法也"。三、朱熹集注："泄泄，犹沓沓也；盖弛缓之意。"

译文

孟子说："离娄那样好的视力，公输子那样高明的技艺，如果不用圆规和曲尺，也画不好方形和圆形；师旷那样善于辨音的耳力，如果不用六律，也不能校正五音；有尧舜那样的治国方略，如果不实行仁政，也不能把天下治理好。现在有些国君虽然有好心肠好名声，但民众却没有得到他们的实际恩惠，这也是不能为后代所效仿的，这是因为他们不实际推行古代圣王政治主张的缘故。所以说：仅有好心还不能够很好地实行政治，仅有法律条文也不能让它自己去运行。《诗经》中说：'不出错不遗忘，都按旧的规章制度办。'遵行古代圣王的法度施政，而犯错误的，还从来没有过。

"圣人既然已经竭尽了自己的视力，又用圆规、曲尺、水平器、绳墨来制造方的、圆的、平的、直的等各种器物，各种器物也就用不完了；圣人既然竭尽了自己的听力，又用六律来校正五音，各种音阶也就运用无穷了；圣人既然竭尽了自己的思考，又推行有慈爱之心的政治，那样，仁德便覆遍天下了。所以说，盖高的建筑一定要借助丘陵的地势，低的工程一定要借助平地和沼泽；推行政治不按照古代圣王的理论原则，能说是聪明吗？因此，只有仁德的人才能处在统治的位置上。不仁的人处于统治地位，就是向民众撒播罪恶。在上的统治者如果没有道德规范，在下的民众没有可以遵守的法律，朝廷不相信理论原则，工匠不相信尺度，官吏违背义理，百姓触犯刑法，这样的国家还能够存在，真是太侥幸了。所以说：城墙和外郭墙不完备，军队不充足，不是国家的灾难；田野开辟得不广，财物聚集得不多，不是国家的祸害；如果处在上位的人不懂礼仪，处在下位的没有学识，违法乱纪的人兴起，离国家灭亡的日子就没几天了。《诗经》中说：'上天正在运转，不要喋喋不休！'喋喋不休就是啰啰嗦嗦的意思。服侍君主不讲义，做官进退不讲礼，一说话便攻击诋毁古代圣王的理论原则，这就是'喋喋不休'。所以说，用仁政的标准来要求君王，称之为'恭'，向君主宣扬仁义，堵塞异端邪说，称之为'敬'，如果认为自己的君主不能为善，称之为'贼'。"

原文

孟子曰："规矩，方员之至也；圣人，人伦之至也。欲为君，尽君道；欲为臣，尽臣道。二者皆法尧舜而已矣。不以舜之所事尧事君，不敬其君者也；不以尧之所以治民治民，贼其民者也。孔子曰：'道二，仁与不仁而已矣。'暴其民甚，则身弑国亡；不甚，则身危国削，名之曰'幽''厉'[1]，虽孝子慈孙，百世不能改也。《诗》云[2]：'殷鉴不远，在夏后之世。'此之谓也。"

①幽、厉：周朝的幽王和厉王。周幽王，公元前781年～前771年在位，昏君。申侯联合曾、犬戎等攻周，他被杀骊山下，西周灭亡。周厉王，昏君，他统治时发生暴动，他跑到彘（今山西霍州市），后死于此。《逸周书·谥法解》云："壅遏不通曰幽，动祭乱常曰幽。杀戮无辜曰厉。"

②《诗》云：以下两句引自《诗经·大雅·荡》。

孟子说："圆规和曲尺是画方圆最重要的工具；圣人是人类最高的楷模。要做君主，就要尽君主之道；要做臣子，就要尽臣子之道。这两者都效仿尧舜就可以了。不像舜服侍尧那样去服侍君主，就是对他的君主不恭敬；不像尧治理百姓那样去治理百姓，就是对百姓的残虐。孔子说：'治理国家只有两种情况，实行仁政或不实行仁政罢了。'对民众虐待得太厉害，将会导致自身被杀，国家灭亡；虐待得不厉害，也会导致自身危险，国家衰败，他们死后的谥号，也会称为'幽'或'厉'，即使他有孝子贤孙，经历一百代也改不掉这个坏名声。《诗经》中说：'殷朝的戒鉴不遥远，就在前一代的夏朝。'说的就是这个意思。"

孟子曰："三代之得天下也以仁，其失天下也以不仁。国之所以废兴存亡者亦然。天子不仁，不保四海；诸侯不仁，不保社稷[1]；卿大夫不仁，不保宗庙[2]；士庶人不仁，不保四体。今恶死亡而乐不仁，是犹恶醉而强酒。"

①社稷：古代帝王、诸侯所祭的土神和谷神。后又用作国家的代称。
②宗庙：古代帝王、诸侯或卿大夫、士祭祀祖宗的处所。

孟子说："夏、商、周三代的夺取天下是由于仁，他们失去天下是由于不仁。诸侯国的兴起衰败，生存和灭亡，其中的道理也是这样。天子不仁，不能保有天下；诸侯不仁，不能保有他的国家；卿大大不仁，不能保有他的祖庙；士和普通民众不仁,不能保全自己的身体。现在有的人害怕死亡,却热衷于做不仁的事情,这就好像怕醉而非要喝酒一样。"

孟子曰:"爱人不亲,反其仁;治人不治,反其智;礼人不答,反其敬。行有不得者皆反求诸己,其身正而天下归之。《诗》云:'永言配命,自求多福。'"

孟子说:"爱别人但得不到别人的亲近,便反省自己是不是尽到仁爱之心了;治理人却没有治理好,便反省自己是不是尽到智虑了;礼貌待人,却得不到回应,便反问自己是不是还不够恭敬。做任何事情没有达到预期的目的,都要反过来问问自己哪些地方还做得不够好,自己本身做好了,天下的人自然都会归附他。《诗经》中说得好:'合于天意的朝代永存,自己去寻求各种各样的幸福。'"

孟子曰:"人有恒言,皆曰,'天下国家。'天下之本在国,国之本在家,家之本在身。"

孟子说:"人们有句口头禅,就是'天下国家'。由此可知天下的基础是国家,国家的基础是家庭,家庭的基础是个人。"

孟子曰:"为政不难,不得罪于巨室。巨室之所慕,一国慕之;一国之所慕,天下慕之;故沛然德教溢乎四海。"

孟子说:"执掌政权并不难,只要不得罪那些世家大族就行了。世家大族所向往仰慕的,一个国家的人都会跟着向往仰慕;一国所向往仰慕的,天下的人都会跟着向往仰慕;这样,道德教育就会浩浩荡荡地普及于天下了。"

孟子曰:"天下有道,小德役大德①,小贤役大贤;天下无道,小役大,弱役强。斯二者，天也。顺天者存，逆天者亡。齐景公曰：'既不能令，又不受命，是绝物也。'涕出而女于吴^②。

"今也小国师大国而耻受命焉，是犹弟子而耻受命于先师也。如耻之，莫若师文王。师文王，大国五年，小国七年，必为政于天下矣。《诗》云^③：'商之孙子，其丽不亿^④。上帝既命，侯于周服^⑤。侯服于周，天命靡常。殷士肤敏，祼将于京^⑥。'孔子曰：'仁不可为众也。夫国君好仁，天下无敌。'今也欲无敌于天下而不以仁，是犹执热而不以濯也。《诗》云^⑦：'谁能执热，逝不以濯？'"

① 小德役大德：即"小德役于大德"之意。以下三句同。

② 女：嫁的意思。

③ 诗云以下：见《大雅·文王》。

④ 其丽不亿：丽，数也；亿，万万，古时也指十万。

⑤ 侯：语词，无义。

⑥ 祼将于京：祼，灌祭，古代祭祀中的一种礼节，即祭奠时把酒洒地而不饮。将，助也。京，周都城镐京，在今陕西西安市西南。

⑦ 《诗》云以下：见《大雅·桑柔》。

孟子说："天下政治清明的时候，道德低的人被道德高的人统治，一般贤能的人被非常贤能的人统治；天下政治黑暗的时候，即小的被大的统治，弱的被强的统治。这两种情况都取决于天命。顺从天意的人生存，违背天意的人灭亡。齐景公说：'既不能向别人发布命令，又不能接受别人的命令，就是一条绝路。'于是流着眼泪把女儿嫁到吴国去了。

"如今小国效法大国，却以听命于人为耻辱，这就好像学生听命于老师而感到耻辱一样。如果真的感到耻辱，最好是效法周文王。效法周文王，大国只需五年，小国只需七年，就一定能够统治天下了。《诗经》中说过：'商朝的子孙后代，其人数不下十万，上帝既把天命授予周武王，他们也只好臣服于周朝。天子的子孙后代却向原诸侯国周臣服，可见天意是变化不定的。殷商的士人漂亮聪明，现在也只能在周的首都镐京洒酒于地，奠祭他们的亡国了。'孔子说：'仁德的力量，并不取决于你人数众多。如果国家的君主推行仁政，那就会天下无敌。'如今诸侯国都想无敌于天下，但又都不实行仁政，这就好像身处酷热而不肯冲洗一样。《诗经》中说：'谁能耐得酷热，而不去冲洗？'"

中国家庭基本藏书

中国家庭基本藏书

诸子百家卷

 原文

孟子曰:"不仁者可与言哉?安其危而利其灾,乐其所以亡者。不仁而可与言,则何亡国败家之有?有孺子歌曰:'沧浪之水清兮①,可以濯我缨;沧浪之水浊兮,可以濯我足。'孔子曰:'小子听之,清斯濯缨,浊斯濯足矣。自取之也。'夫人必自侮,然后人侮之;家必自毁,而后人毁之;国必自伐,而后人伐之。《太甲》曰②:'天作孽,犹可违;自作孽,不可活。'此之谓也。"

注释

① 沧浪:青色。李善注《文选》中说:"孟子曰,'沧浪之水清',沧浪,水色也。"
②《太甲》:参见《公孙丑上》第四章注。

 译文

孟子说:"没有仁德的人难道也可与他交谈吗?别人有危险,他却无动于衷,别人遭了灾,他却趁火打劫,乐于别人遭受国破家亡的惨祸。没有仁德的人如果还可以同他交谈,那怎么还会发生国破家亡的惨祸呢?有个小孩这样唱道:'沧浪的水清澈,可以洗我的冠带;沧浪的水浑浊,可以洗我的脚。'孔子说:'孩子们听着,水清澈就洗冠带,水浑浊只能洗脚。这是由水本身决定的。'所以,人必先有了自取侮辱的行为,然后人们才会去侮辱他;家必先有了自取毁败的因素,然后外人才会去毁坏他;国必先有自取讨伐的原因,然后其他国家的人才去讨伐它。《尚书·太甲》中说:'天造作的罪孽还可逃避;自己做下的罪孽,是逃不掉的。'就是这个意思。"

原文

孟子曰:"桀纣之失天下也,失其民也;失其民者,失其心也。得天下有道:得其民,斯得天下矣;得其民有道:得其心,斯得民矣;得其心有道:所欲与之聚之,所恶勿施,尔也。

"民之归仁也,犹水之就下,兽之走圹也①。故为渊驱鱼者,獭也②;为丛驱爵者,鹯也④;为汤武驱民者,桀与纣也。今天下之君有好仁者,则诸侯皆为之驱矣。虽欲无王,不可得已。今之欲王者,犹七年之病求三年之艾⑤。苟为不畜,终身不得。苟不志于仁,终身忧辱,以陷于死亡。《诗》云⑥:'其何能淑⑦,载胥及溺。'此之谓也。"

孟子·离娄上

① 圹：旷野。

② 獭（tǎ）：半水栖兽类。主食鱼类，也吃蛙、蟹和水禽。

③ 爵：同"雀"。

④ 鹯（zhān）：古书中说的一种猛禽。

⑤ 艾：叶加工成绒，称"艾绒"，为灸法治病的燃料。越陈越好。

⑥《诗》云以下：见《大雅·桑柔》。

⑦ 淑：美好。

孟子说："夏桀王和商纣王之所以丧失天下，是由于失去了民众；失去了民众，是由于失去了民心。得取天下有它的原则和方法：即获得民众的支持，就得到天下了；获得民众也有它的原则和方法：即赢得民心，就得到民众了；获得民心也有它的原则和方法：他们所希望得到的东西，替他们聚积起来；他们所厌恶的，不要强加给他们。如此而已。

"民众归附实行仁政的君主，就好像水要向下流一样，野兽要奔向旷野一样。因此，把鱼驱向深渊的，是水獭；把鸟雀驱赶到丛林的，是鹰鹯；把民众驱赶向商汤王和周武王的，是夏桀王和商纣王。当今天下的国君如果有好行仁政的，那么，诸侯都会把民众驱赶给他的。即使他不想统一天下，也是不可能的。但（实际情况是，）如今想统一天下的，就好像患了七年的疾病，想找三年的陈艾来医治。如果平时不积蓄，一辈子都得不到。如果不存心实行仁政，那一辈子都会处于忧患和屈辱之中，最终不免陷于死亡。《诗经》中说：'那怎么能办好，全都落入水里。'就是这个意思。"

孟子曰："自暴者，不可与有言也；自弃者，不可与有为也。言非礼义，谓之自暴也；吾身不能居仁由义，谓之自弃也。仁，人之安宅也；义，人之正路也。旷安宅而弗居，舍正路而不由，哀哉！"

孟子说："自己残害自己的人，不能和他谈论道理：自己放弃自己的人，不能和他共事。说话不谈礼义，就叫做自己残害自己；自己认为自己不能坚持仁爱实行道义，就叫做自己放弃自己。仁，是人类最安适的住所；义，是人们最正大的道路。把最安适的住所空着不住，舍弃正大光明的路不走，可悲呀！"

中国家庭基本藏书

原文

孟子曰："道在迩而求诸远，事在易而求诸难：人人亲其亲，长其长，而天下平。"

译文

孟子说："真理在近处却到远处寻求，事情本来容易却自寻烦难：人人都爱自己的亲人，尊敬自己的长辈，天下就太平了。"

原文

孟子曰："居下位而不获于上，民不可得而治也。获于上有道，不信于友，弗获于上矣。信于友有道，事亲弗悦，弗信于友矣。悦亲有道，反身不诚，不悦于亲矣。诚身有道，不明乎善，不诚其身矣。是故诚者，天之道也；思诚者，人之道也。至诚而不动者，未之有也；不诚，未有能动者也。"

译文

孟子说："身处低下的位置，而得不到上级的赏识和信任，是不能够治理好民众的。要得到上级的赏识和信任，是有办法的，即不能取信于朋友的人，是得不到上级赏识和信任的。要取信于朋友，也有它的办法，即侍奉父母而父母不高兴的，是不能取信于朋友的。让父母高兴，也有它的办法，即反省自身是不是诚实，否则是不能让父母高兴的。要使自己成为一个诚实的人，也有办法，即不明白什么是善，就不能使自己诚实。所以诚实是自然的规律，追求诚实是做人的原则。真正发自内心的诚实还不能使人动心的，还不曾有过；不诚心，是不能感动别人的。"

原文

孟子曰："伯夷辟纣，居北海之滨^①，闻文王作兴，曰：'盍归乎来！吾闻西伯善养老者^②。'太公辟纣，居东海之滨^③，闻文王作兴，曰：'盍归乎来，吾闻西伯善养老者。'二老者，天下之大老也，而归之，是天下之父归之也，天下之父归之，其子焉往？诸侯有行文王之政者，七年之内，必为政于天下矣。

注释

① 北海：初为北方遥远荒芜地域的泛称；春秋战国时又或指今渤海。

② 西伯：指周文王。

③ 东海：先秦古籍中的东海，相当于今之黄海。但战国时已有兼指今东海北部地区的。

孟子说："伯夷为了躲避纣王，居住到北海边上，听说周文王兴起，说道：'何不到他那里去呢？我听说周文王善于赡养老人。'姜太公为了躲避纣王，居住到东海之滨，听说周文王兴起，说道：'何不到他那里去呢？我听说周文王善于赡养老人。'这两位老人，是天下最有名望的老人，他们归附周文王，是等于天下的父老都归附周文王了，天下的父老归附周文王，他们的儿子还到哪去呢？诸侯之中如果有实行周文王的政治措施的，七年之内，就一定能统一和治理天下。"

孟子曰："求也为季氏宰①，无能改于其德，而赋粟倍他日。孔子曰②：'求非我徒也，小子鸣鼓而攻之可也。'由此观之，君不行仁政而富之，皆弃于孔子者也，况于为之强战？争地以战，杀人盈野；争城以战，杀人盈城，此所谓率土地而食人肉，罪不容于死。故善战者服上刑，连诸侯者次之③，辟草莱、任土地者次之④。

① 求：冉求，字子有，孔子的学生。 季氏：指春秋后期鲁国掌握政权的贵族季康子（季桓子庶子）。

② 孔子曰以下：可参看《论语·先进》。

③ 连诸侯：指合纵与连横，如苏秦、张仪等人。

④ 辟草莱、任土地：辟，开垦。任，责任。整句指分土授民，责其耕种，如李悝尽地力，商鞅开阡陌等，这些为孟子所反对，认为是驱使百姓背井离乡，奔波于外。

孟子说："冉求当季氏的家宰，不能改变季氏的作为，而税粮却比以前增加了一倍。孔子说：'冉求不是我的学生，弟子们可以大张旗鼓地攻击他。'由此来看，君主不实行仁政，反而去帮助他搜刮财富，都是被孔子所唾弃的，何况那些为君主去争强称霸的人呢？为争夺土地而打仗，杀的人遍野都是；为争夺城池而打仗，杀的人满城都是，这可以说是在广大的土地上公开吃人肉，是死有余辜的。所以勇于打仗的人应该受最重的刑罚，游说连横合纵的人受次一等的刑罚，督责百姓开荒地，从事耕种的人，受再次一等的刑罚。"

孟子曰："存乎人者，莫良于眸子。眸子不能掩其恶。胸中正，则眸

中国家庭基本藏书

① 眊（mào）：眼睛看不清楚。
② 廋（sōu）：隐藏，藏匿。

孟子说："了解人，最好是观察他的眼睛。因为眼睛不能掩饰他内心的邪恶。胸中有正气，眼睛就明亮；胸中无正气，眼睛就昏暗。听一个人说话，同时要注意察看他的眼睛，人的善恶就无法掩饰了。"

孟子曰："恭者不侮人，俭者不夺人。侮夺人之君，惟恐不顺焉，恶得为恭俭？恭俭岂可以声音笑貌为哉？"

孟子说："谦恭的人不会侮辱人，俭朴的人不会抢夺人。欺辱掠夺别人的君主，只怕别人不顺从自己，又怎能做到谦恭和俭朴呢？谦恭和俭朴难道可以凭表面的甜言蜜语和伪善的笑容姿态装出来吗？"

淳于髡曰①："男女授受不亲，礼与？"孟子曰："礼也。"曰："嫂溺，则援之以手乎？"曰："嫂溺不援，是豺狼也。男女授受不亲，礼也；嫂溺援之以手者，权也②。"曰："今天下溺矣，夫子之不援，何也？"曰："天下溺，援之以道；嫂溺，援之以手。子欲手援天下乎？"

① 淳于髡：姓淳于，名髡（kūn），战国时齐国的学者，以博学著称。曾任齐国大夫，多次讽谏齐威王改革内政。
② 权：变通，不依常例。

淳于髡问道："男女之间，不亲手接送东西，是礼仪所要求的吗？"孟子答道："是礼仪所要求的。"（淳于髡）又问："那嫂子掉到水里，可以用手去拉她吗？"（孟子）答道："嫂子掉到水里不去拉她那简直就是豺狼。男女之间不亲手接送东西，这是常礼；嫂子掉到水里，而用手去拉她，这是临时的变通。"（淳于髡）说："现在整个天下人都掉到水里了，先生不去援救，是为什么呢？"（孟子）说："整个天下都掉到水里，要用道去援救；嫂子掉到水里要用手去援救。你难道是想让我用手去援救整个天下吗？"

公孙丑曰："君子之不教子，何也？"孟子曰："势不行也。教者必以正；以正不行，继之以怒。继之以怒，则反夷矣[1]。'夫子教我以正，夫子未出于正也。'则是父子相夷也。父子相夷，则恶矣。古者易子而教之，父子之间不责善。责善则离，离则不祥莫大焉[2]。"

①夷：伤害。
②祥：好，善。

公孙丑问："君子不教育自己的儿子，为什么呢？"孟子答道："因为从情势上行不通。作为教育者一定要讲正确的道理；用正确的道理讲不通，接着就很容易发怒。一发怒，那样就会伤了感情。（这时孩子往往会这样认为：）'您教我正确的道理，可是您的行为并不正确。'这样，父子之间就互相伤了感情。父子之间伤了感情就不好了。古时候互相交换孩子进行教育，父子之间不互相求全责备。互相求全责备，就会产生隔膜，产生隔膜对父子来说极不好的事情。"

孟子曰："事，孰为大？事亲为大；守，孰为大？守身为大。不失其身而能事其亲者，吾闻之矣；失其身而能事其亲者，吾未之闻也。孰不为事？事亲，事之本也；孰不为守？守身，守之本也。曾子养曾皙[1]，必有酒肉；将彻[2]，必请所与；问有余，必曰'有'。曾皙死，曾元养曾子[3]，必有酒肉；将彻，不请所与；问有余，曰'亡矣'。将以复进也。此所谓养口体者也。若曾子，则可谓养志也。事亲若曾子者，可也。"

①曾皙：名点，孔子的学生。曾子之父。
②彻：通"撤"。
③曾元：曾子的儿子。

中国家庭基本藏书

译文

孟子说:"最重大的事情是什么? 侍奉父母是最重大的事情; 最重大的守护是什么? 对自身的守护是最重大的守护。不丧失自己的人格,而又能侍奉父母的人,我听说过了; 丧失自己的人格而又能侍奉父母的人,我还没有听说过。谁不做事情? 侍奉父母,是一切事情的根本; 谁不进行守护? 守护自身,是一切守护的根本。曾子奉养他的父亲曾皙,每餐一定要有酒肉; 撤席时,一定要请示父亲剩饭给谁; 曾皙如果问是否还有剩余,一定说'有'。曾皙死后,曾元奉养曾子,每餐也一定有酒肉; 撤席时,就不请示剩下的给谁了; 曾子如果问是否还有剩余,便回答说'没有了'。实际是把剩下的准备下餐再拿来给曾子吃,这种奉养可以说是让吃饱饿不着。至于曾子,可以说是顺从父亲心意的奉养。服侍父母能做到像曾子那样,就可以了。"

原文

孟子曰:"人不足与适也①,政不足间也②;惟大人为能格君心之非③。君仁,莫不仁;君义,莫不义;君正,莫不正。一正君而国定矣。"

注释

①适: 同"谪"(zhé),谴责。
②间(jiàn): 非议。
③格: 纠正。

译文

孟子说:"当政的小人不值得去谴责,他们的政治也不值得去非议;只有杰出的人物才能纠正君主的错误。君主讲仁爱,没有人不讲仁爱;君主讲道义,没有人不讲道义;君主行得正,没有人行得不正。一旦使君主行为端正,也就让国家安定了。"

原文

孟子曰:"有不虞之誉①,有求全之毁。"
孟子曰:"人之易其言也,无责耳矣。"
孟子曰:"人之患在好为人师。"

注释

①虞: 预料。

086

译文

　　孟子说:"有预料不到的赞扬,也有过于求全责备的毁谤。"

　　孟子说:"人如果说话太随便了,就不要责备他了。"

　　孟子说:"人的毛病是在喜欢做人的老师。"

原文

　　乐正子从于子敖之齐①。乐正子见孟子。孟子曰:"子亦来见我乎?"曰:"先生何为出此言也?"曰:"子来几日矣?"曰:"昔者。"曰:"昔者,则我出此言也,不亦宜乎?"曰:"舍馆未定。"曰:"子闻之也,舍馆定,然后求见长者乎?"曰:"克有罪②。"

注释

　　① 子敖:盖大夫王欢的字。

　　② 克:乐正子名克。

译文

　　乐正子跟随王子敖到了齐国。乐正子去见孟子。孟子说:"你也来看我吗?"(乐正子)答道:"先生为什么说出这样的话呢?"(孟子)说:"你来几天了?"答道:"昨日才来。"(孟子)说:"昨日,那我这样说,不是很应该吗?"(乐正子)说:"住的地方没有安定下来。"(孟子)说:"你听说过,住所安定后,才去求见长辈的人吗?"(乐正子)说:"是我错了。"

原文

　　孟子谓乐正子曰:"子之从于子敖来,徒铺啜也①。我不意子学古之道而以啜也。"

　　孟子曰:"不孝有三②,无后为大。舜不告而娶,为无后也。君子以为犹告也。"

注释

　　① 铺啜:吃喝。朱熹注:"铺,食也;啜,饮也。言其不择所从,但求食耳。"

　　② 不孝有三:赵岐注:"阿意曲从,陷亲不义,一不孝也;家贫亲老,不为禄仕,二不孝也;不娶无子,绝先祖祀,三不孝也。"

译文

　　孟子对乐正子说:"你跟着王子敖来,只是混点吃喝罢了。我没想到你学古人

中国家庭基本藏书

的道理，只是为了混点吃喝。"

孟子说："不孝顺父母有三种表现，其中没有留下子孙是最主要的。舜没有向父母征求意见就娶妻子，就是因为怕断子绝孙。虽然他没有预先征求父母的意见，君子认为和实际征求了一样。"

孟子曰："仁之实，事亲是也；义之实，从兄是也；智之实，知斯二者弗去是也；礼之实，节文斯二者是也；乐之实，乐斯二者，乐则生矣；生则恶可已也？恶可已，则不知足之蹈之手之舞之。"

孟子说："仁的实质就是侍奉父母；义的实质就是顺从兄长；智的实质就是明白这两点，并坚持下去；礼的实质就是调节好这两者的关系；乐的实质就是要高兴地做到这两点，并由此产生快乐；这种发自内心的快乐，怎么能抑制得住呢？抑制不住，就会不知不觉地手舞足蹈起来了。"

孟子曰："天下大悦而将归己，视天下悦而归己，犹草芥也，惟舜为然。不得乎亲，不可以为人；不顺乎亲，不可以为子。舜尽事亲之道而瞽瞍厎豫[1]，瞽瞍厎豫而天下化，瞽瞍厎豫而天下之为父子者定，此之谓大孝。"

[1] 瞽（gǔ）瞍：亦作瞽叟，舜的父亲，心狠而手辣。 厎（zhǐ）：致，来。 豫：乐也。

孟子说："让天底下的人都很喜欢自己，将要归附自己，看到天底下的人都很愉快地归附自己，而把这当作草芥一样的，只有舜能做到。不能做到让父母满意，不可以做人；不能顺从父母的心意，不可以做儿子。舜尽心尽力地侍奉父母，终于使瞽瞍变得高兴了，瞽瞍高兴了，天下的风俗也随之变好了。瞽瞍高兴了，天下父子之间的伦常关系也就确定了，这可称为大孝。"

◎ 离娄下

题解

　　本篇所论事情较多，主要是孟子对为人处事、为政治国的一些看法。在这些看法中，强调了君、父、兄的主导模范作用；强调了仁、义、礼、孝是立身之本；弘扬了孔子、禹、汤、文王、武王、周公，及"大人"的一些做法和处世原则，同时也指出了普通人的一些处世原则，揭示了人世间的某种规律，鞭挞了某些丑恶现象。

原文

　　孟子曰："舜生于诸冯^①，迁于负夏^②，卒于鸣条^③，东夷之人也。文王生于岐周，卒于毕郢^④，西夷之人也。地之相去也，千有余里；世之相后也，千有余岁。得志行乎中国，若合符节^⑤，先圣后圣，其揆一也^⑥。"

注释

　　① 诸冯：其地不详。
　　② 负夏：古邑名，春秋属于卫，在今河南濮阳东南。
　　③ 鸣条：在今河南封丘县东（一说在今山西运城东北）。相传商汤王伐夏桀王，战于鸣条之野，即此。
　　④ 毕郢：古国名，在今陕西咸阳市东北。
　　⑤ 符节：古代门关出入所持的凭证，为节的一种，用竹或木制成。也用为符和节的统称。符，即古代朝廷传达命令或征调兵将用的凭证，用金、玉、铜、竹、木制成，双方各执一半，合之以验真假，如兵符、虎符。
　　⑥ 揆：道理，准则。

译文

　　孟子说："舜出生于诸冯，迁居到负夏，死在鸣条，是东方民族的人。文王出生于岐周，死在毕郢，是西方民族的人。两地相距一千多里，时代前后相差一千多年。他们实现志向后在中原大地的所作所为，像符节相合一样，没有差别，先起的圣王和后起的圣王，他们的治国的道理、准则是相同的。"

原文

　　子产听郑国之政^①，以其乘舆济人于溱洧^②。孟子曰："惠而不知为政。岁十一月，徒杠成^③；十二月，舆梁成^④，民未病涉也。君子平其政，行辟人可也^⑤，焉得人人而济之？故为政者，每人而悦之，日亦不足矣。"

中国家庭基本藏书

① 子产：即公孙侨、公孙成子。春秋时政治家。郑简公、定公时执政二十多年，实行改革，给郑国带来了新气象。　听：处理、判断。引申为掌管。

② 乘舆：旧指帝王、诸侯、大臣所乘的车子。　溱：水名，发源于今河南密县。　洧：水名，发源于今河南登封。

③ 徒杠：简便的独木桥。

④ 舆梁：孙奭疏："舆梁者，盖桥上横架之板，若车舆者，故谓之舆梁。"一说，指可通车马的大桥。

⑤ 行辟人：让行人回避。"辟"同"避"。

　　子产掌管郑国的政务，用自己所乘坐的车在溱水、洧水边载人渡河。孟子说："（子产）施行小恩小惠却不懂为政之道。如果当年十一月搭好人行的便桥，十二月修成通车的大桥，百姓过河就不为难了。君子只要办好了政务，外出时让行人回避也是不过分的，何必一个一个帮人渡河呢？如果掌握政权的人，去让每个人高兴，时间也是不够用的。"

原文

　　孟子告齐宣王曰："君之视臣如手足，则臣视君如腹心；君之视臣如犬马，则臣视君如国人①；君之视臣如土芥，则臣视君如寇仇。"

　　王曰："礼，为旧君有服，何如斯可为服矣？"

　　曰："谏行言听，膏泽下于民；有故而去，则君使人导之出疆，又先于其所往；去三年不反，然后收其田里②，此之谓三有礼焉。如此，则为之服矣。今也为臣，谏则不行、言则不听，膏泽不下于民；有故而去，则君搏执之③，又极之于其所往④；去之日，遂收其田里。此之谓寇仇。寇仇，何服之有？"

① 国人：朱熹《集注》引孔氏说云："国人，犹言路人，言无怨无德也。"

② 田里：禄田和住宅。

③ 搏执：搜索拘捕。

④ 极：穷极，穷尽。使动用法，使其处境极端困难。

　　孟子告诉齐宣王说："君王看待臣子就像自己的手足一样，那么，臣子就会把君主看得像自己的腹心一样；君主看待臣子如同狗马一样，那么，臣子看君主就如同路人；君主把臣子看成泥土草芥，那臣子就会把君主看成盗贼和仇敌。"

王说："礼制规定：离职的臣子要对过去的君主穿丧服，君主怎么样做，臣子才会为他穿丧服呢？"

（孟子）说："建议，君主实行；忠告，君主听从，君主还能给民众以恩惠；臣子有事情要离去，君主要派人护送他离开国境，还要预先派人到他所去的地方安排一下；离去三年没有回来，然后再收回他的禄田和房屋。这称之为三次有礼。能做到这些，臣子就应该为君主穿丧服了。现在做臣子的提的建议，君主不实行；忠告，君主不听从，君主也没有给民众以恩惠；有事情离去，君主就派人搜索追捕他，甚至还要到他去的地方制造困难，离开的当天，就立即收回他的禄田和房屋。这就像盗贼和仇敌。对盗贼和仇敌一样的君主，臣子有什么必要给他穿丧服。"

原文

孟子曰："无罪而杀士，则大夫可以去！无罪而戮民，则大夫可以徙！"

孟子曰："君仁，莫不仁；君义，莫不义。"

孟子曰："非礼之礼，非义之义，大人弗为。"

译文

孟子说："没有罪名，就把士人杀掉，那样，大夫就可以辞官离去了！没有罪名，就把普通民众杀掉，那样，大夫就可以到其他地方去了。"

孟子说："君主仁，便没有不仁的人；君主义，便没有不义的人。"

孟子说："不符合礼制的'礼'，不符合道义的'义'，德高望重的人是不去实行的。"

原文

孟子曰："中也养不中，才也养不才，故人乐有贤父兄也。如中也弃不中，才也弃不才，则贤不肖之相去，其间不能以寸。"

孟子曰："人有不为也，而后可以有为。"

孟子曰："言人之不善，当如后患何？"

孟子曰："仲尼不为已甚者。"

孟子曰："大人者，言不必信，行不必果，惟义所在。"

中国家庭基本藏书

孟子说："品行好的人教养品行不好的人，有才能的人教养没有才能的人，所以人人都喜欢有贤能的父亲和兄长。如果品行好的人不去教养品行差的人，有才能的人不去教养没有才能的人，那么，贤能的人和无才无德的人之间的差距，就不能用寸来计量。"

孟子说："人有所不去做的事情，才能做成更重要的事情。"

孟子说："说别人的缺点和短处，那因此产生后患怎么办呢？"

孟子说："仲尼不做很过分的事情。"

孟子说："德行高尚的人，说话不必句句守信用，行为不必事事有结果，但要时时把义作为言行的根本。"

【原文】

孟子曰："大人者，不失其赤子之心者也。"

孟子曰："养生者不足以当大事，惟送死可以当大事。"

孟子曰："君子深造之以道①，欲其自得之也。自得之，则居之安；居之安，则资之深；资之深，则取之左右逢其原，故君子欲其自得之也。"

【注释】

① 深造：达到精深的境地。后亦指更进一步的学习和钻研。

孟子说："道德高尚的人，就是没有失去他那天真童心的人。"

孟子说："奉养父母不能算作大事情，只有给父母送终才能算做大事情。"

孟子说："君子学问达到精深的境地靠的是正确的方法，即想要自觉地有所收获。自觉地获得，掌握牢固；掌握牢固，就能不断加深积累，积累得深厚，就能在需要时左右逢源，运用自如，所以君子要想着自觉地有所收获。"

【原文】

孟子曰："博学而详说之，将以反说约也。"

孟子曰："以善服人者，未能服人者也；以善养人，然后能服天下。天下不心服而王者，未之有也。"

孟子曰："言无实不祥。不祥之实，蔽贤者当之。"

孟子说："获得广博的学问，并进行详细的阐述，从而达到阐述高深理论时能够言词简括抓住要领。"

孟子说："凭善行让人归服的，不能使人归服；用善行去教养人，这样就能使天下人归服。天下人不心服而能够称王的，还从来没有过。"

孟子说："说话空洞无物，没有实际作用。其产生的不良后果，应该由妒忌贤能的人承担。"

徐子曰①："仲尼亟称于水②，曰'水哉，水哉！'何取于水也？"孟子曰："原泉混混③，不舍昼夜，盈科而后进④，放乎四海。有本者如是，是之取尔。苟为无本，七八月之间雨集⑤，沟浍皆盈⑥；其涸也，可立而待也。故闻声过情⑦，君子耻之。"

① 徐子：即徐辟。
② 亟称：多次称赞。亟，多次。
③ 原：同"源"。 混混：同"滚滚"。水流不绝貌。
④ 科：通"窠"。坑坎。
⑤ 七八月之间雨集：周历七八月当夏历五六月，为多雨季节。
⑥ 浍（kuài）：田间水沟。
⑦ 闻：名誉。 情：实情。

徐子说："仲尼多次赞扬水，说'水呀，水呀！'他看中了水的什么呢？"孟子说："源自泉水，滚滚流淌，昼夜不息，把所经过的坑坑坎坎灌满后，又继续奔流，直至进入四海之中。有本有源的事物都是这样，仲尼正是看中了水的这一点。如果没有本源，即使在七八月多雨日子里，沟沟渠渠到处是水；但它的干涸，也不过是一会儿的工夫。因此名誉声望高于实际情况，君子是感到耻辱的。"

孟子曰："人之所以异于禽兽者几希，庶民去之，君子存之。舜明于庶物，察于人伦，由仁义行，非行仁义也。"

孟子曰："禹恶旨酒而好善言①。汤执中，立贤无方。文王视民如伤，望道而未之见。武王不泄迩，不忘远②。周公思兼三王，以施四事；其有

中国家庭基本藏书

不合者,仰而思之,夜以继日;幸而得之,坐以待旦。"

① 旨酒:美酒。
② 不泄迩,不忘远:赵岐注:"泄,狎;迩,近也。不泄狎(轻慢、侮辱)近贤,不遗忘远善;近谓朝臣,远谓诸侯也。"

孟子说:"人和动物的区别是很小的,普通百姓丢弃了这种差别,君子却保存了这种差别。舜明白一般事物的道理,又了解了人类社会的常情,并顺从仁义去做事,而不是把仁义当成手段来使用。"

孟子说:"禹厌恶美酒,却爱听有益的话。汤实行中正之道,能破格选用贤能的人。文王把民众看成负伤一样,倍加爱护,追求真理寓于无形之中。武王不轻慢朝臣,也不忘怀远方的诸侯。周公想兼备夏、商、周三代的君王,去实行禹、汤、文、武的事业;如果与圣王有偏离的地方,便抬头思虑,没日没夜;要是想到好的办法,(就会毫无睡意,)坐等天亮。"

孟子曰:"王者之迹熄而《诗》亡①,《诗》亡然后《春秋》作。晋之《乘》,楚之《梼杌》,鲁之《春秋》②,一也:其事则齐桓、晋文,其文则史。孔子曰:'其义则丘窃取之矣。'"

① 迹:当为"迓"字,迓是远古朝廷派往民间采集诗歌的官员。
②《乘》《梼杌》《春秋》:分别指晋、楚、鲁各国的史书。

孟子说:"天子派人采集民间诗歌的事终止了,《诗经》内容也就到此终结了,《诗经》不能再编写后,孔子便撰写史书《春秋》。当时各国的史书又各有名称:晋国叫《乘》,楚国叫《梼杌》,鲁国叫《春秋》,但内容都是一样的:记载的事情不过是齐桓公、晋文公之类,其文辞不过是一般史书的笔法。孔子说:'《诗经》中所寓有的褒贬大意,我借用到写作《春秋》之中了。'"

孟子曰:"君子之泽五世而斩,小人之泽五世而斩。予未得为孔子徒也,予私淑诸人也①。"

① 淑: 借为 "叔" ，取也。

孟子说: "君子的馀风传五代而断绝，小人的馀风也传五代而断绝。我没有能够成为孔子的弟子，我的学问是私下跟别人学来的。"

原文

孟子曰: "可以取，可以无取，取伤廉；可以与，可以无与，与伤惠；可以死，可以无死，死伤勇。"

译文

孟子说: "可以收取，可以不收取，收取了便有损于廉洁；可以给予，可以不给予，给予了便有损于施惠的意义；可以去死，可以不去死，死了便有损于勇武的精神。"

原文

逢蒙学射于羿①，尽羿之道，思天下惟羿为愈己，于是杀羿。孟子曰: "是亦羿有罪焉。"公明仪曰: "宜若无罪焉。"曰: "薄乎云耳，恶得无罪？郑人使子濯孺子侵卫，卫使庾公之斯追之。子濯孺子曰: '今日我疾作，不可以执弓，吾死矣夫！'问其仆曰: '追我者谁也？'其仆曰: '庾公之斯也。'曰: '吾生矣。'其仆曰: '庾公之斯，卫之善射者也；夫子曰吾生，何谓也？'曰: '庾公之斯学射于尹公之他，尹公之他学射于我。夫尹公之他，端人也，其取友必端矣。'庾公之斯至，曰: '夫子何为不执弓？'曰: '今日我疾作，不可以执弓。'曰: '小人学射于尹公之他，尹公之他学射于夫子。我不忍以夫子之道反害夫子。虽然，今日之事，君事也，我不敢废。'抽矢，扣轮，去其金，发乘矢而后反②。"

① 逢（páng）蒙: 夏代善于射箭的人。羿（yì）: 即后羿，传说中夏代东夷族首领，善于射箭，曾射九日及射杀猛兽长蛇，为民除害。
② 乘（shèng）: 古时计数指四。

中国家庭基本藏书

译文

　　逢蒙向后羿学习射箭，全部掌握了后羿的技能后，认为天下只有后羿比自己强，于是就杀死后羿。孟子说："此事后羿也有过错。"公明仪说："应该没有什么过错吧。"（孟子）说："过错很小罢了，怎么能说没有过错？从前，郑国派子濯孺子侵犯卫国，当其退兵时，卫国派庚公之斯追击他。子濯孺子说：'今天我的病犯了，不能够拉弓了，我是要死了罢！'（这时他）问他的仆从说：'追我的是谁呀？'他的仆从说：'是庚公之斯。'（他）便说：'我能活命了。'他的仆从说：'庚公之斯是卫国有名的射箭手，先生却说我能活命，这是怎么说呢？'答道：'庚公之斯向尹公之他学习射箭，尹公之他又跟我学习射箭。那尹公之他是个正派人，他交往的朋友也一定正派。'庚公之斯追上后，问道：'先生为何不拿弓射呢？'（子濯孺子）答道：'今天我犯了病，不能够拉弓。'（庚公之斯）说：'小人是向尹公之他学的射箭，尹公之他又是向先生学的射箭。我不忍心拿先生的本领反过来加害先生。不过，今天这件事是国君的事情，我不敢放弃。'便抽出箭，在车轮上敲去箭头，发射四箭然后返回去。"

原文

　　孟子曰："西子蒙不洁，则人皆掩鼻而过之；虽有恶人，齐戒沐浴①，则可以祀上帝。"

注释

　　①齐：同"斋"。

译文

　　孟子说："西施如果弄得一身污秽，人们走过她的身边，也会捂着鼻子；即使是面目丑陋的人，如果他斋戒沐浴，也可去祭祀上帝。"

原文

　　孟子曰："天下之言性也，则故而已矣。故者以利为本。所恶于智者，为其凿也。故智者若禹之行水也，则无恶于智矣。禹之行水也，行其所无事也。如智者亦行其所无事，则智亦大矣。天之高也，星辰之远也，苟求其故，千岁之日至①，可坐而致也。"

注释

　　①日至：夏至或冬至。此处应指冬至，因周历以冬至日为元旦。

孟子说："天下的人谈论人性，只要弄清楚它的根源所在就可以了。要弄清它的根源所在，最主要的是顺其自然。对聪明的人之所以讨厌，是因为他爱死钻某一点。所以聪明的人应该像禹疏导河水一样，让它顺势去奔流，这样就使聪明不令人讨厌了。禹治理洪水，就是不要强加干预，让水能顺势自然地流淌。如果聪明人顺势自然地去发展，那样聪明就会发扬光大了。天非常高，星辰非常遥远，只要能清楚它们的运行规律，一千年以后的冬至日，也可以坐着推算出来。"

原文

公行子有子之丧①，右师往吊②。入门，有进而与右师言者，有就右师之位而与右师言者。孟子不与右师言，右师不悦，曰："诸君子皆与欢言，孟子独不与欢言，是简欢也。"孟子闻之，曰："礼，朝廷不历位而相与言③，不逾阶而相揖也。我欲行礼，子敖以我为简，不亦异乎？"

注释

① 公行子：齐国大夫。
② 右师：古代官名，分左师、右师，俱为执政官。这里指主欢。
③ 历：越过。

公行子给儿子办丧事，右师前去吊唁。一进门，就有人迎上前去与右师说话，接着又有人挨近右师的座位和右师说话。孟子不找右师说话，右师不高兴，说道："各位大人都和我说话，只有孟子不和我说话，这是慢待我王欢呀。"孟子听到后，说："依据礼节，不能超越自己的座位去互相谈话，也不能越过台阶而互相作揖。我按朝廷礼节去做，子敖却认为我轻视了他，不是很奇怪吗？"

孟子曰："君子所以异于人者，以其存心也。君子以仁存心，以礼存心。仁者爱人，有礼者敬人。爱人者，人恒爱之；敬人者，人恒敬之。有人于此，其待我以横逆，则君子必自反也：我必不仁也，必无礼也，此物奚宜至哉①？其自反而仁矣，自反而有礼矣，其横逆由是也②？君子曰：'此亦妄人也已矣。如此，则与禽兽奚择哉③？于禽兽又何难焉？'是故君子有终身之忧，无一朝之患也。乃若所忧则有之：舜，人也；我，亦人也。舜为法于天下，可传于后也，我由未免为乡人也，是则可忧也。忧之如

中国家庭基本藏书

何？如舜而已矣。若夫君子所患则亡矣。非仁无为也，非礼无行也。如有一朝之患，则君子不患矣。"

①奚：何。

②由：通"犹"；仍然。

③择：区别。

　　孟子说："君子和一般人的差异是由于居心不同。君子把仁放在心中，把礼放在心中。有仁心的人爱别人，懂礼的人尊敬别人。爱别人的人，别人也总爱他；尊敬别人的人，别人也总尊敬他。假如有个人，对待我蛮横无礼。这样君子就应该自我反省：即我一定有不仁之事，一定有无礼的地方，不然，他怎么会对我这样呢？经过自我反省，认为自己没有不仁之事，也没有无礼的地方，那人仍然对自己蛮横无礼，原因是什么？君子会说：'这不过是个不正常的人罢了。如此不讲理，那和禽兽有什么区别呢？对禽兽又有什么可指责的呢？'所以君子有一生的忧虑，而无一时的痛苦。不过，像这样的忧虑是有的：舜，是人；我，也是人。舜成为天下效法的楷模，可以流芳百世，我仍不免还是个乡巴佬，这才是值得忧虑的。忧虑该怎么办，做一个像舜那样的人罢了。除此以外，君子的忧虑就没有了。不符合仁的事不去做，不符合礼的事不实行。即使有一时的灾难，君子也不会忧虑痛苦的。"

原文

　　禹、稷当平世，三过其门而不入，孔子贤之。颜子当乱世，居于陋巷，一箪食，一瓢饮，人不堪其忧，颜子不改其乐，孔子贤之。孟子曰："禹、稷、颜回同道。禹思天下有溺者，由己溺之也；稷思天下有饥者，由己饥之也，是以如是其急也。禹、稷、颜子易地则皆然。今有同室之人斗者，救之，虽被发缨冠而救之①，可也；乡邻有斗者，被发缨冠而往救之，则惑也；虽闭户可也。"

　　①被发缨冠：不及束发，不及结冠缨，意谓急于救助他人。

　　禹、稷生活在太平的年代，三次路过自己的家门都没有进入，孔子认为他们贤良。颜子生活在一个混乱的年代，住在简陋的巷子里，一箪饭、一瓢水，人们不能忍受那种困苦，但颜子却不改变他的快乐，孔子认为他贤良。孟子说："禹、稷和颜

098

回是同一类的人。禹想到天下有被水淹的人，就像由自己淹了他一样；稷想到天下有饥饿的人，就像自己让他饥饿了一样，所以他们拯救百姓才那样的着急。禹、稷和颜子如果地位互相换了，拯救百姓的心情做法也都一样。今天如果有同住一室的人互相争斗，劝救他们，就是来不及扎住头发，来不及系住冠带，去劝救都可以；如果是乡里的邻居有争斗的，不扎住头发，不系住冠带去劝救，那就不好理解了；就是把门关上也是可以的。"

公都子曰："匡章，通国皆称不孝焉，夫子与之游，又从而礼貌之，敢问何也？"孟子曰："世俗所谓不孝者五：惰其四支，不顾父母之养，一不孝也；博奕好饮酒，不顾父母之养，二不孝也；好货财，私妻子，不顾父母之养，三不孝也；从耳目之欲，以为父母戮[1]，四不孝也；好勇斗很[2]，以危父母，五不孝也。章子有一于是乎？夫章子，子父责善而不相遇也[3]。责善，朋友之道也；父子责善，贼恩之大者。夫章子，岂不欲有夫妻子母之属哉？为得罪于父，不得近，出妻屏子[4]，终身不养焉。其设心以为不若是，是则罪之大者，是则章子而已矣。"

① 戮：羞辱。
② 很："狠"的本字。
③ 章子子父责善而不相遇：章子父杀其母，章子因此指责父亲，其父不听，致使父子失和。
④ 屏（bǐng）：除去。

译文

公都子说："匡章，全国都说他不孝顺，先生却与他交往，并且还尊敬他，请问是为什么呢？"孟子说："普通人认为不孝顺的情况有五种：四体不勤，不去赡养父母，是第一不孝；爱好下棋喝酒，不去赡养父母，是第二不孝；爱好钱财，偏爱妻子儿女，不去赡养父母，是第三不孝；放纵耳目的欲望，追求享受，却使父母蒙受羞辱，是第四不孝；逞能打架不要命，牵连父母受到危险，是第五不孝。这五种情况中，章子占有一种吗？那章子，不过是因为儿子指责父亲不良行为而把关系弄僵罢了。督责人做善事，是朋友之间最基本的原则；父子之间一方督责一方做善事，却是很伤感情的事情。那章子难道不想有夫妻母子之间的团聚吗？但因为得罪了父亲，就不能亲近了。把妻子赶出家门，把儿子遗弃掉，终身不要他们赡养。他打心里认为不这样做，那罪过就更大了，章子就是个这样的人呀！"

中国家庭基本藏书

原文

曾子居武城①，有越寇②。或曰："寇至，盍去诸③？"曰："无寓人于我室，毁伤其薪木。"寇退，则曰："修我墙屋，我将反。"寇退，曾子反。左右曰："待先生如此其忠且敬也，寇至，则先去以为民望；寇退，则反，殆于不可。"沈犹行曰④："是非汝所知也。昔沈犹有负刍之祸，从先生者七十人，未有与焉。"

子思居于卫⑤，有齐寇。或曰："寇至，盍去诸？"子思曰："如伋去，君谁与守？"孟子曰："曾子、子思同道。曾子，师也，父兄也；子思，臣也，微也。曾子、子思易地则皆然。"

注释

① 武城：又称南武城。在今山东费县西南。

② 有越寇：越灭吴后，北与鲁交界。

③ 盍：何不。

④ 沈犹行：曾子的学生。

⑤ 子思：姓孔，名伋。孔子之孙。相传曾受业曾子。孟子曾受业于他的门人。

译文

曾子在武城居住时，越国军队前来侵犯。有人对他说："敌寇要来了，何不躲一下？"（曾子）说："不要让我的家住其他人，毁坏了那些树木。"敌寇退走了，曾子便说："把我宅院的墙壁和房子修一下，我要回去。"敌寇退走了，曾子返回了故居。（曾子）身边的人说："武城军民对先生是那样的忠诚和尊敬，敌寇来了，你却早早躲开，给百姓做了个不好的榜样；敌寇退去后，就返回去，恐怕不能这样做吧？"沈犹行说："这件事情不是你们所能理解的。过去先生住在我那里，有个叫负刍的人来寻衅闹事，当时跟从先生的有七十人，都离开了先生的身边（但先生没有走）。"

子思在卫国居住时，有齐国的军队来侵犯。有人说："敌寇要来了，何不去躲一躲？"子思说："如果我走了，君主和谁来守城呢？"孟子说："曾子、子思是同一类人。曾子是老师，是父兄辈的人；子思是臣子，是个小官。曾子、子思如果对换一下地位，都会像对方那样去做的。"

原文

储子曰①："王使人瞷夫子②，果有以异于人乎？"孟子曰："何以异于人哉？尧舜与人同耳。"

①储子：齐国人。

②睍（jiàn）：窥视。

储子说："王派人来窥探先生，看看和常人有什么不一样的地方吗？"孟子说："有什么和常人不一样的地方呢？尧舜和普通人也是相同的。"

齐人有一妻一妾而处室者，其良人出，则必餍酒肉而后反①。其妻问所与饮食者，则尽富贵也。其妻告其妾曰："良人出，则必餍酒肉而后反；问其与饮食者，尽富贵也，而未尝有显者来。吾将睍良人之所之也。"

蚤起②，施从良人之所之③，遍国中无与立谈者。卒之东郭墦间④，之祭者，乞其馀；不足，又顾而之他，此其为餍足之道也。

其妻归，告其妾，曰："良人者，所仰望而终身也，今若此。"与其妾讪其良人⑤，而相泣于中庭，而良人未之知也，施施从外来⑥，骄其妻妾。

由君子观之，则人之所以求富贵利达者，其妻妾不羞也，而不相泣者，几希矣。

①餍（yàn）：吃饱。

②蚤：通"早"。

③施（yí）；通"斜"。

④墦（fán）：坟墓。

⑤讪：讥笑。

⑥施施（yí）：喜悦自得的样子。

齐国有个人，家里有一妻一妾，那丈夫每次外出，都是吃得酒足肉饱后才回来。他的妻子问他和谁一起吃喝，他回答说，都是一些有钱又有名望的人。他的妻子对他的妾说："丈夫外出，都是吃得酒足肉饱后才返回；问他是和谁一起吃喝，回答说都是一些有钱有名望的人，但从来没有什么知名人物到咱们家来；我想跟

中国家庭基本藏书

第二天早上起来，(丈夫出门，妻子)悄悄地跟在丈夫后面，走遍城中，没有人站住和丈夫谈话。最后一直走到东郭城的墓地中间，丈夫向祭墓的人，讨些残余食物；不够，又东张西望到另一个人那里去讨，这就是丈夫吃得酒足饭饱的办法。

丈夫的妻子回家后，将所看到的告诉妾，并说道："丈夫是我们要依靠一辈子的人，现在他却这样。"于是，与妾一起讥笑丈夫，接着在庭院中相对哭泣，但那丈夫并不知道这些情况，又得意洋洋地从外面回来，在妻妾面前吹嘘自己。

由君子看来，那些人所采用的乞求升官发财、出人头地的办法，能不让他的妻妾感到羞耻，并不相对哭泣的，太少了。

◎万章上

孟子在本篇论述了舜继尧得天下；舜得天下后和家庭的关系及对家庭成员的处置；禹传子而世袭；伊尹用于汤；百里奚用于秦；孔子是大圣人，为什么不能得天下，为什么又曾住在被人轻视的宦官家里。而这些在孟子当时，均是士人注目的大问题。孟子认为其中有些现象是由天意决定的，此外，还作了一些辩护。

原文

万章问曰："舜往于田①，号泣于旻天②，何为其号泣也？"孟子曰："怨慕也③。"万章曰："'父母爱之，喜而不忘；父母恶之，劳而不怨。'然则舜怨乎？"曰："长息问于公明高曰：'舜往于田，则吾既得闻命矣；号泣于旻天，于父母，则吾不知也。'公明高曰④：'是非尔所知也。'夫公明高以孝子之心，为不若是恝⑤，我竭力耕田，共为子职而已矣⑥，父母之不我爱，于我何哉？帝使其子九男二女，百官牛羊仓廪备，以事舜于畎亩之中⑦，天下之士多就之者，帝将胥天下而迁之焉⑧。为不顺于父母，如穷人无所归。天下之士悦之，人之所欲也，而不足以解忧；好色，人之所欲，妻帝之二女，而不足以解忧；富，人之所欲，富有天下，而不足以解忧；贵，人之所欲，贵为天子，而不足以解忧。人悦之、好色、富贵，无足以解忧者，惟顺于父母可以解忧。人少，则慕父母；知好色，则慕少艾⑨；有妻子，则慕妻子；仕则慕君，不得于君则热中。大孝终身慕父母。五十而慕者⑩，予于大舜见之矣。"

① 舜往于田：据说舜曾耕于历山，"往于田"就是去做庄稼活。
② 旻（mín）天：天。
③ 慕：依恋、思念。
④ 长息：公明高的学生。　公明高：曾子的学生。
⑤ 恝（jiá）：不经心，无动于衷。赵岐注："恝，无愁之貌。"
⑥ 共：通"恭"，恭敬。
⑦ 畎（quǎn）亩：田间；田地。
⑧ 胥：通"与"。相与；皆。

中国家庭基本藏书

⑨少艾：年轻美好的女子。

⑩五十而慕：赵岐注："《书》曰：舜生三十征庸，二十在位，在位时尚慕，故言五十也。"

【译文】

万章问道："舜去到田地里，向着天诉苦和哭泣，他为什么要哭诉呢？"孟子答道："是由于对父母埋怨和思念的缘故。"万章说："曾子说过'父母宠爱他，高兴而不忘怀；父母厌恶他，忧愁但不埋怨'。那么舜埋怨他的父母吗？"（孟子）说："从前长息曾经问公明高说：'舜到田地里去，这我是能够理解的；他向天哭泣诉说，这样对待父母，那我就不理解了。'公明高说：'这不是你所能够理解的。'公明高的意思是，以一个孝子的心情来说，是不能那样漫不经心的，即我尽力种好田地，做好一个儿子该做的事情罢了。父母对我不喜欢，我能有什么办法呢？帝尧让他的子女，共九男二女，带着百官、牛羊、粮食，到田地里去帮助舜耕种，天下的士人也有很多到舜那里去。后来，帝尧把天下都让给了舜。而舜却因为不能讨得父母的欢心，就像走投无路的人没有归处一样。天下的士人喜爱他，这是每个人所想望的，但却不能够消除舜的忧愁；漂亮的女人是人人都喜爱的，舜娶了帝尧的两个女儿，但也不能够消除忧愁；财富是每个人都希望拥有的，舜富得据有了天下，但还不能够消除忧愁；尊贵是每个人都希望获得的，尊贵得做了天子，还不能够消除忧愁。被人们拥护热爱、漂亮的女人、财富和尊贵，都不能够消除忧愁，只有得到父母的喜爱才可以消除忧愁。人在年幼的时候，就依恋父母；长大有了情欲，就喜爱年轻美丽的女子；有了妻子儿女后，就留恋妻子儿女了；做了官则讨好君主，得不到君主的宠信，便内心焦急得发热。只有非常孝顺的人才终身怀恋父母。到了五十岁还怀恋父母的，我在伟大的舜帝身上见到了。"

【原文】

万章问曰："《诗》云①：'娶妻如之何？必告父母。'信斯言也，宜莫如舜，舜之不告而娶，何也？"孟子曰："告则不得娶。男女居室，人之大伦也。为告，则废人之大伦，以怼父母②，是以不告也。"万章曰："舜之不告而娶，则吾既得闻命矣；帝之妻舜而不告，何也？"曰："帝亦知告焉则不得妻也。"万章曰："父母使舜完廪，捐阶③，瞽瞍焚廪。使浚井，出，从而揜之④。象曰⑤：'谟盖都君咸我绩⑥，牛羊父母，仓廪父母，干戈朕⑦，琴朕，弤朕⑧，二嫂使治朕栖⑨。'象往入舜宫，舜在床琴。象曰：'郁陶思君尔⑩。'忸怩。舜曰⑪：'惟兹臣庶⑫，汝其于予治。'不识舜不知象之将杀己与？"

曰："奚而不知也⑬？象忧亦忧，象喜亦喜。"曰："然则舜伪喜者与？"曰："否；昔者有馈生鱼于郑子产，子产使校人畜之池⑭。校人烹之，反命曰：'始舍之，圉圉焉[15]；少则洋洋焉[16]；攸然而逝[17]。'子产曰：'得其所哉！得其所哉！'校人出，曰：'孰谓子产智？予既烹而食之，曰，得其所哉，得其所哉。'故君子可欺以其方，难罔以非其道。彼以爱兄之道来，故诚信而喜之，奚伪焉？"

①《诗》云等句：见《齐风·南山》。

②怼（duì）：怨恨。

③捐阶：捐，除去。阶，台阶，引申为梯子。

④揜：通"掩"。

⑤象：舜同父异母弟。

⑥谟盖都君咸我绩：谟盖，即"谋害"。谟，通"谋"。盖，"害"之假借字。都君，舜也，《史记·五帝本纪》载：舜"一年而所居成聚，二年成邑，三年成都。"故舜有"都君"之称。

⑦朕：古人自称之词。从秦始皇起，才专用为皇帝的自称。

⑧弤（dǐ）：经过髹漆的弓。赵岐注："弤，弓也。"孙奭疏："弤弓，漆赤弓也。"

⑨栖：赵岐注："栖，床也。"

⑩郁陶：忧思的积貌。

⑪忸怩：着惭的样子。

⑫惟：思；想。

⑬奚：何为的意思。

⑭校人：主管池沼的小吏。

⑮圉圉（yū yū）：困而未舒貌。赵岐注："圉圉，鱼在水羸劣之貌。"

⑯洋洋：赵岐注："洋洋，（鱼在水）舒缓摇尾之貌。"

⑰攸然：即"悠然"。

万章问道："《诗经》中说：'娶妻子该怎么办？一定要告知父母。'相信这话的，没人能比得上舜，但舜却没有告知父母就娶了妻子，这是为什么呢？"孟子答道："(因为)告知父母就娶不成了。男女结婚，是人与人之间的伦常大事。如舜告知父母，就等于舜废除了这一伦常，并会因此埋怨父母，所以就不告知父母了。"万章说："舜不告知父母就娶了妻子，这个道理我懂得了；帝尧将(女儿)给舜做妻子，也不告知舜的父母，这又是为什么呢？"(孟子)说："帝尧也知道，只要事先告知，舜也娶不成他的女儿了。"万章问道："舜的父母让舜去修缮谷仓，当舜上了仓顶，便搬走了梯子，舜的父亲瞽瞍还放火烧谷仓。(舜设法逃了下来)，于是又让舜去淘井，接着就堵塞井口，幸而舜先从旁边的洞穴出来了。舜的弟弟象说：'谋害舜都是我的功劳，(舜留下的)牛羊给父母，谷仓给父母，干戈等兵器归我，琴归我，漆赤弓归我，让两位嫂嫂给我整理床铺，服侍我休息。'象走进舜住的房子，舜坐在床上弹琴。象说：'我很是想念你。'同时，显出不好意思的样子。舜说：'想念臣下和

中国家庭基本藏书

百姓,你替我去治理一下。'我搞不清楚,舜是否知道,象曾经谋杀他呢?"

（孟子）答道:"怎么能不知道呢?象忧愁,舜也忧愁;象高兴,舜也高兴。"（万章）说:"那么,舜是不是假装高兴呢?"（孟子）答道:"不是。从前有人送活鱼给郑国的子产,子产让管池塘的官吏把鱼放入池中畜养。那个官吏却煮着吃了,然后回报说:'刚放到池中,不死不活的;不一会就摇着尾巴游动起来了;很快就游得看不见了。'子产说:'到了它该去的地方!到了它该去的地方!'那个官吏走出来,对人说:'谁说子产聪明?我已经把鱼煮着吃了,他还说,到了他该去的地方,到了它该去的地方。'所以可以用合乎人情的方法去欺骗君子,而不能用违反常理的方法欺骗君子。象装出一副对兄长敬爱的样子,所以舜打心里相信,并感到高兴,怎么是伪装的呢?"

原文

万章问曰:"象日以杀舜为事,立为天子则放之,何也?"孟子曰:"封之也;或曰,放焉。"万章曰:"舜流共工于幽州①,放欢兜于崇山②,杀三苗于三危③,殛鲧于羽山④,四罪而天下咸服,诛不仁也。象至不仁,封之有庳⑤。有庳之人奚罪焉?仁人固如是乎?在他人则诛之,在弟则封之。"曰:"仁人之于弟也,不藏怒焉,不宿怨焉,亲爱之而已矣。亲之,欲其贵也;爱之,欲其富也。封之有庳,富贵之也。身为天子,弟为匹夫,可谓亲爱之乎?""敢问或曰放者,何谓也?"曰:"象不得有为于其国,天子使吏治其国而纳其贡税焉,故谓之放。岂得暴彼民哉?虽然,欲常常而见之,故源源而来,'不及贡,以政接于有庳⑥。'此之谓也。"

注释

①共工:尧的臣子,试授工师之职,后与欢兜、三苗及鲧,并称为"四罪"。　幽州:今北京密云。

②欢兜:尧舜时的大臣。崇山:不详。

③杀三苗于三危:杀,《舜典》作窜。三苗,古族名,亦称有苗,苗民。《史记·五帝本纪》载其地在江、淮、荆州一带。传说舜时被迁到三危。三危,今甘肃敦煌一带。

④殛（jí）鲧于羽山:殛,诛戮。鲧,大禹的父亲。羽山,在今山东郯城东北;今山东蓬莱东南,亦传为舜殛鲧处。

⑤有庳:在今湖南道县北,接零陵县界。古有象祠,唐元和中道州刺史薛伯高毁之。

⑥不及贡,以政接于有庳:这两句疑是《尚书》逸文。

译文

万章问道:"象天天要做的事就是杀掉舜,当舜做了天子,却只把他流放,这是为什么呢?"孟子答道:"是封他为诸侯,有人说成流放罢了。"万章说:"舜把共工流放到幽州,把欢兜流放到崇山,把三苗驱赶到三危,把鲧杀死在羽山,对这四个罪人的处置,天下的人都心服,因为惩处的是不仁德的人。但象是最不仁德的人,却分封他到有庳。有庳的人有什么罪过呢?难道仁人就是这样处置问题吗?对别人就进行诛杀,对弟弟就分给他土地。"(孟子)说:"仁人对于弟弟,不隐匿自己的怨怒,不压抑自己的不满情绪,只能是亲他爱他罢了。亲他,希望他能显贵;爱他,希望他能富有。把有庳这块土地分给他,是想让他富贵呀。自己做了天子,弟弟却是个普通百姓,能谈得上亲爱吗?"(万章说:)"请问,有人说是把象流放了,为什么这样说呢?"(孟子)答道:"象不能在他的封国里行使权力,天子派官吏治他的封国,而收其赋税,所以被叫做'放'。这样象难道能够暴虐当地的民众吗?不过,舜还是想常常见到象,象也不断地来见舜。(古书上说:)'不必到朝贡的时候,平时即以政务的原因接待从有庳那里来的人。'就是讲此事的。"

原文

咸丘蒙问曰①:"语云,'盛德之士,君不得而臣,父不得而子'。舜南面而立,尧帅诸侯北面而朝之,瞽瞍亦北面而朝之。舜见瞽瞍,其容有蹙。孔子曰:'于斯时也,天下殆哉,岌岌乎!'不识此语诚然乎哉?"孟子曰:"否;此非君子之言,齐东野人之语也。尧老而舜摄也。《尧典》曰②,'二十有八载③,放勋乃徂落④,百姓如丧考妣⑤,三年,四海遏密八音⑥'。孔子曰:'天无二日,民无二王。'舜既为天子矣,又帅天下诸侯以为尧三年丧,是二天子矣。"

咸丘蒙曰:"舜之不臣尧,则吾既得闻命矣。《诗》云⑦,'普天之下,莫非王土;率土之滨,莫非王臣'。而舜既为天子矣,敢问瞽瞍之非臣,如何?"曰:"是诗也,非是之谓也;劳于王事而不得养父母也。曰,'此莫非王事,我独贤劳也⑧'。故说诗者,不以文害辞⑨,不以辞害志。以意逆志,是为得之。如以辞而已矣,《云汉》之诗曰,'周余黎民,靡有孑遗'。信斯言也,是周无遗民也。孝子之至,莫大乎尊亲;尊亲之至,莫大乎以天下养。为天子父,尊之至也;以天下养,养之至也。《诗》曰⑩,'永言孝思,孝思维则'。此之谓也。《书》曰,'祗载见瞽瞍,夔夔齐栗,瞽瞍亦允若⑪。'是为父母不得而子也?⑫"

注释

① 咸丘蒙:孟子的学生。

② 《尧典》曰以下数句:实为今《尚书·舜典》文。

③ 载:犹"年"。

④ 放勋:尧之号。 徂落:死亡。

⑤ 百姓: 古代对贵族的总称。战国以后用为平民的通称。　考妣: 父母。

⑥ 遏密: 遏, 阻止。密, 同"谧", 安静。八音: 中国古代对乐器的统称。指金、石、土、革、丝、木、匏、竹八类。

⑦《诗》云以下: 见《诗·小雅·北山》。

⑧ 贤劳: 劳累。王念孙《广雅疏证》卷一下: "贤, 亦劳也; 贤劳, 犹言勤劳。"后称劳于公事为"贤劳", 有赞誉之意。

⑨ 以文害辞: 文, 字也; 辞, 语句。

⑩《诗》曰以下: 见《大雅·下武》。

⑪《书》曰以下: 当为《尚书》逸篇。祗, 敬。载, 事。夔夔齐栗, 恭敬谨慎貌。夔读 kuí; 齐, 同"斋"。允若, 允许; 应许。引申为顺从。

⑫ 也: 同"邪"。

译文

　　咸丘蒙问道: "俗语说, '道德修养非常高的人, 君主不能把他当作臣子, 父亲也不能把他当作儿子'。舜面朝南站立, (即做了天子,)尧率领诸侯向北面朝拜他, 他的父亲瞽瞍也向北面朝拜他。这时, 舜看见瞽瞍, 脸上显得局促不安。孔子说: '在这个时候, 天下真是岌岌可危了!'不知道这话是不是真的?"孟子答道: "不, 这不是君子所讲的言论, 是齐国东部野人所说的话。尧年纪大了, 让舜摄政。《尧典》中说: '过了二十八年, 放勋(即尧)才去世, 群臣就像死了父母一样, 守丧三年, 四海之内的民众停止了一切音乐活动。'孔子说: '天上没有两个太阳, 人间没有两个天子。'舜既然做了天子, 他又率领天下诸侯为尧守丧三年, 就是同时出现了两个天子。"

　　咸丘蒙说: "舜没有以尧为臣子, 你这么一说, 我就清楚了。《诗经》中说: '普天之下, 都是天子的土地; 土地上的所有地方, 都是天子的臣民。'那么, 舜既然做了天子, 请问瞽瞍却不是臣民, 这又该怎么解释呢?" (孟子) 说: "这首诗, 不是你说的那个意思, 而是说作者为国家的事情奔走辛劳, 以致不能够去奉养父母。他说, '这些都是天子的事, 为什么只有我在辛劳呀'。所以解释诗的人, 不要死抠文字而误解了词句, 也不要拘于词句而误解了整首诗要表达的意思。用自己的感受去推测作者的本意, 才能理解作者要表达的意思。如果仅仅拘泥于词句, 《云汉》这首诗中说: '周朝遗留下来的民众, 没有一个存在的。'要是相信了这句话, 就是说周朝没有一个留存的百姓了。孝子最重要的事情, 没有能大于对父母尊敬的了; 对父母最尊敬的做法, 再没有能大于拿天下来奉养父母的。作为天子的父亲, 是尊贵到极点了; 拿天下来奉养, 也是奉养达到极点了。《诗经》中说, '永远地讲究孝的思想, 孝的思想就会成为一种法则'。说的就是这个道理。《书经》中说, '舜诚敬地去见瞽瞍, 态度小心恭谨, 瞽瞍也真心顺从着舜'。这能说是父亲不能够把他当作儿子吗?"

万章曰："尧以天下与舜，有诸？"孟子曰："否；天子不能以天下与人。""然则舜有天下也，孰与之？"曰："天与之。""天与之者，谆谆然命之乎？"曰："否；天不言，以行与事示之而已矣。"曰："以行与事示之者，如之何？"曰："天子能荐人于天，不能使天与之天下；诸侯能荐人于天子，不能使天子与之诸侯；大夫能荐人于诸侯，不能使诸侯与之大夫。昔者，尧荐舜于天，而天受之；暴之于民，而民受之；故曰，天不言，以行与事示之而已矣。"曰："敢问荐之于天，而天受之；暴之于民，而民受之，如何？"曰："使之主祭，而百神享之，是天受之；使之主事，而事治，百姓安之，是民受之也。天与之，人与之，故曰，天子不能以天下与人。舜相尧二十有八载，非人之所能为也，天也。尧崩，三年之丧毕，舜避尧之子于南河之南①，天下诸侯朝觐者，不之尧之子而之舜；讼狱者，不之尧之子而之舜；讴歌者，不讴歌尧之子而讴歌舜，故曰，天也。夫然后之中国，践天子位焉。而居尧之宫，逼尧之子，是篡也，非天与也。《太誓》曰②：'天视自我民视，天听自我民听。'此之谓也。"

①南河：先秦时称黄河自今陕西潼关以下西东流向一段为南河。

②《太誓》曰以下：见梅赜古文《尚书》。

万章问道："尧把天下授给了舜，有这事吗？"孟子说："不，天子不能把天下授给人。"（万章又问：）"那么，舜拥有了天下，是谁授给他的呢？"（孟子说：）"天授给的。"（又问道：）"天授给的，是经过反复告诫后才授给他的吗？"答道："不是，天不说话，是用自己的行动和发生的事情表示出来罢了。"问道："用自己的行动和发生的事情表示出来，是怎么样的呢？"答道："天子能向天推荐人，不能让天把天下给他；诸侯能向天子推荐人，不能让天子把诸侯的位置给他；大夫能向诸侯推荐人，不能让诸侯把大夫的官职给他。从前，尧向天推荐了舜，天就接受了；又把舜公开告诉民众，民众也接受了；所以说，天不说话，而是用行动和发生的事情显示出来罢了。"问道："请问推荐给天，天接受了；公开告诉民众，民众也接受了，具体怎么说呢？"（孟子）答道："让他主持祭祀，所有的神灵都来享用，这就是天接受了；让他主管具体政务，治理得好，老百姓满意，这就是民众接受了。是天授予他，是人授予他，因此，天子不能拿天下去授给别人。舜辅佐尧二十八年，是一般人所

中国家庭基本藏书

做不到的，是天意。尧逝世后，守丧三年完毕，（为了使尧的儿子能够继承天下，）舜躲避到了南河的南面，但天下诸侯朝见天子的，不是去找尧的儿子，而是去找舜；告状打官司的，也不是去找尧的儿子，而是去找舜；唱歌的，也不歌颂尧的儿子，而是歌颂舜，所以说，是天意。这以后，舜才回到了首都，即位做了天子。如果（尧死后），舜就占据尧的宫室，逼迫尧的儿子让位，那就是篡位，而不是天授予。《太誓》中说：'天所看到的，来自我们民众所看到的，天所听到的，来自我们民众所听到的。'说的就是这个意思。"

原文

万章问曰："人有言：'至于禹而德衰，不传于贤，而传于子。'有诸？"

孟子曰："否，不然也；天与贤，则与贤；天与子，则与子。昔者，舜荐禹于天，十有七年，舜崩，三年之丧毕，禹避舜之子于阳城①，天下之民从之，若尧崩之后不从尧之子而从舜也。禹荐益于天，七年，禹崩，三年之丧毕，益避禹之子于箕山之阴②。朝觐讼狱者不之益而之启③，曰：'吾君之子也。'讴歌者不讴歌益而讴歌启，曰：'吾君之子也。'丹朱之不肖④，舜之子亦不肖。舜之相尧，禹之相舜也，历年多，施泽于民众。启贤，能敬承继禹之道。益之相禹也，历年少，施泽于民未久。舜、禹、益相去久远⑤，其子之贤不肖，皆天也，非人之所能为也。莫之为而为者，天也；莫之致而至者，命也。匹夫而有天下者，德必若舜禹，而又有天子荐之者，故仲尼不有天下。继世以有天下，天之所废，必若桀纣者也，故益、伊尹、周公不有天下。伊尹相汤以王于天下，汤崩，太丁未立，外丙二年，仲壬四年⑥，太甲颠覆汤之典刑，伊尹放之于桐⑦。三年，太甲悔过，自怨自艾，于桐处仁迁义，三年，以听伊尹之训己也，复归于亳。周公之不有天下，犹益之于夏、伊尹之于殷也。孔子曰：'唐虞禅，夏后殷周继，其义一也。'"

① 阳城：邑名，在今河南登封东南告成镇。

② 箕山：一名嶙岭，又名许由山。在今河南登封东南。

③ 启：传说中夏代国王。禹之子。

④ 丹朱：传说中尧之子。名朱，因居丹水，名为丹朱。

⑤ 舜、禹、益相去久远：意谓舜辅佐尧二十八年，禹辅佐舜十七年，益辅佐禹七年，其佐政时间长短不一。

⑥ 外丙、仲壬：卜辞作"卜丙"、"中壬"。

⑦ 桐：古地名。在今山西万荣县西，相传商代伊尹放太甲于此。一说，桐在今河南偃师县西南。

万章问道："有人说：'到了禹统治时期道德就衰微了，天下不传给贤能的人，而是传给儿子。'这是真的吗？"

孟子答道："不，不是这样的；天让授给贤能，就授给贤能；天让授给儿子，就授给儿子。从前，舜把禹推荐给天。十七年后，舜去世，守丧三年完毕，禹为了能让舜的儿子继位躲避到阳城，但天下民众却跟从着禹，就好像尧去世以后民众不跟着尧的儿子而跟着舜一样。禹把益推荐给天，过了七年，禹去世，三年守丧完毕，益为了让禹的儿子继位躲避到箕山的北面。但朝见天子和告状打官司的人，不去找益而是去找启，并说：'是我们国君的儿子呀'。歌唱的人不歌颂益而是歌颂启，并说：'是我们国君的儿子呀'。尧的儿子丹朱不成器，舜的儿子也不成器。再说舜辅佐尧，禹辅佐舜，经历的年份多，带给民众恩惠的时间长。启贤明，能真正地继承禹的事业。益辅佐禹，经历的年份少，带给民众恩惠的时间也不长。舜、禹、益辅佐国政的时间相差较大，尧、舜、禹的儿子有的贤明，有的不成器，都是天意，不是人的能力所能做到的。没有去做而成功的事，是天意；没有去召唤而到来的，是命运。一个普通百姓能够据有天下，他的德行必然像舜和禹一样，而且还需要天子推荐他，因此孔子就没有得到天下。世袭拥有天下，却又被天所废弃的，一定是像夏桀王和商纣王那样的人。因此，益、伊尹、周公没有得到天下。伊尹辅佐商汤王时用王道治理天下，汤去世后，太丁没有继承王位就死了，外丙在位二年，仲壬在位四年，太甲破坏了汤制定的典章和刑法制度，伊尹将他流放到桐邑。三年后，太甲对自己的过错有了悔悟，自我悔恨、自我改正，就在桐邑实行仁政，追求道义。又过了三年，已经能听从伊尹对自己的训导了，于是又回到亳都去做天子。周公之所以不能够拥有天下，就像益在夏朝，伊尹在殷朝的情况一样。孔子说：'唐尧虞舜把天下禅让给贤人，夏殷周由子孙继承王位，其间的道理一样的。'"

万章问曰："人有言：'伊尹以割烹要汤。'有诸？"孟子曰："否，不然；伊尹耕于有莘之野①，而乐尧舜之道焉。非其义也，非其道也，禄之以天下，弗顾也；系马千驷，弗视也。非其义也，非其道也，一介不以与人②，一介不以取诸人。汤使人以币聘之，嚣嚣然曰③：'我何以汤之聘币为哉？我岂若处畎亩之中④，由是以乐尧舜之道哉？'汤三使往聘之，既而幡然改曰⑤：'与我处畎亩之中⑥，由是以乐尧舜之道，吾岂若使是君为尧舜之君哉？吾岂若使是民为尧舜之民哉？吾岂若于吾身亲见之哉？天之生此民也，使先知觉后知，使先觉觉后觉也。予，天民之先觉者也；予将以斯道觉斯民也。非予觉之，而谁也？'思天下之民匹夫匹妇有不被尧

中国家庭基本藏书

舜之泽者，若己推而内之沟中⑦。其自任以天下之重如此，故就汤而说之以伐夏救民⑧。吾未闻枉己而正人者也，况辱己以正天下者乎？圣人之行不同也，或远，或近；或去，或不去；归洁其身而已矣。吾闻其以尧舜之道要汤，未闻以割烹也。《伊训》曰：'天诛造攻自牧宫，朕载自亳⑨。'"

① 有莘：亦称莘、有辛。春秋卫地，在今山东曹县西北。

② 介：通"芥"。小草，引申指轻微纤细的事物。

③ 嚣嚣：自得貌。

④ 畎亩：田间。畎（quǎn），田地中间的沟。

⑤ 幡：同"翻"。

⑥ 与：与其。

⑦ 内：同"纳"。

⑧ 说（shuì）：游说。

⑨ 《伊训》曰，天诛造攻自牧宫，朕载自亳：《伊训》，《尚书》已佚篇名。造，开始。牧宫，桀宫。朕，伊尹自称。载，开始。

　　万章问道："有人说：'伊尹因宰杀烹饪而有求于汤。'这事有吗？"孟子说："不，不是这样的；伊尹在有莘的郊野耕种，并喜爱尧舜之道。不合尧舜之义，不合尧舜之道，就是把天下作为俸禄给他，也不看一眼；就是拴四千匹马在那里，也不瞧一下。不合乎尧舜之义，不合乎尧舜之道，一点东西不会给别人，也不会从别人那里拿一点东西。汤派人拿上礼物去聘请他，他很自得地说：'我要汤的聘礼做什么？我还不如这样呆在田地中间，用尧舜之道自娱吧。'汤先后三次派使臣去聘请他，于是伊尹一下改变了态度说：'与其我呆在田地中间，并以尧舜之道自娱，哪里比得上让当今的国君去做尧舜那样的国君呢？哪里比得上让当今的民众去做尧舜时期那样的民众呢？哪里比得上让我自己能亲眼看到这一切呢？天生育这些民众，就是让先知的人去启发后知的人，让先觉的人去启发后觉的人。我呢，是天所生民众中的先觉者；我要用尧舜之道去启发当今的民众。我不去启发他们，谁又能启发他们呢？'伊尹认为，在天下的民众中，如果有一个男人或一个女人没有受到尧舜之道所带来的恩惠，就好像是自己把他推到了山沟之中。他把天下的重担作为自己的责任，所以一到汤那里，就说服汤讨伐夏桀，拯救民众。我没有听说过作践自己却能匡正别人的，何况屈辱自己去匡正天下呢？圣人的行为各不相同，有的疏远君主，有的亲近君主，有的离开君主，有的不肯离开君主；归根到底是洁身自好罢了。我只听说伊尹用尧舜之道干求于汤，而没有听说什么宰杀烹饪的事。《伊训》中说：'上天诛讨，是夏桀在自己的宫中造成的，我不过是从殷都亳邑开始谋划罢了。'"

万章问曰："或谓孔子于卫主痈疽①，于齐主侍人瘠环②，有诸乎？"
孟子曰："否，不然也；好事者为之也。于卫主颜仇由③。弥子之妻子路
之妻④，兄弟也。弥子谓子路曰：'孔子主我，卫卿可得也。'子路以告。
孔子曰：'有命。'孔子进以礼，退以义，得之不得曰'有命'。而主痈疽
与侍人瘠环，是无义无命也。孔子不悦于鲁卫⑤，遭宋桓司马将要而杀
之⑥，微服而过宋⑦。是时孔子当厄，主司城贞子⑧，为陈侯周臣⑨。吾闻
观近臣⑩，以其所为主；观远臣⑪，以其所主。若孔子主痈疽与侍人瘠环，
何以为孔子？"

① 主痈疽：把痈疽作为主人。痈疽为阉人，不明言，因其必尽为人知故。
② 侍人瘠环：侍人，亦作"寺人"，阉人。
③ 颜仇由：《史记·孔子世家》作"颜浊邹"。
④ 弥子：卫灵公宠臣弥子瑕。
⑤ 孔子不悦于鲁卫："不悦于鲁"，指"齐人馈女乐，季桓子受之"事；"不悦于卫"，指"招摇市过之"
事，两件事均详见《史记·孔子世家》。
⑥ 遭宋桓司马将要而杀之：《史记·孔子世家》云："孔子去曹适宋，与弟子习礼大树下。宋司
马桓魋（tuí）欲杀孔子，拔其树。孔子去。"要，拦截。
⑦ 微服：为了隐藏自己的身份而改穿平民的服装。
⑧ 司城贞子：《史记·孔子世家》云："孔子遂至陈，主于司城贞子家。"
⑨ 陈侯周：赵岐注："陈怀公子也。为楚所灭，故无谥，但曰陈侯周。"
⑩ 近臣：在朝的臣子。
⑪ 远臣：在国都以外任职的臣子。

译文

万章问道："有人说，孔子在卫国时住在(宦官)痈疽的家里，在齐国住在宦官
瘠环的家里，有这事情吗？"孟子说："不，不是这样；这是好事的人编造的。孔子
在卫国是住在颜仇由家中。弥子的妻子和子路的妻子是姊妹。弥子对子路说：'孔
子住在我家，卫国卿相的官位就可以得到了。'子路把这话告诉孔子。孔子说：'由
命运安排吧。'孔子进讲究礼法，退讲究道义，得到不得到官位都说'由命运安排'。
如果他住在痈疽和宦官瘠环家，就是不讲究道义，不听从命运的安排。孔子在鲁国
和卫国遇到了不高兴的事，又遭遇宋国的司马桓魋的拦截和逼杀，只得乔装悄悄经
过宋国。当时，孔子处在困难的境地，便住在司城贞子家中，做了陈侯周的家臣。我
听说观察在朝的臣子，看他招待什么样的客人；观察都城以外的臣子，看他来都城

中国家庭基本藏书

后住在什么人家中。如果孔子住到痈疽和宦官瘠环家中,还算什么孔子呢?"

原文

万章问曰:"或曰:'百里奚自鬻于秦养牲者五羊之皮^①,食牛以要秦穆公。'信乎?"孟子曰:"否,不然;好事者为之也。百里奚,虞人也。晋人以垂棘之璧与屈产之乘假道于虞以伐虢^②。宫之奇谏,百里奚不谏,知虞公之不可谏而去之秦,年已七十矣;曾不知以食牛干秦穆公之为污也,可谓智乎?不可谏而不谏,可谓不智乎?知虞公之将亡而先去之,不可谓不智也。时举于秦,知穆公之可与有行也而相之,可谓不智乎?相秦而显其君于天下,可传于后世,不贤而能之乎?自鬻以成其君,乡党自好者不为,而谓贤者为之乎?"

①百里奚:奚一作傒。春秋时秦国大夫。原为虞大夫,虞亡时被晋俘去,作为陪嫁之臣送入秦国。后出走到楚,为楚人所执,又被秦穆公以五张羊皮赎回,用为大夫,称五羖大夫。与蹇叔、由余等共同帮助穆公建立霸业。

②晋人以垂棘之璧与屈产之乘假道于虞以伐虢:《左传·僖公二年》云:"晋荀息请以屈产之乘与垂棘之璧假道于虞以伐虢。乃使荀息假道于虞。虞公许之,且请先伐虢。宫之奇谏,不听。"屈,春秋晋地,在今山西吉县北,产良马。一说以屈产为地名,在今山西石楼县东南。垂棘,春秋晋地,以出美玉著称,确址不详。虞,周文王时建立的诸侯国。开国君主是古公亶父之子虞仲的后代。在今山西平陆北。公元前655年晋国假道攻虢时,被晋袭击攻灭。虢,有东虢、西虢、北虢之分,此指北虢。根据出土遗物,北虢在西周时已建立,都城在上阳(今河南陕县东南李家窑),在今河南三门峡和山西平陆一带。

万章问道:"有人说:'百里奚把自己卖给秦国养牲畜的人,价钱是五张羊皮,通过饲养牛干求秦穆公。'是真的吗?"孟子答道:"不,不是这样;是好事的人编造的。百里奚是虞国人。晋国人用垂棘所产的玉璧和屈地所产的良马向虞国借路,去攻打虢国。虞国大臣宫之奇劝谏虞公不要答应,但百里奚不劝谏,他知道虞公是不能够劝谏的,因此离开虞国去了秦国,当时年龄已经七十了;他竟不知道通过饲养牛去干求秦穆公是一种丑恶的行为,可以说是聪明吗?他知道不能劝阻虞公就不去劝阻,能说是不聪明吗?他知道虞公将要灭亡就预先离开他,能说是不聪明吗?当时他在秦国被举荐后,知道秦穆公是个可以一起有所作为的人,于是就辅佐他,这能说他不聪明吗?做秦国的卿相,并让他的君主扬名于天下,流芳于后世,他不贤能,能做到吗?卖掉自己去成全君主,乡村中洁身自爱的人都不这样做,却能说贤能的人这样做了吗?"

◎万章下

题解

　　孟子在本篇论述了伯夷、伊尹、柳下惠不同的处事态度，并指出孔子是圣人的集大成者。孟子还论述了交友，接受礼物，孔子的为官之道，一般人的为官之道，君主对待贤人，臣下谒见君主的礼节，对同姓贵戚或异姓贵戚与君主的关系等提出了一些原则，指出了一些所应持有的态度。孟子还讲述了周朝的"班爵禄"情况，是我们了解当时社会较为重要的参考资料。

原文

　　孟子曰："伯夷，目不视恶色，耳不听恶声。非其君不事，非其民不使。治则进，乱则退。横政之所出，横民之所止，不忍居也。思与乡人处，如以朝衣朝冠坐于涂炭也。当纣之时，居北海之滨，以待天下之清也。故闻伯夷之风者，顽夫廉^①，懦夫有立志。伊尹曰：'何事非君？何使非民？'治亦进，乱亦进，曰：'天之生斯民也，使先知觉后知，使先觉觉后觉。予，天民之先觉者也。予将以此道觉此民也。'思天下之民匹夫匹妇有不与被尧舜之泽者，若己推而内之沟中，其自任以天下之重也。

　　"柳下惠不羞污君，不辞小官。进不隐贤，必以其道。遗佚而不怨，厄穷而不悯。与乡人处，由由然不忍去也^②。'尔为尔，我为我，虽袒裼裸裎于我侧，尔焉能浼我哉？'故闻柳下惠之风者鄙夫宽^③，薄夫敦^④。孔子之去齐，接淅而行^⑤；去鲁，曰，'迟迟吾行也，去父母国之道也'。可以速而速，可以久而久，可以处而处，可以仕而仕，孔子也。"

　　孟子曰："伯夷，圣之清者也；伊尹，圣之任者也；柳下惠，圣之和者也；孔子，圣之时者也。孔子之谓集大成。集大成也者，金声而玉振之也^⑥。金声也者，始条理也；玉振之也者，终条理也。始条理者，智之事也；终条理者，圣之事也。智，譬则巧也；圣，譬则力也。由射于百步之外也^⑦，其至，尔力也；其中，非尔力也。"

①顽：贪婪。

②由由：自得其乐貌。

③鄙夫：庸俗鄙陋的人。

④薄夫：不厚道的人。

⑤接淅：许慎《说文解字》引作"滰淅"。"滰"，漉干；淅，淘米。

⑥金声而玉振之：金指钟，玉指磬。比喻孔子的德行全备，正如奏乐，以钟发声，以磬收韵，集众音之大成。后以比喻才学精妙。

⑦由：同"犹"。

译文

孟子说："伯夷，眼睛不看丑恶的事物，耳朵不听邪恶的声音。不是理想的君主不去服侍，不是理想的民众不去治理。天下太平，就出去做事；天下混乱，就归隐回家。实行暴政的国家，住有暴民的地方，他都不忍心去居住。想到和乡下人相处，就好像穿着朝服戴着朝冠坐在泥淖和炭灰上一样。在商纣王统治时期，他居住在北海边上，等待天下清平。所以听到伯夷的风节，贪婪的人会变得廉洁，怯懦的人也会立有志向。伊尹说：'什么样的君主不能服侍？什么样的民众不能治理？'天下太平，出来做事；天下混乱，也出来做事，并说：'天生育这些百姓，是让先知道的去开导后知道的，让先觉悟的去启发后觉悟的。我是上天所生民众中早先觉悟的人。我将用尧舜之道去开导上天所生育的民众。'他想：在天下的民众中一个普通男子或一个普通妇女，如果没有感受到尧舜之道所带来的恩惠，就好像是自己把他推到山沟中，他把治理天下当作是自己重大的责任。

"柳下惠不以服侍坏的君主为羞耻，也不嫌弃官职低下。到朝廷做官，不隐蔽自己的才能，但坚持自己的原则。被人遗弃也不怨恨，遭到穷困也不忧愁。与乡下人相处，快快乐乐地舍不得离去。'你是你，我是我，你就是赤身露体地站在我的身旁，你怎能把我污染了呢？'所以听到柳下惠风节的人，庸夫俗子也能变得胸怀宽大，尖酸刻薄的人也能变得厚道起来。孔子离开齐国，不等把米淘好、滤干就走；离开鲁国，却说，'我慢慢地走吧，这是离开祖国的态度'。应该快就快，应该长久就长久，应该居住就居住下来，应该做官就出去做官，这就是孔子。"

孟子说："伯夷是圣人中清高的；伊尹是圣人中责任心强的；柳下惠是圣人中随和的；孔子是圣人中识时务的。孔子可称是个集大成的圣人。所谓集大成者，就像奏乐，以钟发声，以磬收韵，集众音之大成。敲钟，是使奏乐开始协调一致；敲磬，是使奏乐收韵协调一致。开始协调一致是凭智慧；收韵协调一致，就需要无所不通的圣明了。智，就像是一种技巧，圣，就像是一种力量。犹如在百步之外射箭，射到，是靠你的力量；射中目标，就不是仅靠你的力量了。"

原文

北宫锜问曰①："周室班爵禄也②，如之何？"孟子曰："其详不可得闻也，诸侯恶其害己也，而皆去其籍；然而轲也尝闻其略也。天子一位，公一位，侯一位，伯一位，子、男同一位，凡五等也。君一位，卿一位，大夫一位，上士一位，中士一位，下士一位，凡六等。天子之制，地方千里，公侯皆方百里，伯七十里，子、男五十里，凡四等。不能五十里，不达于天子，附于诸侯，曰附庸。天子之卿受地视侯，大夫受地视伯，元士受地视子、男。

"大国地方百里，君十卿禄，卿禄四大夫，大夫倍上士，上士倍中士，中士倍下士，下士与庶人在官者同禄，禄足以代其耕也。次国地方七十里，君十卿禄，卿禄三大夫，大夫倍上士，上士倍中士，中士倍下士，下士与庶人在官者同禄，禄足以代其耕也。小国地方五十里，君十卿禄，卿禄二大夫，大夫倍上士，上士倍中士，中士倍下士，下士与庶人在官者同禄，禄足以代其耕也。耕者之所获，一夫百亩；百亩之粪，上农夫食九人，上次食八人，中食七人，中次食六人，下食五人。庶人在官者，其禄以是为差。"

① 北宫锜（qí）：卫国人。
② 班：排列等级。

北宫锜问道："周朝制定了官爵和俸禄的等级，具体情况怎样呢？"孟子说："它的详细情况已经不能够知道了，诸侯讨厌他对自己有限制，都把相关文献毁灭了。不过，我也听到些大概情况。天子是一个级别，公是一个级别，侯是一个级别，伯是一个级别，子、男是同一个级别，共五个级别。君是一个级别，卿是一个级别，大夫是一个级别，上士是一个级别，中士是一个级别，下士是一个级别，共六个级别。天子直接管辖的土地，方圆一千里，公和侯都是方圆一百里，伯方圆七十里，子和男方圆五十里，共四等。土地方圆不够五十里的，不和天子直接发生关系，附属于诸侯，称做'附庸'。天子的卿所受封地和诸侯相同，大夫所受封的土地和伯相同，元士受封的土地和子、男相同。

"大的封国，土地方圆一百里，君主的俸禄是卿的十倍，卿的俸禄是大夫的四倍，大夫是上士的二倍，上士是中士的二倍，中士是下士的二倍，下士的俸禄和普通民众在官府当差的俸禄相同，所得俸禄足以顶得上他们耕田种地的收入。次一等封国的土地方圆七十里，君主的俸禄是卿的十倍，卿的俸禄是大夫的三倍，大夫是上士的二倍，上士是中士的二倍，中士是下士的二倍，下士和普通民众在官府当差的俸禄相同，所得俸禄足以顶得上他们耕田种地的收入。小国的土地方圆五十里，君主的俸禄是卿的十倍，卿的俸禄是大夫的二倍，大夫是上士的二倍，上士是中士的二倍，中士是下士的二倍，下士的俸禄和普通民众在官府当差的俸禄相同，所得俸禄足以顶得上他们耕田种地的收入。耕田人所分得的土地，一个男子一百

中国家庭基本藏书

亩；百亩田地施肥耕种，上等的农夫可养活九个人，其次养活八个人，中等的养活七个人，中次养活六个人，下等的养活五个人。普通民众在官府当差的，他们的俸禄参照这个划分等级。”

【原文】

万章问曰：“敢问友。”孟子曰：“不挟长，不挟贵，不挟兄弟而友。友也者，友其德也，不可以有挟也。孟献子，百乘之家也，有友五人焉①：乐正裘，牧仲，其三人，则予忘之矣。献子之与此五人者友也，无献子之家者也。此五人者，亦有献子之家，则不与之友矣。非惟百乘之家为然也，虽小国之君亦有之。费惠公曰②：‘吾于子思，则师之矣；吾于颜般③，则友之矣；王顺、长息则事我者也。’④非惟小国之君为然也，虽大国之君亦有之。晋平公之于亥唐也；入云则入，坐云则坐，食云则食⑤，虽蔬食菜羹，未尝不饱，盖不敢不饱也。然终于此而已矣。弗与共天位也，弗与治天职也，弗与食天禄也，士之尊贤者也，非王公之尊贤也。舜尚见帝⑥，帝馆甥于贰室⑦，亦飨舜，迭为宾主，是天子而友匹夫也。用下敬上⑧，谓之贵贵；用上敬下，谓之尊贤。贵贵尊贤，其义一也。”

【注释】

① 孟献子：鲁国大夫仲孙蔑。《国语·晋语》云：“赵简子曰，鲁孟献子有斗臣五人。”焦循《注》：“斗臣，扞难之士。”

② 费：春秋鲁邑。旧址在今山东鱼台西南费亭。高士奇《春秋地名考略》：“鲁大夫庈费父之食邑，读如字。”

③ 颜般：《汉书·古今人表》作颜敢。

④ 王顺、长息：王顺，《汉书·古今人表》作王慎。长息见《万章上》。

⑤ 入云、坐云、食云：“云入”、“云坐”、“云食”之倒文。

⑥ 尚：同“上”。

⑦ 甥：赵岐注云：“礼，谓妻夫曰外舅，谓我舅者，吾谓之甥。”

⑧ 用：以。

【译文】

万章问道：“请问交朋友的原则。”孟子答道：“交朋友不依仗年长，不依仗尊贵，不依仗兄弟的财势。交朋友，应注意对方的品德，不能依仗什么(去压对方)。孟献子是拥有一百辆马车的大夫，有朋友五人：乐正裘、牧仲，其余三位，我忘记名字了。献子和这五人交朋友，并不存有门第观念。这五个人，如果考虑献子的门第，就不和他交朋友了。不仅是拥有百辆马车的大夫是这样，就是小国的国君也有朋友。费惠公说：‘我对子思，是把他当作老师；我对于颜般，则把他当作朋友；王顺和长息不过是为我做事的人罢了。'不仅小国的国君是这样，就是大国的国君也交朋友。晋平公对于亥唐，亥唐叫进就进，叫坐就坐，叫吃就吃，即使是粗食菜汤，没有不吃饱的，也是不敢不吃饱的。不过，晋平公也只能做到这样罢了。并不和亥唐共同享有君主的位置，并不和亥唐一起治理国家，也不和他共同享受国君的俸禄，只是普通士人尊敬贤者的态度，而不是作为王公应有的敬尊贤者的态度。舜晋见帝尧，帝尧让这个女婿住到别的馆舍中，也请舜吃饭；舜也回请，交替着做客人或主人，这是天子和普通百姓交朋友的一个事例。以身份低的人尊敬身份高的人，叫做敬重贵人；以身份高的人尊敬身份低的人，叫做尊重贤人。敬重贵人和尊重贤人，道理是一样的。"

原文

万章问曰："敢问交际何心也？"孟子曰："恭也。"曰："'却之却之为不恭'，何哉？"曰："尊者赐之，曰：'其所取之者义乎，不义乎？'而后受之，以是为不恭，故弗却也。"曰："请无以辞却之，以心却之，曰：'其取诸民之不义也。'而以他辞无受，不可乎？"曰："其交也以道，其馈也以礼，斯孔子受之矣。"

万章曰："今有御人于国门之外者^①，其交也以道，其馈也以礼，斯可受御与？"曰："不可；《康诰》曰：'杀越人于货，闵不畏死，凡民罔不譈^②。'是不待教而诛者也。殷受夏，周受殷，所不辞也；于今为烈，如之何其受之？"曰："今之诸侯取之于民也，犹御也。苟善其礼际矣，斯君子受之，敢问何说也？"曰："子以为有王者作，将比今之诸侯而诛之乎？其教之不改而后诛之乎？夫谓非其有而取之者盗也，充类至义之尽也^③。孔子之仕于鲁也，鲁人猎较^④，孔子亦猎较。猎较犹可，而况受其赐乎？"

曰："然则孔子之仕也，非事道与^⑤？"曰："事道也。""事道奚猎较也？"曰："孔子先簿正祭器^⑥，不以四方之食供簿正。"曰："奚不去也？"曰："为之兆也。兆足以行矣，而不行，而后去，是以未尝有所终三年淹也。孔子有见行可之仕，有际可之仕^⑦，有公养之仕^⑧。于季桓子，见行可之仕也；于卫灵公，际可之仕也；于卫孝公，公养之仕也。"

① 御：朱熹集注："御，止也。止人而杀也，且夺其货也。"

②《康诰》曰杀越人于货，闵不畏死，凡民罔不譈：今本《尚书·康诰》作"杀越人于货，暋不畏死，罔弗憝。""越"，虚词，无义。"于货"，谓取其货也。闵，强悍。譈（duì）同"憝"，憎恶；怨恨。

③ 充类至义：充类，引申推广到同类的事理；至义，事理最高深之处，是引申推求事理到原则最高

④猎较：赵岐注："猎较者，田（畋）猎相狡夺禽兽，得之以祭，时俗所尚，以为吉祥。"

⑤事道：即"为道而事"。

⑥簿正祭器：朱熹集注引徐氏云："先以簿书正其祭器，使有定数，不以四方难继之物实之。本器有常数，实有常品，则其正正矣。彼猎较者，将久而自废矣。"

⑦际可：可能是指对某个人的礼遇。

⑧公养：可能是指对一般人的招待。

译文

万章问道："请问交际的时候，应该具有怎样的心理？"孟子答道："恭敬。"（万章）又问："'一再拒绝人家所送的礼物，是不恭敬的。'是什么意思呢？"孟子说："德高位重的人赐予时，想想，'他所取得的这些礼物来路正吗，还是不正？'然后才接受下来，这样就是不恭敬，所以不能够拒绝。"又问："我嘴上不说拒绝，却心里拒绝，心里说：'这是从老百姓那里收取来的不义之财。'于是找别的借口不接受，难道不可以吗？"（孟子）说："他遵循一定的道德原则同人交往，他合乎礼节地馈赠人，这样，孔子也会接受礼物的。"

万章问道："如今有一个在国都城门外拦路抢劫的人，他也按照一定的规矩同我交往，依照一定的礼节向我赠送东西，我可以和他交往并接受他的东西吗？"（孟子）答道："不可以；《康诰》中说：'杀人抢财物，强悍不怕死，这种人，是人人所憎恨的。是不可挽救而应该诛杀的。'殷商继承于夏朝，周朝继承于殷商，这种法律一直继承下来，而没有更改；现在杀人劫物的行为更加厉害，你怎么能和他交往并接受他的东西呢？"（万章）说："今天诸侯向民众征取东西，就像抢劫一样。但如果把交往的礼节搞好，君子也就接受了，请问这该怎么说呢？"（孟子）说："你认为如果今天有圣王兴起，是把当今的诸侯一律杀掉呢？还是给以教育而不改正，然后才杀掉呢？说不是自己所有的东西而取归自己所有是抢劫，这是就原则理论的高度而言的。孔子在鲁国做官的时候，鲁国人争夺猎物，孔子也争夺猎物。争夺猎物都可以，何况接受上面的赐予呢？"

（万章）说："那么，孔子去做官，是不是为了实现他的道德理论呢？"（孟子）说："是为了实现他的道德理论。"（万章问：）"既然是为了实现他的道德理论，为什么又要争夺猎物呢？"（孟子）说："孔子先用文书上的规定来检查祭器，从而使祭器合乎规定的数额，并不用别处夺来的食物充当祭品。（这样人们就不再争夺了。）"（万章）问道："（孔子）为什么不辞去官职呢？"（孟子）说："是想试一试。如果试行的结果，他的主张能够实行，而君主又不愿推行，这样他才离去。因此，孔子在一个地方做官没有满三年的。孔子有因想要实行自己的政治主张而做官的，有因君主的赏识而去做官的，也有因国君招揽贤才而去做官的。对于鲁国的季桓子，是因想要推行自己的政治主张才去做官的；对于卫灵公，是因为得到他的赏识才去做官的；对于卫孝公，是由于他招揽人才才去做官的。"

原文

孟子曰："仕非为贫也，而有时乎为贫；娶妻非为养也，而有时乎为养。为贫者，辞尊居卑，辞富居贫。辞尊居卑，辞富居贫，恶乎宜乎？抱关击柝①。孔子尝为委吏矣②，曰：'会计当而已矣。'尝为乘田矣③，曰：'牛羊茁壮长而已矣。'位卑而言高，罪也；立乎人之本朝④，而道不行，耻也。"

注释

① 抱关击柝：抱关，守关；击柝，击木以警夜。也指守关巡夜的人。借指地位低微的小吏。

② 委吏：古代掌管粮仓的小官。赵岐注："委吏，主委积仓廪之吏也。"

③ 乘（shèng）田：春秋时鲁国主管畜牧的小吏。赵岐注："乘田，苑囿之吏也，主六畜之刍牧者也。"

④ 本朝：即"朝廷"。

译文

孟子说："做官不是因为贫穷，但有的时候却是因为贫穷；娶妻不是为了孝养父母，但有的时候却是为了孝养父母。为了脱贫做官，就应该推辞高官而做小官；推辞厚禄而接受薄俸。推辞高官做小官，推辞厚禄接受薄俸，怎么样才算合适呢？那就是看门打更也行。孔子就曾经做过管理粮仓的小官，说：'出入的数字都核实了。'还曾经做过鲁国主管畜牧的小吏，说：'牛羊都很壮实地长大了。'职位低下，而去议论朝政大事，是不对的；在朝廷做官，而不能推行自己的政治主张，是可耻的。"

原文

万章曰："士之不托诸侯，何也？"孟子曰："不敢也。诸侯失国，而后托于诸侯，礼也；士之托于诸侯，非礼也。"万章曰："君馈之粟，则受之乎？"曰："受之。""受之何义也？"曰："君之于氓也，固周之①。"曰："周之则受，赐之则不受，何也？"曰："不敢也。"曰："敢问其不敢何也？"曰："抱关击柝者皆有常职以食于上。无常职而赐于上者，以为不恭也。"

曰："君馈之，则受之，不识可常继乎？"曰："缪公之于子思也，亟问②，亟馈鼎肉③。子思不悦。于卒也，摽使者出诸大门之外④，北面稽首⑤，再拜而不受，曰：'今而后知君之犬马畜伋⑥。'盖自是台无馈也⑦。悦贤不能举，又不能养也，可谓悦贤乎？"曰："敢问国君欲养君子，如何斯可谓养矣？"曰："以君命将之⑧，再拜稽首而受。其后廪人继粟，庖人继肉⑨，

中国家庭基本藏书

不以君命将之。子思以为鼎肉使己仆仆尔亟拜也⑩，非养君子之道也。尧之于舜也，使其子九男事之，二女女焉，百官牛羊仓廪备，以养舜于畎亩之中，后举而加诸上位，故曰，王公之尊贤者也。"

注释

①周：同"赒"。救济。

②问：问候。

③鼎肉：朱熹《集注》："鼎肉，熟肉也。"

④摽（biāo）：挥。赶他出去。

⑤稽首：古时一种跪拜礼，叩头到地，是跪拜礼中最恭敬的。

⑥伋：孔子之孙孔伋，字子思。

⑦臺：台的繁体字，杨遇夫先生《积微居小学金石论丛·孟子臺无馈解》云："臺当读为始，'盖自是臺无馈'，谓鲁缪公自是始不馈子思也。《说文》云：'始，女之初也。从女，台声。'台与臺古音同。"

⑧将：送给。

⑨庖人：厨师。

⑩仆仆：赵岐注："仆仆，烦猥貌。"

译文

万章说："士人不去依托诸侯生活，是为什么呢？"孟子答道："不敢这样，诸侯失去国家，然后依托别的诸侯生活，是合于礼的；士人依托诸侯生活，是不合于礼的。"万章问："君主赠给谷物，是不是可以接受呢？"（孟子）答道："可以接受。"（万章问：）"接受的理由是什么呢？"答道："君主对于流亡来的民众，本来就应该救济他们。"问道："救济的东西就接受，赐予的东西就不能接受，这是为什么呢？"答道："不敢呀。"问道："请问，他为什么不敢接受呢？"答道："守门打更的人都有一定的具体职务，并因此得到上面的给养。没有一定的具体职务，而接受上面赐予的，被认为是不恭敬的。"

（万章）问道："君主送他东西，他就接受，不知是不是可以经常这样？"答道："鲁缪公对于子思，就是经常去问候并经常送去熟肉。但子思并不高兴。终于到后来，子思把来人赶出了大门之外，并向北面反复叩头拒绝，说道：'今天才知道君主是把我当犬马一样畜养着。'从此以后缪公就不给子思送东西了。喜爱贤人，却不能加以重用，又不能有礼貌地供养他，可以说是喜爱贤人吗？"问道："请问国君要抚养君子，怎样才能称得上供养呢？"答道："先向君子宣告君主的旨意，君子反复行叩头大礼接受。然后管仓库的人定期送来粮食，管伙食的人经常送来肉食，这些就不要再称述君主的旨意了。子思认为君主派人送来熟肉，自己就得为此拜谢一番，这不是供养君子的做法。尧对于舜，是让自己的九个儿子去给他做事，并让两个女儿嫁给他，而且各级官吏以及牛羊、仓库都准备齐全，用这些来供养耕作在田地中的舜，然后再把舜提拔到很高的位置上，因此说供养，这是王公礼遇贤人的榜样。"

万章曰:"敢问不见诸侯,何义也?"孟子曰:"在国曰市井之臣,在野曰草莽之臣,皆谓庶人。庶人不传质为臣[①],不敢见于诸侯,礼也。"万章曰:"庶人,召之役,则往役;君欲见之,召之,则不往见之,何也?"曰:"往役,义也;往见,不义也。且君之欲见之也,何为也哉?"曰:"为其多闻也,为其贤也。"

曰:"为其多闻也,则天子不召师,而况诸侯乎?为其贤也,则吾未闻欲见贤而召之也。缪公亟见于子思,曰,'古千乘之国以友士,何如'?子思不悦,曰:'古之人有言曰:事之云乎,岂曰友之云乎?'子思之不悦也,岂不曰:'以位,则子君也,我臣也;何敢与君友也?以德,则子事我者也,奚可以与我友?'千乘之君求与之友而不可得也,而况可召与?齐景公田,招虞人以旌,不至,将杀之。志士不忘在沟壑,勇士不忘丧其元。孔子奚取焉?取非其招不往也。"

曰:"敢问招虞人何以?"曰:"以皮冠[②],庶人以旃[③],士以旂[④],大夫以旌。以大夫之招招虞人,虞人死不敢往;以士之招招庶人,庶人岂敢往哉?况乎以不贤人之招招贤人乎?欲见贤人而不以其道,犹欲其入而闭之门也。夫义,路也;礼,门也。惟君子能由是路,出入是门也。《诗》云[⑤]:'周道如底[⑥],其直如矢;君子所履,小人所视[⑦]。'"万章曰:"孔子,君命召,不俟驾而行;然则孔子非与?"曰:"孔子当仕有官职,而以其官召之也。"

① 传质:"质"通"贽"。拿着进见的礼品去谒见。赵岐注:"传,执也。"
② 皮冠:周柄中《孟子辨正》云:"皮冠盖加于礼冠之上,田猎则以御尘,亦以御雨雪。"
③ 旃(zhān):纯赤色的曲柄旗。
④ 旂(qí):古代旗子的一种,《说文》:"旗有众铃以令众也。"
⑤《诗》云以下:见《小雅·大东》。
⑥ 周道如底:周道,大路。底,同"砥",即磨刀石。
⑦ 视:效法。

万章问道:"请问不能去谒见诸侯,是什么道理呢?"孟子答道:"住在国都的

中国家庭基本藏书

人称为市井之臣，住在郊野的人称为草莽之臣，都是指普通百姓。普通百姓是不能拿着礼品去见诸侯的，所以不敢去谒见诸侯，这是合于礼制的。"万章问："普通百姓，召他去服役，他就去服役；君主想见他，召他，他却不去朝见，这是为什么呢？"答道："去服徭役，是他应该做的事；去朝见，是他不应该做的事。再说君主要见普通百姓，为的是什么呢？"（万章）说："是因为他见闻广博，是因为他贤能。"

（孟子）说："如果是因为他见闻广博，（他就可做天子的老师了。）然而天子是不能召唤老师的，何况诸侯呢？如果是因为他贤能，但我还没有听说过想见贤能的人而去随便召唤的。鲁缪公经常去看望子思，说道：'古代有一千辆兵车的国君如果同士人交朋友，该怎样做呢？'子思听后不高兴，说道：'古代人说过这样的话：士人服侍君主，怎么是说士人与君主交朋友？'子思不高兴，难道不是这个意思吗？即'论地位，那你是君主，而我是臣子，我怎么敢同你交朋友呢？论品德，那你是应该向我学习的人，怎么能和我交朋友？'拥有一千辆兵车的国君请求和他交朋友都不能够，何况去召唤他呢？齐景公在田野(打猎)，用旌旗召猎场官员而猎场官员不来，齐景公准备杀死他。志士不怕弃尸山沟郊野，勇士不怕丢掉脑袋。孔子看重猎场官员的哪一点呢？是看重猎场官员对用不该召他的礼节召他，他便不去这一点。"

（万章）问道："请问召猎场官员该怎样召呢？"（孟子）答道："用皮做的冠，召普通百姓用纯红色的曲柄旗，召士人用带铃铛的旗，召大夫用缀旄牛于竿头，下有五彩析羽的旗。用召唤大夫的旗去召唤猎物官员，猎场官员宁死也不敢去；用召唤士人的旗帜去召唤普通百姓，普通百姓难道敢去吗？何况用召唤才德平庸的人的礼节去召唤贤能的人呢？想见贤能的人又不按召见贤能人的礼节，就好像想请他进来，却又把门关住一样。义，就像是路；礼，就像是门。只有君子能从这个路上走，从这个门出进。《诗经》中说：'大路平得像磨刀石，直得像箭；这是君子所行走的，小人所效法的。'"万章问道："孔子，有君主的命令召唤，不等车马驾好就上路了；那么，孔子错了吗？"答道："那是孔子正在做官，有职务在身，国君是按照召唤官员的做法召唤他的。"

原文

孟子谓万章曰："一乡之善士斯友一乡之善士，一国之善士斯友一国之善士，天下之善士斯友天下之善士。以友天下之善士为未足，又尚论古之人^①。颂其诗^②，读其书，不知其人，可乎？是以论其世也。是尚友也。"

注释

①尚：上，向上。
②颂：同"诵"。

　　孟子对万章说道："一个乡的杰出人士去结交一个乡的杰出人士，一个国的杰出人士去结交一个国的杰出人士，天下的杰出人士去结交天下的杰出人士。认为结交天下的杰出人士还不满足，就要去追论古代的人物。吟诵他们的诗歌，阅读他们写的书，不了解他们是什么样的人，可以吗？所以要研讨他们所处的时代。也就是和古人交朋友。"

　　齐宣王问卿。孟子曰："王何卿之问也？"王曰："卿不同乎？"曰："不同；有贵戚之卿①，有异姓之卿。"王曰："请问贵戚之卿。"曰："君有大过则谏；反复之而不听，则易位。"王勃然变乎色。曰："王勿异也。王问臣，臣不敢不以正对②。"王色定，然后请问异姓之卿。曰："君有过则谏，反复之而不听，则去。"

　　① 贵戚之卿：与"异姓之卿"相对而言。"贵戚"指同姓和君主亲戚中的显贵。
　　② 正对：真心答对。

　　齐宣王问有关卿的事情。孟子说："王问哪一类的卿呢？"王问："卿还有不同吗？"（孟子）答道："有不同；有和王室同宗和沾亲的卿，有非王族和非王族亲戚的卿。"王问："请问和王室同宗及沾亲的卿怎么样。"（孟子）答道："君主如有大的过错就进谏劝阻；反复劝阻，君主不听从，就废掉他，立别的人。"齐宣王（听到这里）马上变得满脸怒色。（孟子见状）说："王不要惊异。王问臣下，臣下不敢不照实回答。"齐宣王脸色平静下来，然后又请问非王族及非王族亲戚的卿。（孟子）说："君主有过错就进谏劝阻，反复劝阻仍不听从，就离开这里。"

中国家庭基本藏书

◎告子上

中国家庭基本藏书

诸子百家卷

孟子·告子上

题解

孟子在本篇主要阐述了人性本善，及一些与之相关的问题。孟子还阐述了仁、理、义等，告诫人们不要毁伤人的本性去纳入仁义，而是要培养人的本性、心性、心志，也就是培养自身，养其大体。孟子还希望人们要发挥主观能动性，学习要专心致志，要有规矩，要把丧失的良心找回来。孟子还要求人们舍生取义，保持气节，修其天爵，即仁、义、忠、信，以仁战胜不仁。

原文

告子曰："性犹杞柳也①，义犹杯棬也②；以人性为仁义，犹以杞柳为杯棬。"孟子曰："子能顺杞柳之性而以为杯棬乎？将戕贼杞柳而后以为杯棬也？如将戕贼杞柳而以为杯棬③，则亦将戕贼人以为仁义与？率天下之人而祸仁义者，必子之言夫？"

注释

① 杞柳：亦称红皮柳。落叶丛生灌木。
② 杯棬（quān）：亦作"杯棬"、"杯圈"。一种大杯。
③ 戕（qiāng）贼：伤害，损害。

译文

告子说："人的本性就像杞柳，义就像大杯；把人的本性纳入仁义，就好像用杞柳来制作大杯。"孟子说："你是顺着杞柳的天然性质做成大杯呢？还是要破坏杞柳的天然性质去做成大杯呢？如果破坏杞柳的天然性质然后做成大杯，那么，也可以毁伤人的本性后纳入仁义吗？让天下的人都来祸害仁义，一定是你的这种理论了！"

原文

告子曰："性犹湍水也①，决诸东方则东流，决诸西方则西流。人性之无分于善不善也，犹水之无分于东西也。"孟子曰："水信无分于东西，无分于上下乎？人性之善也，犹水之就下也。人无有不善，水无有不下。今夫水，搏而跃之，可使过颡②；激而行之，可使在山。是岂水之性哉？其势则然也。人之可使为不善，其性亦犹是也。"

中国家庭基本藏书

① 湍（tuān）：急流的水。
② 颡（sǎng）：额头。

告子说："人性就像急流的水，向东方决口就向东流，向西方决口就向西流。人性也不分善和不善，就好像水不分东面和西面。"孟子说："水确实不分东面和西面，难道也不分向上或向下吗？人性的善良，就好像水向低处流一样。人没有不善良的，水也没有不向低处流的。现在有水，拍击使它飞溅起来，可以高过额头；阻遏使它倒流，可以把它引到山上。这难道是水的本性吗？是形势迫使它这样罢了。之所以可以让人去做不善的事情，其本质和水的情况一样。"

告子曰："生之谓性①。"孟子曰："生之谓性也，犹白之谓白与？"曰："然。""白羽之白也，犹白雪之白；白雪之白犹白玉之白与？"曰："然。""然则犬之性犹牛之性，牛之性犹人之性与？"

①生之谓性：生，这里泛指一切事物的产生。性，指事物的自然性质。

告子说："天生的自然性质叫做性。"孟子问道："天生的自然性质叫做性，就好像一切物体的白色叫做白吗？"答道："是的。"（孟子又问道：）"白羽毛的白色，就如同白雪的白色；白雪的白色就如同白玉的白色吗？"答道："是的。"（孟子又问道：）"那么，狗的自然性质就如同牛的自然性质，牛的自然性质就如同人的自然性质吗？"

告子曰："食色，性也①。仁，内也，非外也；义，外也，非内也。"孟子曰："何以谓仁内义外也？"曰："彼长而我长之，非有长于我也；犹彼白而我白之，从其白于外也，故谓之外也。"曰："异于白马之白也②，无以异于白人之白也；不识长马之长也，无以异于长人之长与？且谓长者义乎？长之者义乎？"曰："吾弟则爱之，秦人之弟则不爱也，是以我为悦者也，故谓之内。长楚人之长，亦长吾之长，是以长为悦者也，故谓之外也。"曰:"耆秦人之炙③,无以异于耆吾炙,夫物则亦有然者也,然则耆炙亦有外欤?"

① 食色,性也:《礼记·礼运》:"饮食男女;人之大欲存焉。"
② 异于:二字疑为衍文。
③ 耆:同"嗜"。 炙:烤熟的肉。

告子说:"饮食男女,这是人的本性。仁是内在的东西,不是外在的东西;义是外在的东西,而不是内在的东西。"孟子说:"为什么说仁是内在的东西,义是外在的东西呢?"答道:"因他年纪大我才对他尊敬,这尊敬不是我生来就有的;就好像那东西是白的,我就认为它是白的,是根据在我之外的白色的外表而这样认为的,所以说是外在的东西。"(孟子)说:"白马的白色和白人的白色,是没有什么不同的;但不知对老马的尊敬及对老人的尊敬,是不是也没有什么不同呢?再即你所说的义,是说老人呢?还是说尊敬老人的人呢?"答道:"是我的弟弟就爱他,是秦国人的弟弟就不爱他,是由于我内心乐意这样做,所以说是内在的东西。尊敬楚国的老人,也尊敬自己的老人,是由于他们都是老人,我才乐意这样做的,所以说是外在的东西。"(孟子)说:"喜欢吃秦国人的烤肉,和喜欢吃自己的烤肉,没有什么不同,其他事物也有类似的情形,那么,喜欢吃烤肉也是外在东西吗?"

孟季子问公都子曰①:"何以谓义内也?"曰:"行吾敬,故谓之内也。""乡人长于伯兄一岁,则谁敬?"曰:"敬兄。""酌则谁先②?"曰:"先酌乡人。""所敬在此,所长在彼,果在外,非由内也。"公都子不能答,以告孟子。孟子曰:"敬叔父乎?敬弟乎?彼将曰:'敬叔父。'曰:'弟为尸③,则谁敬?'彼将曰:'敬弟。'子曰:'恶在其敬叔父也?'彼将曰:'在位故也。'子亦曰:'在位故也。'庸敬在兄④,斯须之敬在乡人。"季子闻之,曰:"敬叔父则敬,敬弟则敬,果在外,非由内也。"公都子曰:"冬日则饮汤,夏日则饮水,然则饮食亦在外也?"

① 孟季子:其人不详。
② 酌(zhuó):斟酒。
③ 尸:古代代表死者受祭的活人。
④ 庸:平时。

孟季子问公都子说:"为什么说义是内在的东西呢?"答道:"恭敬来自我的内心,所以说是内在的东西。""本乡人比你哥哥年纪大一岁,那你尊敬谁呢?"答道:"尊敬哥哥。""先给谁斟酒?"答道:"先给本乡年长的人。""心里尊敬你哥哥,表面又恭敬本乡长者,可见义是外在的,并不是出自内心的。"公都子不能够回答,就去告诉孟子。孟子说:"(你这样说:)是尊敬叔叔呢? 还是尊敬弟弟呢? 他会说,'尊敬叔父'。(你)再说:'弟弟如果做了代表死者受祭的人,那又尊敬谁呢?'他会说:'尊敬弟弟。'你就说:'那为什么又说尊敬叔父呢?'他会说:'是弟弟在那个位置的缘故。'你也说:'是本乡长者在那个位置的缘故。'平时尊敬的是哥哥,暂时尊敬的是本乡的长者。"季子听到这话后说:"尊敬叔叔是尊敬,尊敬弟弟也是尊敬,毕竟义是外在的,不是由内心发出的。"公都子说:"冬天喝热水,夏天却喝凉水,那么,难道饮食也是外在的东西吗?"

　　公都子曰:"告子曰:'性无善无不善也。'或曰:'性可以为善,可以为不善;是故文武兴,则民好善;幽厉兴,则民好暴。'或曰:'有性善,有性不善;是故以尧为君而有象;以瞽瞍为父而有舜;以纣为兄之子,且以为君,而有微子启、王子比干。'今曰'性善',然则彼皆非与?"

　　孟子曰:"乃若其情,则可以为善矣,乃所谓善也。若夫为不善,非才之罪也。恻隐之心,人皆有之;羞恶之心,人皆有之;恭敬之心,人皆有之;是非之心,人皆有之。恻隐之心,仁也;羞恶之心,义也;恭敬之心,礼也;是非之心,智也。仁义礼智,非由外铄我也①,我固有之也,弗思耳矣。故曰:'求则得之,舍则失之。'或相倍蓰而无算者,不能尽其才者也。《诗》曰②:'天生蒸民,有物有则。民之秉彝,好是懿德。'孔子曰:'为此诗者,其知道乎! 故有物必有则;民之秉彝也,故好是懿德。'"

　　①铄:给;授。
　　②《诗》曰以下:见《大雅·烝民篇》。"烝民",《诗》作"烝民",《毛传》云:"烝,众;物,事;则,法;彝,常;懿,美也。"《郑笺》云:"秉,执也。"

　　公都子说:"告子说:'人性没有什么善良,也没有什么不善良。'也有人说:'人性可以让它善良,也可以让它不善良;所以周文王和周武王统治时期,民众就

中国家庭基本藏书

趋向善良；周幽王和周厉王统治时期，民众就趋向横暴。'也有人说：'有的人本性善良，有的人本性不善良；所以尧那样的圣贤当君主时，却有像这样不好的民众；而瞽瞍那样的父亲却有舜这样好的儿子；像纣这样坏的侄儿，还做了君主，并且有微子启、王子比干(等贤人辅佐)。'如今说'人性善良'，那么，他们说的都错了吗？"

孟子说："从人的天生资质看，是可以使他善良的，这就是我所说的人性善良。至于有些人做不善良的事情，并不是他们天生资质的过错。对别人的不幸表示怜悯的心，人人都有；羞耻惭愧的心，人人都有；谦让而有礼貌的心，人人都有；判断对错的心，人人都有。对别人的不幸表示怜悯的心，是仁的表现；羞耻惭愧的心，是义的表现；谦让而有礼貌的心，是礼的表现；判断对错的心是智的表现。仁义礼智，并不是外界强加给我的，而是我本身就固有的，不过不曾思考它罢了。所以说：'追求，就会得到，放弃，就会失去。'人们之间所以能相差一倍、五倍，甚至无数倍，主要是不能充分发挥天生资质的缘故。《诗经》中说：'天生育众民，有各样的事物，有各样的规则。民众掌握了那些不变的规则，并喜爱那些优良的品德。'孔子说：'作这首诗的人，是很懂得道理的呀！确实有这个事物，就有这个事物存在的规则；民众了解掌握住这些规则，就会喜爱那优良的品德。'"

原文

孟子曰："富岁，子弟多赖①；凶岁，子弟多暴，非天之降才尔殊也，其所以陷溺其心者然也。今夫辫麦②，播种而耰之③。其地同，树之时又同，浡然而生④，至于日至之时⑤，皆熟矣。虽有不同，则地有肥硗⑥，雨露之养，人事之不齐也。故凡同类者，举相似也，何独至于人而疑之？圣人，与我同类者。故龙子曰：'不知足为屦，我知其不为蒉也⑦。'屦之相似，天下之足同也。

"口之于味，有同耆也；易牙先得我口之所耆者也⑧。如使口之于味也，其性与人殊，若犬马之与我不同类也，则天下何耆皆从易牙之于味也？至于味，天下期于易牙，是天下之口相似也。惟耳亦然。至于声，天下期于师旷，是天下之耳相似也。惟目亦然。至于子都⑨，天下莫不知其姣也。不知子都之姣者，无目者也。故曰，口之于味也，有同耆焉；耳之于声也，有同听焉；目之于色也，有同美焉。至于心，独无所同然乎？心之所同然者何也？谓理也，义也。圣人先得我心之所同然耳。故理义之悦我心，犹刍豢之悦我口⑩。"

① 赖：同"懒"。懒惰。

② 麰（móu）麦：大麦。

③ 耰（yōu）：农具名。形如锄头，用来击碎土块，平整土地。文中指播种后用耰平土，掩盖种子。

④ 浡然：旺盛貌。

⑤ 日至：指夏至和冬至。文中指夏至。

⑥ 硗（qiāo）：土地坚硬而瘠薄。

⑦ 蒉（kuì）：草编的筐子。

⑧ 易牙：春秋时齐桓公宠幸的近臣。长于调味，善逢迎，相传曾烹其子为羹以献齐桓公。

⑨ 子都：春秋时郑国的美男子。

⑩ 刍豢：朱熹注："草食曰刍，牛羊是也；谷食曰豢，犬豕是也。"此泛指家畜。也用以指祭祀用的牺牲。

孟子说："丰年，年轻人大多懒惰；灾年，年轻人大多横暴。这不是由于天生资质不同所造成的，是由于受客观环境影响所造成的。比如像大麦，播种后用耰平土，掩盖种子。如果土地相同，播种的时间又一样，便苗壮地生长，到了夏至时，就都成熟了。即便有些不同，那也是因为土地的肥瘠、雨水的多少、人对土地的料理勤惰不同等原因造成的。所以凡是同一类的事物，其情况都是大致相同的，为什么一讲到人就怀疑不是这样呢？圣人，也和我们是同一个物类。所以龙子说：'不知道脚的大小就去编草鞋，我知道他编不成筐子。'草鞋之所以相似，是因为天下人的脚大致相同。

"口对于味道，有着相同的嗜好；易牙是预先了解了我们的口喜欢什么味道的人，假如口对于味道，人人各不一样，就像狗马和我们不属同一类动物一样，那么，天下的人为什么都喜欢易牙的口味呢？说到味道，天下人都想做到易牙那样，这说明天下人的口味是大致相同的。耳朵也是这样，就像声音，天下人都想做到师旷那样，说明天下人的听觉也是大致相同的。眼睛也是这样，就像子都，天下没有人不知道他长得好。不认为子都长得好，是没有眼睛的人。所以说，口对于味道，有相同的嗜好；耳朵对于声音，有相同的听觉；眼睛对于色彩，有相同的美感。说到心，难道它就没有相同的地方吗？心所相同的地方是什么呢？应该说是理，是义。圣人早已懂得了我们的心所相同的地方了。所以用理义来感悦我们的心灵，就好像用家畜的肉让我感到口味很美一样。"

孟子曰："牛山之木尝美矣①，以其郊于大国也②，斧斤伐之，可以为美乎？是其日夜之所息，雨露之所润，非无萌蘖之生焉③，牛羊又从而牧之，是以若彼濯濯也④。人见其濯濯也，以为未尝有材焉，此岂山之性也

中国家庭基本藏书

哉？虽存乎人者，岂无仁义之心哉？其所以放其良心者，亦犹斧斤之于木也。旦旦而伐之，可以为美乎？其日夜之所息，平旦之气，其好恶与人相近也者几希，则其旦昼之所为⑤，有梏亡之矣⑥。梏之反复，则其夜气不足以存；夜气不足以存，则其违禽兽不远矣。人见其禽兽也，而以为未尝有才焉者，是岂人之情也哉？故苟得其养，无物不长；苟失其养，无物不消。孔子曰：'操则存，舍则亡；出入无时，莫知其乡⑦。'惟心之谓与？"

注释

① 牛山：在今山东淄博市临淄南。

② 大国：指临淄，为当时的大都市。

③ 蘖（niè）：树木的嫩芽。亦指树木被砍伐后所生的新芽。

④ 濯濯：赵岐注："濯濯，无草木之貌。"

⑤ 旦昼：白昼；赵岐注："旦昼，昼日也。"

⑥ 梏亡：因受束缚而致丧失。梏（gù），古代木制的手铐。亦指械系；拘禁。

⑦ 乡：通"向"。

译文

孟子说："牛山上的树木曾经非常繁茂，因为它地处大都市的郊外，（人们）经常用斧子去砍伐，怎么能保持繁茂呢？当然它日日夜夜生长，雨露滋润，不是没有新枝嫩芽在生长出来，但接着又因牛羊在此放牧，所以就变成现在那样光秃秃的了。人们看见牛山那光秃秃的样子，便认为此山从来没有长过大的树木，这难道是山的自然性质吗？就拿人来说，难道没有仁义之心吗？他之所以丧失自己的善心，也就像斧子对于树木一样，天天去砍伐它，能够生长得繁茂吗？他的善心日日夜夜生长，天亮以后又表现出生命的气息，他的爱好与憎恶和一般人也大致差不多，但从他白天的遭遇看，他因被摧残生命力就都丧失了。因反复地摧残，那么他夜里产生的生命气息就不能够存在了；夜里产生的生命气息不复存在，他就和禽兽相差不远了。人们把他看成禽兽，便认为他从来没有过人的资质，这难道是人的本性吗？所以，只要得到滋养，什么东西都会生长；如果失去滋养，什么东西都会消亡。孔子说：'掌握它，就存在；舍弃它，就消亡；出来进去没有个固定时间，不知它去向何方。'这是在说人心吧？"

原文

孟子曰："无或乎王之不智也①。虽有天下易生之物也，一日暴之②，十日寒之，未有能生者也。吾见亦罕矣，吾退而寒之者至矣，吾如有萌焉何哉？今夫弈之为数③，小数也；不专心致志，则不得也。弈秋，通国之善弈者也。使弈秋诲二人弈，其一人专心致志，惟奕秋之为听。一人虽听之，一心以为有鸿鹄将至[4]，思援弓缴而射之[5]，虽与之俱学，弗若之矣。为是其智弗若与？曰：非然也。"

① 或：同"惑"。困惑；迷乱。
② 暴（pù）：同"曝"，晒。
③ 弈之为数：弈，围棋。数，技艺。
④ 鸿鹄：鸟名，即天鹅。这种鸟飞得很高。
⑤ 缴（zhuó）：系在箭上的丝绳，射鸟用。

孟子说："对王的不明智，不要感到奇怪。即使天下有一种很容易生长的植物，一天暴晒它，十天冷冻它，也是不能够生长的。我见王的次数很少了，我退出以后，引诱他学坏的小人就来了，我对他内心刚刚产生的善良念头怎么办呢？现在拿下围棋来说，这是个小技艺，但如果不一心一意，也是学不好的。弈秋是全国棋艺最好的。让弈秋教二人下棋，其中一人一心一意，专心听弈秋教诲。另一人虽然也听着，但心里却以为天鹅就要飞来，想着怎样拿弓用系生丝缕的箭去射它。这样，虽然和别人一起学习，成绩却不如人家。是因为他不如人家聪明吗？答案：不是这样的。"

孟子曰："鱼，我所欲也，熊掌，亦我所欲也；二者不可得兼，舍鱼而取熊掌者也。生，亦我所欲也，义，亦我所欲也；二者不可得兼，舍生而取义者也。生亦我所欲，所欲有甚于生者，故不为苟得也；死亦我所恶，所恶有甚于死者，故患有所不辟也。如使人之所欲莫甚于生，则凡可以得生者，何不用也？使人之所恶莫甚于死者，则凡可以辟患者，何不为也？由是则生而有不用也，由是则可以辟患而有不为也，是故所欲有甚于生者，所恶有甚于死者。

"非独贤者有是心也，人皆有之，贤者能勿丧耳。一箪食，一豆羹①，得之则生，弗得则死，呼尔而与之②，行道之人弗受；蹴尔而与之③，乞人不屑也；万钟则不辨礼义而受之。万钟于我何加焉？为宫室之美，妻妾之奉，所识穷乏者得我与？乡为身死而不受，今为宫室之美为之；乡为身死而不受，今为妻妾之奉为之；乡为身死而不受，今为所识穷乏者得

中国家庭基本藏书

我而为之，是亦不可以已乎？此之谓失其本心。"

中国家庭基本藏书

诸子百家卷

① 豆：古代食器。形似高足盘，或有盖。用以盛放食物。多为陶质，也有木质和青铜的。

② 呼：呼喝，表示轻蔑地、不尊重地叫喊。

③ 蹴（cù）：踢。赵岐注："蹴，蹋也。"

孟子说："鱼是我想得到的，熊掌也是我想得到的；二者如果不能同时获得，就舍弃鱼而要熊掌。生命是我所希望拥有的，义也是我希望拥有的；二者如果不能同时获得，就舍弃生命而拥有义。生命是我希望拥有的，如果想拥有的东西超过生命，那么，我是不会苟且偷生的；死亡是我所厌恶的，如果所厌恶的东西有超过死亡的，那么，有了祸患我是不会躲避的。如果人所拥有的东西没有超过生命的，那么，凡是可以求得生存的手段，怎么能不使用呢？如果人所厌恶的东西没有超过死亡的，那么，凡是可以躲避祸患的事情，有什么不能做呢？（但有些人）这样做可以生存而不这样做，这样做可以躲避祸患也不去这样做，这说明人们所希望拥有的东西有超过生命的，所厌恶的东西有超过死亡的。

"不仅是贤人有这种心理，而是人人都有这种心理，只是贤人不会丧失它罢了。一筐饭，一盘汤，得到就能够活下去，得不到就会死去，吆喝着给人，路上的行人不会接受；用脚踢着给人，就是乞丐也不屑于接受；（然而有的人对）万钟俸禄不去分辨它是否合于礼义就接受了。万钟俸禄对我能增加什么呢？是住宅的华丽，是妻妾的供养，所认识的穷困人能得到我的施舍？过去宁死而不接受的，今天为了华丽的住宅而接受了；过去宁死而不接受的，今天为了妻妾的供养而接受了；过去宁死而不接受的，今天却为了所认识的穷困人能得到我的施舍而接受了，这些不都是可以放弃的吗？这就叫做丧失了本有的善心。"

孟子曰："仁，人心也；义，人路也。舍其路而弗由，放其心而不知求，哀哉！人有鸡犬放，则知求之；有放心而不知求。学问之道无他，求其放心而已矣。"

孟子说："仁是人的心；义是人的路。舍弃这条路不走，丢失这颗心而不知道去寻找，太可悲了！人的鸡和狗丢失了，都知道去寻找；但善良的心丢失了，却不知道去寻找。学问的道理没有别的什么，不过是把丢失的善心找回来罢了。"

孟子曰："今有无名之指屈而不信①，非疾痛害事也，如有能信之者，则不远秦楚之路，为指之不若人也。指不若人，则知恶之；心不若人，则不知恶，此之谓不知类也。"

①信：同"伸"。

孟子说："现在有个人，他的无名指弯曲不能伸直，虽然不很痛也不妨碍做事，如果有人能够把它伸直，就是前往秦国楚国那样远的路也要去，就是因为指头不像别人的一样。指头不像别人的，就知道不好；心不像别人，竟不知道不好，这就叫做分不清轻重。"

孟子曰："拱把之桐梓①，人苟欲生之，皆知所以养之者。至于身，而不知所以养之者，岂爱身不若桐梓哉？弗思甚也。"

①拱把：拱，两手合围；把，一手所握。常用来比拟树木枝干的大小。

孟子说："一株两把粗的桐树或梓树，人要是让它生长起来，都知道怎样去养护它们。至于人自身，却不知道怎样来教养，难道是爱自身还不如爱桐树和梓树吗？真是太不开窍了。"

孟子曰："人之于身也，兼所爱。兼所爱，则兼所养也。无尺寸之肤不爱焉，则无尺寸之肤不养也。所以考其善不善者，岂有他哉？于己取之而已矣。体有贵贱，有小大。无以小害大，无以贱害贵①。养其小者为小人，养其大者为大人。今有场师，舍其梧槚②，养其樲棘③，则为贱场师焉。养其一指而失其肩背，而不知也，则为狼疾人也④。饮食之人，则人贱之矣，为其养小以失大也。饮食之人无有失也，则口腹岂适为尺寸之肤哉⑤？"

中国家庭基本藏书

①贵贱小大：朱熹集注："贱而小者，口腹也；贵而大者，心志也。"

②梧槚：梧，梧桐；槚（jiǎ），楸树。两者为当时较常见的乔木。

③樲（èr）棘：植物名，即酸枣。

④狼疾：同："狼藉"。昏乱；糊涂。

⑤适：通"啻"。仅仅；不过。

孟子说："人对于身体，所有的部位都要爱护。所有的部位都爱护，那所有的部位就都要保养。没有一尺一寸的皮肤不爱护，便没有一尺一寸的皮肤不保养。所以考察某人好与不好，难道有什么别的办法吗？只要看看他注重自己身体的哪一部位就可以了。身体有高贵的部位，有低贱的部位；有小的部位，有大的部位。不要让小的部位损害大的部位，不要让低贱的部位损害高贵的部位。注意保养自身小的部位是小人，注意保养自身大的部位是大人。现在有一个园艺师，舍弃梧桐、楸树等乔木，而去种植酸枣树，这就是个很差的园艺师。有人因保养他的一个指头而失去了他的肩膀脊背，而自己还不知道，那他就是个很糊涂的人了。只注重吃喝的人，是人们所轻视的，因为他只注重保养小的部位而丧失了大的部位。如果注重吃喝的人没有失去什么，那么，吃喝难道就仅仅是为了口腹那一小部分吗？"

公都子问曰："钧是人也①，或为大人，或为小人，何也？"孟子曰："从其大体为大人，从其小体为小人。"曰："钧是人也，或从其大体，或从其小体，何也？"曰："耳目之官不思②，而蔽于物。物交物，则引之而已矣。心之官则思，思则得之，不思则不得也。此天之所与我者③。先立乎其大者，则其小者不能夺也。此为大人而已矣。"

①钧：同"均"。

②官：器官。

③我：广义指人类。

公都子问道："同样是人，有的成为伟大的人，有的成为渺小的人，是什么原因呢？"孟子说："满足身体大部位需要的是伟大的人，满足身体小部位需要的是渺小的人。"问道："同样是人，有的满足身体大的部位，有的满足身体小的部位，是为什么呢？"答道："耳朵眼睛这类器官不能思考，所以容易被其他物体所蒙蔽。

(耳朵眼睛也是物体，)物体和物体接触，那就被吸引去了。心脏这个器官的功能就是思考，思考就会有所收获，不思考就不会有收获。这个器官是天给我们的。要先重视这个大的器官，那些小的器官就不能夺走善心了。这样就可以成为伟大人物了。"

孟子曰："有天爵者，有人爵者。仁义忠信，乐善不倦，此天爵也；公卿大夫，此人爵也。古之人修其天爵，而人爵从之。今之人修其天爵，以要人爵；既得人爵，而弃其天爵，则惑之甚者也，终亦必亡而已矣。"

孟子说："有上天的爵位，有人间的爵位。仁义忠信，好善而不知疲倦，这是上天的爵位；公卿大夫，这是人间的爵位。古代的人修好上天的爵位，那样，人间的爵位就会随着来了。现在的人修好上天的爵位，去追求人间的爵位；当得到人间的爵位，就会放弃上天的爵位，那实在太糊涂了，这样最终必然会导致灭亡的。"

孟子曰："欲贵者，人之同心也。人人有贵于己者，弗思耳矣。人之所贵者，非良贵也。赵孟之所贵[1]，赵孟能贱之。《诗》云[2]：'既醉以酒，既饱以德。'言饱乎仁义也，所以不愿人之膏粱之味也[3]；令闻广誉施于身，所以不愿人之文绣也[4]。"

[1] 赵孟：即赵盾，或称赵宣子，春秋时晋国的掌权大臣。
[2]《诗》云以下：见《大雅·既醉》。
[3] 愿：倾慕。 膏粱：精美的食品。赵岐注："细粱如膏者也。"另朱熹注以膏为肥肉。粱为美谷，亦通。
[4] 文绣：有绣花的锦帛，用做衣服。赵岐注："文绣，绣衣服也。"

孟子说："希望尊贵，是人们的共同心理。人人都有自己值得尊贵的东西，只是没有想到罢了。人们所尊贵的，不一定真的值得尊贵。赵孟所尊贵的，赵孟也能使他下贱。《诗经》中说：'既要喝酒到醉，也要使德充足。'这是说人要拥有充足的仁义，因此不必去羡慕别人精美食品的味道；让好的名声荣誉加在自己身上，因此不必去羡慕别人身上的绣花衣裳。"

中国家庭基本藏书

原文

孟子曰："仁之胜不仁也，犹水胜火。今之为仁者，犹以一杯水救一车薪之火也；不熄，则谓之水不胜火，此又与于不仁之甚者也。亦终必亡而已矣。"

 译文

孟子说："仁能胜过不仁，就像水可以灭火一样。如今实行仁的人，就像用一杯水去救一车木柴燃着的火一样；火没有熄灭，就说是水不能够灭火，于是就助长了人们的不仁做法。这样最终也必然会导致灭亡的。"

 原文

孟子曰："五谷者，种之美者也；苟为不熟，不如荑稗①。夫仁，亦在乎熟之而已矣。"

 注释

①荑（tí）稗：即"稊稗"，一种形似稗的草，实如小米。

 译文

孟子说："五谷是所种植物中的好品种，如果长不成熟，不如荑稗那种草。而仁，也要让它成熟才能真正表现出来。"

原文

孟子曰："羿之教人射，必志于彀①；学者亦必志于彀。大匠诲人必以规矩，学者亦必以规矩。"

注释

①彀（gòu）：张满弓弩。

 译文

孟子说："后羿教人学习射箭，一定要把弓拉满。学习的人也一定要努力把弓拉满。技术高深的工匠教人一定要依照规矩，学习的人也一定要依照规矩。"

◎告子下

本篇孟子阐述和宣扬了礼、孝、仁、善等思想，认为这些都是人生在世应该做到的，或非常重要的方面。在立国施政方面，孟子还讲到应该行仁政、闻善言。鉴于当时列国纷争的现实，孟子对厚古薄今表示了不满。此外，孟子还阐述了入仕的三原则和去仕的三原则，论述了生于忧患、死于安乐的社会发展现象及不教为教等。孟子还论述了税率的收取额度，是其经济思想的重要表现。

任人有问屋庐子曰①："礼与食孰重？"曰："礼重。""色与礼孰重？"曰："礼重。"曰："以礼食，则饥而死；不以礼食，则得食，必以礼乎？亲迎②，则不得妻；不亲迎，则得妻，必亲迎乎？"屋庐子不能对，明日之邹以告孟子。

孟子曰："于答是也，何有？不揣其本③，而齐其末，方寸之木可使高于岑楼④。金重于羽者，岂谓一钩金与一舆羽之谓哉⑤？取食之重者与礼之轻者而比之，奚翅食重⑥？取色之重者与礼之轻者比之，奚翅色重？往应之曰：'绐兄之臂而夺之食⑦，则得食；不绐，则不得食，则将绐之乎？逾东家墙而搂其处子⑧，则得妻；不搂，则不得妻；则将搂之乎？'"

①任：古国名，在今山东济宁市。战国时灭亡。　屋庐子：孟子的学生，名连。
②亲迎：古代婚礼"六礼"之一。新婿亲至女家迎娶。
③揣：估量；忖度。
④岑楼：朱熹注："岑楼，楼之高锐似山者。"
⑤一钩金：重当时的三分之一两。钩，同"钩"。
⑥奚翅：同"奚啻"。朱熹注："奚翅，犹言何但，言其相去悬绝，不但有轻重之差而已。"
⑦绐（zhěn）：扭转；弯曲。
⑧搂（lóu）：牵引；拉拢。朱熹集注："搂，牵也。"　处子：处女，或处士。本文中指处女。

任国有个人问屋庐子说："礼和食哪样重要？"答道："礼重要。"（又问：）"情欲和礼哪样重要？"答道："礼重要。"问道："依照礼的要求去寻求食物，那么会饥饿

中国家庭基本藏书

死去；不依照礼的要求去寻求食物，就会得到食物，这样，还一定要依照礼的要求去做吗？依照礼迎亲，就娶不到妻子；不依照礼迎亲，就会娶到妻子，这样，还一定要行亲迎礼吗？"屋庐子不能做出回答，第二天就前往邹国，把这些话告诉孟子。

孟子说："回答这个问题，有什么难处呢？不估量它的基干部分是否一致，就去比较它的末梢部分，那么，一寸见方的小木块，可以让它比高耸的楼房还高。金子比羽毛重，难道说是让三分之一两重的金子和一车羽毛相比吗？拿食的重要方面和礼的不重要方面相比较，何止仅仅是吃食重要呢？拿情欲的重要方面和礼的不重要方面相比较，何止仅仅是情欲重要呢？你去这样回答他说：'扭住兄长的手臂，然后抢夺走他的食物，就能得到食物；不扭住，就得不到食物，那会去扭吗？翻过东面邻居的院墙，去拉扯人家的姑娘，就能娶到妻子；不拉扯，就娶不到妻子；那会去拉扯吗？'"

曹交问曰[1]："人皆可以为尧舜，有诸？"孟子曰："然。""交闻文王十尺，汤九尺，今交九尺四寸以长，食粟而已，如何则可？"曰："奚有于是？亦为之而已矣。有人于此，力不能胜一匹雏[2]，则为无力人矣；今曰举百钧[3]，则为有力人矣。然则举乌获之任[4]，是亦为乌获而已矣。夫人岂以不胜为患哉？弗为耳。徐行后长者谓之弟[5]，疾行先长者谓之不弟。夫徐行者，岂人所不能哉？所不为也。尧舜之道，孝弟而已矣。子服尧之服，诵尧之言，行尧之行，是尧而已矣。子服桀之服，诵桀之言，行桀之行，是桀而已矣。"曰："交得见于邹君，可以假馆，愿留而受业于门。"曰："夫道若大路然，岂难知哉？人病不求耳。子归而求之，有馀师[6]。"

① 曹交：其人不详。

② 一匹雏：一只小鸡。

③ 钧：古代的重量单位，合三十斤。

④ 乌获：战国时秦国力士。据说他能举千斤之重。

⑤ 弟：同"悌"。敬爱兄长，引申为顺从长上。赵岐注："悌，顺也。"

⑥ 馀：很多。

曹交问道："人人都可以成为尧舜，有这种说法吗？"孟子答道："有的。"（曹交又问道：）"我听说文王身高十尺，汤身高九尺，现在我身高九尺四寸多，只会吃粮食罢了，该怎么办才行呢？"（孟子）说："这有什么？只要努力去做就行了。这里有个人，力量比不过一只小鸡，那就是没有力量的人了；现在说能举起一百钧(即三千斤)，那就是有力量的人了。那么，举得起乌获所能举得起的重量，也就成为乌获了。人怎能以不胜任而感到忧愁呢？只是不去做罢了。跟在长者之后慢行，就叫做悌；快行抢在长者前面，叫做不悌。慢点走，难道是人不能够做到的吗？只是不去做罢了。尧舜的道德规范，不过就是孝和悌罢了。你穿尧的衣服，说尧的语言，做尧所做的事情，也就成为尧了。你穿桀的衣服，说桀的语言，做桀所做的事情，那就成为桀了。"(曹交)说："我能见到邹国的国君，可以借住到馆舍中，想留下来在您的门下学习。"(孟子)说："道就像大路一样，有什么难于了解的呢？只怕不寻求罢了。你回去寻求罢，老师多的是。"

公孙丑问曰："高子曰[①]：《小弁》[②]，小人之诗也。'"孟子曰："何以言之？"曰："怨。"曰："固哉，高叟之为诗也！有人于此，越人关弓而射之[③]，则己谈笑而道之；无他，疏之也。其兄关弓而射之，则己垂涕泣而道之；无他，戚之也[④]。《小弁》之怨，亲亲也。亲亲，仁也。固矣夫，高叟之为诗也！"

曰："《凯风》何以不怨[⑤]？"曰："《凯风》，亲之过小者也；《小弁》，亲之过大者也。亲之过大而不怨，是愈疏也；亲之过小而怨，是不可矶也[⑥]。愈疏，不孝也；不可矶，亦不孝也。孔子曰：'舜其至孝矣，五十而慕[⑦]。'"

① 高子：赵岐注："孟子弟子。"文中孟子称之为"高叟"，当年长于孟子。
②《小弁》：《诗·小雅》篇名。写一贵族统治集团中的人物，被其父弃逐后的幽怨。《诗序》以为"刺幽王"，谓"太子之傅作焉"。一说以为幽王太子宜臼被废，而作此诗。三家诗则指为宣王大臣尹吉甫之子伯奇所作，谓吉甫惑于后妻，伯奇被逐，因作此诗。
③ 关弓：关(wān)，通"弯"。关弓，同"弯弓"。拉满弓。
④ 戚：亲也。
⑤《凯风》：《诗·邶风》篇名。《诗序》说是赞美孝子的诗。
⑥ 矶：赵岐注："矶，激也。过小耳，而孝子感激，辄怨其亲，是亦不孝也。"
⑦ 慕：依恋。

公孙丑问道："高子说：'《小弁》，是写小人的诗。'是吗？"孟子说："为什么这样说呢？"答道："流露出幽怨。"(孟子)说："高老头把诗理解得太死板了！有个人在这里，越国人弯弓去射他，事后自己会谈笑着讲述这件事；这没有什么别的原因，是因为他和越国人关系疏远。如果是他的哥哥弯弓去射他，事后自己将哭哭

中国家庭基本藏书

啼啼地去讲述这件事；这没有什么别的原因，因为哥哥是自己的亲人。《小弁》所流露出的幽怨，实际是对亲人的热爱。对亲人的热爱，也就是仁的表现。太死板了，高老头理解诗呀！"

（公孙丑）说："《凯风》为什么没有流露出幽怨呢？"答道："《凯风》这首诗，所描述的亲人过错小；《小弁》这首诗，所描述的亲人过错大。亲人的过错大而没有露出幽怨，就是和亲人更加疏远了；亲人的过错小而流露出幽怨，可使小怨发展成恼怒。对待亲人（即父母）疏远是不孝；使小怨发展成恼怒，也是不孝。孔子说：'舜是最孝顺的人了，五十岁还依恋着父母。'"

原文

宋轻将之楚①，孟子遇于石丘，曰："先生将何之？"曰："吾闻秦楚构兵，我将见楚王说而罢之。楚王不悦，我将见秦王说而罢之。二王我将有所遇焉。"曰："轲也请无问其详，愿闻其指。说之将何如？"曰："我将言其不利也。"曰："先生之志则大矣，先生之号则不可。先生以利说秦楚之王，秦楚之王悦于利，以罢三军之师②，是三军之士乐罢而悦于利也。为人臣者怀利以事其君，为人子者怀利以事其父，为人弟者怀利以事其兄，是君臣、父子、兄弟终去仁义③，怀利以相接，然而不亡者，未之有也。先生以仁义说秦楚之王，秦楚之王悦于仁义，而罢三军之师，是三军之士乐罢而悦于仁义也。为人臣者怀仁义以事其君，为人子者怀仁义以事其父，为人弟者怀仁义以事其兄，是君臣、父子、兄弟去利，怀仁义以相接也，然而不王者，未之有也。何必曰利？"

注释

① 宋轻：又作宋钘、宋荣。战国时宋国人。著名学者。
② 三军：春秋时大国多设三军。后多用做军队的统称。
③ 终：竟；尽。

译文

宋轻到楚国去，孟子在石丘遇见了他，问道："先生要到什么地方去？"答道："我听说秦楚两国要打仗，我准备去见楚王劝说他罢兵。楚王要是不高兴，我再去见秦王劝说他罢兵。这两个国王中总会有同意我意见的。"（孟子）说："我不想问得很详细，只想听听要达到什么目的。你去说些什么呢？"答道："我准备说打仗会产生不好的后果。"（孟子）说："先生的目标是很大的，但先生的说法却不行。先生从利益的角度去游说秦楚的国王，秦楚的国王因喜好利益，而停止三军出征，这是让三军将士乐于罢兵，而去喜好利益。做臣子的为求得利益去服侍他的君主，做儿子的为求得利益去侍奉他的父亲，做弟弟的为求得利益去服侍他的哥哥，那就是让君臣、父子、兄弟之间完全失去了仁义，为求得利益而互相交往，这样不使国家灭亡的，是从来没有的。如果先生用仁义去游说秦楚的国王，秦楚的国王因喜好仁义，而停止三军出征，是让三军将士乐于罢兵，而去喜好仁义。做臣子的怀着仁义之心去服侍他的君主，做儿子的怀着仁义之心去侍奉他的父亲，做弟弟的怀着仁义之心去服侍他的哥哥，就会使君臣、父子、兄弟之间去掉追求利益的想法和行为，心怀仁义互相交往，这样做，他的国家还不能称王天下，是从来没有的。为什么一定要讲利益呢？"

孟子居邹，季任为任处守①，以币交，受之而不报。处于平陆②，储子为相，以币交，受之而不报。他日，由邹之任，见季子；由平陆之齐，不见储子。屋庐子喜曰："连得间矣。"问曰："夫子之任，见季子；之齐，不见储子，为其为相与？"曰："非也；《书》曰③：'享多仪④，仪不及物曰不享，惟不役志于享。'为其不成享也。"屋庐子悦。或问之。屋庐子曰："季子不得之邹，储子得之平陆。"

① 季任：任国国君的弟弟。任国，又称仍国。殷商至战国时的方国，在今山东微山县西北。
② 平陆：战国齐地，在今山东汶上县西北。
③《书》曰以下引文：见《尚书·洛诰》。
④ 多：推重；赞美。

孟子居住在邹国时，季任为任国留守，代理政务，送礼物以结交孟子，孟子接受了礼物但不回报。(孟子)在平陆居住时，储子为齐国的卿相，也送礼物以结交孟子，孟子接受了礼物但也不回报。有一天，孟子从邹国前往任国，拜访了季子；(但后来孟子)从平陆前往齐国，没有拜访储子。屋庐子高兴地说："从这两件事情中，我找到先生的失误了。"便问道："先生到任国，去拜访季子；到齐国，却不拜访储子，是因为储子仅是个卿相吗？"答道："不是。《尚书》中说：'享献值得推重的是仪节，仪节不足，礼物虽多，叫没有享献，因为他没有把心意用在享献上。'也就是他没有完成享献。"屋庐子很信服。有人问他。屋庐子说："季子不能亲自到邹国，储子能亲自到平陆。"

淳于髡曰："先名实者①，为人也；后名实者，自为也。夫子在三卿之

中国家庭基本藏书

中②,名实未加于上下而去之,仁者固如此乎?"孟子曰:"居下位,不以贤事不肖者,伯夷也;五就汤,五就桀者,伊尹也;不恶污君,不辞小官者,柳下惠也。三子者不同道,其趋一也。一者何也?曰:仁也。君子亦仁而已矣,何必同?"曰:"鲁缪公之时,公仪子为政③,子柳④、子思为臣,鲁之削也滋甚⑤;若是乎,贤者之无益于国也!"曰:"虞不用百里奚而亡,秦穆公用之而霸。不用贤则亡,削何可得与?"曰:"昔者王豹处于淇⑥,而河西善讴⑦;緜驹处于高唐⑧,而齐右善歌⑨;华周杞梁之妻善哭其夫而变国俗⑩。有诸内,必形诸外。为其事而无其功者,髡未尝睹之也。是故无贤者也;有则髡必识之。"曰:"孔子为鲁司寇,不用,从而祭,燔肉不至⑪,不税冕而行⑫。不知者以为为肉也,其知者以为为无礼也。乃孔子则欲以微罪行,不欲为苟去。君子之所为,众人固不识也。"

① 名实:名声和事功。朱熹集注:"名,声誉也;实,事功也。"

② 三卿:指上卿、亚卿、下卿。

③ 公仪子:可能是公仪休。《史记·循吏传》云:"公仪休者,鲁博士也,以高第为鲁相。奉法循礼,无所变更。"

④ 子柳:即泄柳。

⑤ 鲁之削也滋甚:鲁缪公之世,齐多次侵鲁,夺去了很多土地。

⑥ 王豹:齐国善于歌唱者。 淇:在今河南滑县东南淇门。

⑦ 河西:指黄河西岸。

⑧ 緜驹:当时善歌唱者。緜,同"锦"。 高唐:都邑名。春秋、战国齐地,在今山东禹城西南。

⑨ 齐右:古代如面向南,则东为左,西为右。地理上以西为右。高唐在齐之西部,故曰齐右。

⑩ 华周杞梁之妻善哭其夫:赵岐注:"华周,华旋也;杞梁,杞殖也。二人俱为齐将,伐莒而战败。"《说苑·善说》云:"昔华舟、杞梁战而死,其妻悲之,向城而哭,隅为之崩,城为之阤(崩颓)。"

⑪ 燔肉:古代祭祀用的烤肉。

⑫ 不税冕而行:赵岐注:"反归其舍,未及税解祭之冕而行。"税,通"脱"。

　　淳于髡说:"重视名誉功业是为了经世济民;轻视名誉功业是为了独善其身。先生位居齐国三卿之一,名誉和功业还没有显示于朝廷和民众,就要离去,仁人原本就是这样的吗?"孟子说:"处在低下的地位,不以自己的贤能去服侍不贤,伯夷就是这样的人;五次归附汤王,又五次归附桀王,伊尹就是这样的人;不嫌弃昏君,不拒绝职位低微,柳下惠就是这样的人。三位先生的做法不一样,实质是一致的。一致的是什么呢?叫做仁。君子只要做到仁就可以了,何必行为的表现相同?"(淳于髡)说:"鲁缪公在位时期,公仪子执掌国政,子柳、子思是朝中臣子,当时鲁国被削弱，一天甚过一天；面对如此情况，贤人对国家没有一点用处！"（孟子）说："虞国不用百里奚而遭到灭亡，秦穆公用百里奚而称霸一时。不任用贤人就会遭到灭亡，削地求和还能得到吗？"（淳于髡）说："过去王豹居住在淇地，于是河西的人就都善于歌唱；緜驹居住在高唐，齐国西部的人就都善于歌唱；华周、杞梁的妻子痛哭她们死去的丈夫，从而改变了国家的风尚。里面有什么，必然会在外表上表现出来。做了什么事情，而没有见到什么成效，我还没有见到这样的事。所以今天的情况是没有贤人；要是有贤人我一定会知道的。"（孟子）说："孔子做鲁国司寇，不被重用，跟随着去参加祭祀，祭祀用的肉也不见送来，于是没有脱掉祭祀时戴的冕就离开了。不了解的人还以为是祭肉的缘故，了解的人知道是因为失礼，孔子不能忍受才离开的。而孔子也是想背一点罪名走，不想随便就离开。君子的做法，众人是根本看不透的。"

原文

孟子曰："五霸者①，三王之罪人也②；今之诸侯，五霸之罪人也；今之大夫，今之诸侯之罪人也。天子适诸侯曰巡狩，诸侯朝于天子曰述职。春省耕而补不足，秋省敛而助不给。入其疆，土地辟，田野治，养老尊贤，俊杰在位，则有庆③，庆以地。入其疆，土地荒芜，遗老失贤，掊克在位④，则有让⑤。一不朝，则贬其爵；再不朝，则削其地；三不朝，则六师移之⑥。是故天子讨而不伐，诸侯伐而不讨。五霸者，搂诸侯以伐诸侯者也⑦，故曰，五霸者，三王之罪人也。五霸，桓公为盛。葵丘之会⑧，诸侯束牲载书而不歃血⑨。初命曰：'诛不孝，无易树子，无以妾为妻。'再命曰：'尊贤育才，以彰有德。'三命曰：'敬老慈幼，无忘宾旅。'四命曰：'士无世官，官事无摄，取士必得⑩，无专杀大夫。'五命曰：'无曲防⑪，无遏籴，无有封而不告。⑫'曰：'凡我同盟之人，既盟之后，言归于好。'今之诸侯皆犯此五禁，故曰：今之诸侯，五霸之罪人也。长君之恶其罪小，逢君之恶其罪大。今之大夫皆逢君之恶，故曰：今之大夫，今之诸侯之罪人也。"

①五霸：春秋时先后称霸的五个诸侯。即齐桓公、晋文公、楚庄王、吴王阖闾、越王勾践。一说指齐桓公、宋襄公、晋文公、秦穆公、楚庄王。

②三王：指夏禹、商汤、周文王；一说指夏禹、商汤和周代文王武王。

③庆：奖赏。

④掊克：聚敛贪狠。也指聚敛贪狠之人。

⑤则有让：朱熹《集注》云："自'入其疆'至'则有让'，言巡狩之事。"

中国家庭基本藏书

⑥六师移之：朱熹《集注》云："自'一不朝'至'六师移之'，言述职之事。"六师，即"六军"。《周礼·夏官·司马》："凡制军，万有二千五百人为军。王六军，大国三军，次国二军，小国一军。"后以六军泛指朝廷的军队。

⑦搂：拉拢。朱熹《集注》："搂，牵也。"

⑧葵丘：古邑名。春秋齐地，在今山东淄博市。或说宋地，在今河南民权县东北。

⑨诸侯束牲载书而不歃血：束牲，古代定盟多用牺牲，或杀，或不杀。不杀称为束牲，即束缚其牲也。载书，即盟书，记载盟约的文件。歃血，口含血。一说，以指蘸血，涂于口旁。古代订盟时的一种仪式。

⑩得：指得贤能的人。

⑪曲防：曲，曲折隐秘的地方。一说局部。防，防备；防范。一说防守，守御。

⑫无有封而不告：意即不要因私恩擅自封赏而不告知盟主。

译文

孟子说："五霸，是三王的罪人；当今的诸侯是五霸的罪人；当今的大夫，是当今诸侯的罪人。天子前往诸侯那里叫做巡狩，诸侯去朝见天子叫做述职。（天子巡狩，）春天视察耕种情况，并救济困难的人；秋天视察收获的情况，而资助交不起赋税的人。（天子巡狩，）进入一个诸侯国家，看到土地开辟，庄稼长得很好，老人得到奉养，贤人受到尊敬，杰出的人才都在官位上，这样就会奖赏，就是赏赐给土地。进入一个诸侯国家，看到土地荒废，老人被遗弃，贤人受不到尊敬，聚敛贪狠的人处在官位子上，那就会进行责罚。（从诸侯方面来说，）如果一次不去朝见天子述职，就降低他的爵位；二次不去朝见天子述职，就削减他的封地；三次不去朝见天子述职，就将六军派去。所以天子用武力是'讨'，而不是'伐'，诸侯用武力是'伐'，而不是'讨'。五霸，就是拉拢一些诸侯去攻伐另一些诸侯，所以说，五霸，是三王的罪人。五霸，以齐桓公最为兴盛。葵丘盟会时，诸侯捆绑了牺牲，写好了盟书，但没有举行歃血的仪式。初次盟约说：'诛杀不孝顺的人，不要更换太子，不要立妾为妻。'再次盟约说：'尊重贤人，培养人才，表彰品德高尚的人。'第三条盟约说：'尊敬老人，慈爱幼小，不要怠慢来宾和旅客。'第四条盟约说：'士人的官位不要世代承袭，官员职务不能互兼，选取的士人一定要得当，不能擅自杀死大夫。'第五条盟约说：'不要到处布防，不要禁止邻国来采购粮食，不要有所封赏而不报告盟主。'最后说：'所有参加会盟的人，在订立盟约以后，要互相友好。'现在的诸侯都违犯了这五条盟约的规定，所以说，今天的诸侯是五霸的罪人。助长君主胡作非为这个罪过还小，逢迎君主胡作非为这个罪过就大了。今天的大夫都逢迎君主胡作非为，所以说，今天的大夫，是今天诸侯的罪人。"

原文

鲁欲使慎子为将军①。孟子曰："不教民而用之，谓之殃民。殃民者，不容于尧舜之世。一战胜齐，遂有南阳②，然且不可。"慎子勃然不悦曰："此则滑釐所不识也。"曰："吾明告子。天子之地方千里；不千里，不足以待诸侯。诸侯之地方百里；不百里，不足以守宗庙之典籍。周公之封于鲁，为方百里也；地非不足，而俭于百里③。太公之封于齐也，亦为方百里也；地非不足也，而俭于百里。今鲁方百里者五，子以为有王者作，则鲁在所损乎，在所益乎？徒取诸彼以与此，然且仁者不为，况于杀人以求之乎？君子之事君也，务引其君以当道，志于仁而已。"

① 慎子：名滑釐。擅长用兵。
② 南阳：指今山东泰山以南、汶河以北地区。春秋时属鲁国，后入于齐国。
③ 俭：贫乏；不足。

鲁国想任命慎子做将军。孟子说："不教育民众就征用他们，叫做祸害民众。祸害民众的人，在尧舜统治时期是容不得的。一次战争就打败齐国，并因此得到了南阳，但这样是不可以的。"慎子发怒，不高兴地说："这是我所弄不清楚的。"（孟子）说："我明白地告诉你。天子的土地方圆一千里；不到一千里，便不能够接待诸侯。诸侯的土地方圆一百里；不到一百里，不能够奉守宗庙里历代相传的典章制度。周公被分封到鲁，应有方圆一百里的土地；土地并不是不够，而实际上少于一百里。太公被分封到齐，也应有方圆一百里的土地；土地并不是不够，而实际上少于一百里。今天鲁国的土地，已经有五个方圆一百里，你以为如果有圣王兴起，鲁国的土地会在减少之列呢，还是在增加之列呢？平白无故地取走这个的给了那个，这是仁人所不做的事情，何况杀人去求取土地呢？君子去服侍君王，务必要引导他的君主走正路，有志于实行仁政才是。"

孟子曰："今之事君者皆曰：'我能为君辟土地，充府库。'今之所谓良臣，古之所谓民贼也。君不乡道，不志于仁，而求富之，是富桀也。'我能为君约与国，战必克。'今之所谓良臣，古之所谓民贼也。君不乡道，不志于仁，而求为之强战，是辅桀也。由今之道，无变今之俗，虽与之天下，不能一朝居也。"

孟子说："今天服侍君主的人都说：'我能够给君主开拓土地，充实府库。'今天所说的良臣，正是古代所说的残害民众的人。君主不向往正道，无意于实行仁政，而想让他富有，这等于是让（残暴的）夏桀富有。（又说）'我能够为君主交结其他国

中国家庭基本藏书

家,使每战必胜。'今天所说的良臣,正是古代所说的残害民众的人。君主不向往正道,无意于实行仁政,而想让他战无不克,这等于是辅佐夏桀。顺着今天的道路走,不改变今天的风气,就是把天下给他,他连一天也坐不住。"

【原文】

白圭曰[1]:"吾欲二十而取一,何如?"孟子曰:"子之道,貉道也[2]。万室之国,一人陶,则可乎?"曰:"不可,器不足用也。"曰:"夫貉,五谷不生,惟黍生之[3];无城郭、宫室、宗庙、祭祀之礼,无诸侯币帛饔飧[4],无百官有司,故二十取一而足也。今居中国,去人伦,无君子[5],如之何其可也?陶以寡,且不可以为国,况无君子乎?欲轻之于尧舜之道者,大貉小貉也;欲重之于尧舜之道者,大桀小桀也。"

【注释】

①白圭:名丹,字圭(一作珪),战国时周人。曾提出贸易致富的理论。也是水利专家。
②貉:同"貊",古代北方的一个民族。
③黍:一年生草本植物,籽叫黍子,碾成米叫黄米,性黏,可酿酒。
④饔飧:早餐和晚餐。这里指饮食馈客之礼。
⑤去人伦,无君子:朱熹《集注》云:"无君臣祭祀交际之礼,是去人伦;无百官有司,是无君子。"

【译文】

白圭说:"我想把税额定为二十抽一,可以吗?"孟子说:"你的这种办法,是貉人的办法。一万户的国家,只有一个人制作陶器,那可以吗?"答道:"不可以,器物不够用的。"(孟子)说:"貉人居住的地方,不生长五谷,只生长黍子;没有内城、外郭、宫室、祖庙及祭祀礼仪,也没有诸侯国,也不互送礼物,也不行饮食馈客之礼。也没有官员和官府设置。所以税额定为二十抽一就够了。当今处于中原地区,不讲究人与人之间的伦常关系,不要各级官吏,那怎么能行呢?陶器少了,尚且不能够把国家搞好,何况没有官吏呢?想比尧舜时(十分抽一)的税额低,是大貉和小貉;想比尧舜时(十分抽一)的税额高,是大夏桀和小夏桀。"

【原文】

白圭曰:"丹之治水也愈于禹。"孟子曰:"子过矣。禹之治水,水之道也,是故禹以四海为壑[1]。今吾子以邻国为壑。水逆行谓之洚水。洚水者,洪水也,仁人之所恶也。吾子过矣。"

【注释】

①壑:朱熹《集注》曰:"壑,受水处也。"

白圭说："我治理水患的功效超过了大禹。"孟子说："您搞错了。禹治理水患，是顺着水的自然流向疏导的，所以禹把水引向了四海。今天先生却把水排向邻国。水逆流而行称做洚水。洚水就是洪水，是有仁爱之心的人所讨厌的。先生搞错了。"

孟子曰："君子不亮^①，恶乎执？"

①亮：谅直。即诚信正直。

孟子说："君子不诚信正直，怎么能执掌政权？"

鲁欲使乐正子为政^①。孟子曰："吾闻之，喜而不寐。"公孙丑曰："乐正子强乎？"曰："否。""有知虑乎？"曰："否。""多闻识乎？"曰："否。""然则奚为喜而不寐？"曰："其为人也好善^②。""好善足乎？"曰："好善优于天下，而况鲁国乎？夫苟好善，则四海之内皆将轻千里而来告之以善；夫苟不好善，则人将曰：'訑訑^③，予既已知之矣。^④'訑訑之声音颜色距人于千里之外^⑤。士止于千里之外，则谗谄面谀之人至矣^⑥。与谗谄面谀之人居，国欲治，可得乎？"

①乐正子：即乐正克。
②好善：指乐闻善言。
③訑訑（yí yí）：自满的样子。赵岐注："訑訑者，自足其智，不嗜善言之貌。"
④既：已经。
⑤距：通"拒"。抗拒。
⑥谗谄面谀：谗，说别人的坏话。谄，巴结奉承。谀，奉承，谄媚。

鲁国想让乐正子主持政务。孟子说："我听到这消息，高兴得睡不着觉。"公孙丑说："乐正子能力强吗？"答道："不。""有智慧、有主意吗？"答道："不。""广

中国家庭基本藏书

闻博识吗？"答道："不。""那么您为什么高兴得睡不着觉呢？"答道："他做人的长处是喜欢听有益的话。""仅仅喜欢听有益的话就够了吗？"答道："喜欢听有益的话，治理天下都应付有余，何况治理鲁国呢？如果喜欢听取善言，那么，四海之内的人都会不辞千里前来向他讲有益的话；如果不喜欢听取有益的话，那就会说：'呵呵！我早就都知道了。'呵呵的声音脸色就会把人拒之于千里之外了。士人止步于千里以外，那些爱说别人坏话，并喜欢当面阿谀奉承的人就来了。和那些爱说别人坏话，并喜欢当面阿谀逢迎的人处在一起，国家想治理好，能做到吗？"

原文

陈子曰①："古之君子何如则仕？"孟子曰："所就三，所去三。迎之致敬以有礼；言，将行其言也，则就之。礼貌未衰，言弗行也，则去之。其次，虽未行其言也，迎之致敬以有礼，则就之。礼貌衰，则去之。其下，朝不食，夕不食，饥饿不能出门户，君闻之，曰：'吾大者不能行其道，以不能从其言也，使饥饿于我土地，吾耻之。'周之，亦可受也，免死而已矣。"

注释

①陈子：陈臻。

译文

陈子说："古代的君子在什么情况下才去做官呢？"孟子说："接受官位的情况有三种，辞去官位的情况有三种。恭敬有礼貌地来迎接；提出的意见，将会被采纳实行，这样就留下做官。礼貌虽然没有减轻，但说的话已经不能付诸行动了，就辞职离去。其次，虽然所提的意见没有被采纳实行，但迎接得恭敬而且有礼貌，这样就留下做官。礼貌减轻后，就辞职离去。最下的是：早上没饭吃，晚上没饭吃，饿得出不了家门，君主知道后，说：'我从大的方面说不能实行他的学说，又不能听从他的建议，让他在我统治的土地上忍饥挨饿，我感到耻辱。'于是进行救济，这也可以接受，避免饿死罢了。"

原文

孟子曰："舜发于畎亩之中，傅说举于版筑之间①，胶鬲举于鱼盐之中②，管夷吾举于士③，孙叔敖举于海④，百里奚举于市。故天将降大任于是人也，必先苦其心志，劳其筋骨，饿其体肤，空乏其身，行拂乱其所为，所以动心忍性⑤，曾益其所不能⑥。人恒过，然后能改；困于心，衡于虑⑦，而后作；征于色，发于声，而后喻。入则无法家拂士，出则无敌国外患者⑧，国恒亡。然后知生于忧患而死于安乐也。"

① 傅说：商王武丁大臣。相传原是傅岩地方从事版筑的奴隶，后被武丁任为大臣，治理国政。

② 胶鬲：商大臣。

③ 管夷吾：即管仲。由鲍叔牙推荐，被齐桓公任命为卿，主持齐国政治。　士：狱官。管仲原是俘虏，等待判罪。

④ 孙叔敖：春秋时楚国期思（今河南淮滨东南）人，为楚庄王所重用。其举于海事史书记载不详，似与他末仕之前在海滨有关。

⑤ 忍性：赵岐注："坚忍其性。"

⑥ 曾：同"增"。

⑦ 衡：通"横"。充溢。

⑧ 入则无法家拂士，出则无敌国外患者：赵岐注："入，谓国内也；出，谓国外也。"拂，通"弼"。赵岐注："法度大臣之家，辅拂之士。"

　　孟子说："舜是从耕田种地中脱颖而出的，傅说是从筑墙的奴隶中提拔起来的，胶鬲是从捕鱼制盐的人群中提拔上来的，管夷吾是从狱官的束缚下推举出来的，孙叔敖是从海边提拔上来的，百里奚是从市井中提举上来的。所以天将要把重大的责任落实到那个人身上，一定要先苦痛他的心性志向，劳累他的筋骨，饥饿他的肌体，穷困他的身子，使他的行为不能称心如意，用这些来撼动他的意志，坚忍他的性情，增加他所欠缺的能力。人经常犯错误，然后才能改正；困扰于心中，长期地思虑，然后才能有所作为；表现在脸上，并讲述出来，才能被人们所知晓。国内如果没有通晓法度的大臣和辅佐的人才，国外没有敌对的国家和侵扰等外患，国家常常会被灭亡。这样，就知道忧愁祸患让人生存，安逸享乐让人灭亡的道理了。"

　　孟子曰："教亦多术也，予不屑之教诲也者，是亦教诲之而已矣。"

　　孟子说："教育也有很多方式方法，我不屑于去教诲某个人，这也是对某个人教诲的一种方式方法。"

中国家庭基本藏书

◎尽心上

题解

　　孟子通过论述强调了天命,要求人们顺天立命,但也强调了人们对自身之外的探求。强调了修身,认为立身应该做到:穷不失义,达不离道。孟子还对舜、杨子、墨子、伊尹等人的一些做法,进行了评述,突出赞扬了舜,并强调了圣人行为的感化作用。孟子还广泛地论述了一些修身处世的原则和方法,评述了一些社会现象,注意到环境对人的影响。

原文

　　孟子曰:"尽其心者,知其性也。知其性,则知天矣。存其心,养其性,所以事天也。夭寿不贰,修身以俟之,所以立命也。"

译文

　　孟子说:"竭尽了人的心力,就能够懂得人的本性。懂得了人的本性,也就懂得了天命。保有人的本心,培养人的本性,这就是对待天命的做法。寿命或短或长,都没有二心,只是修养自身等待天命,这就是安身立命的做法。"

原文

　　孟子曰:"莫非命也,顺受其正;是故知命者不立乎岩墙之下。尽其道而死者,正命也;桎梏死者①,非正命也。"

注释

　　①桎梏:类似后世的脚镣手铐,古代用来拘系罪人手脚的木制刑具。郑玄注:"在手曰梏,在足曰桎。"

译文

　　孟子说:"什么都是命运,顺理而接受是正命;所以懂得命运的人不站在有倾倒危险的墙下。尽力推行自己的学说主张而死的人,是正命;戴上脚镣手铐犯罪而死的人,不是正命。"

原文

　　孟子曰:"求则得之,舍则失之,是求有益于得也,求在我者也。求之有道,得之有命,是求无益于得也,求在外者也。"

孟子说："寻求就能得到，放弃就会失去，这样的寻求有益于获取，因这种寻求存在于我的本身。寻求有一定的方式，是否得到听从命运，如果寻求无益于获取，是因为所寻求的在自身之外。"

孟子曰："万物皆备于我矣。反身而诚，乐莫大焉。强恕而行①，求仁莫近焉。"

① 恕：儒家的理论范畴，谓以仁爱之心待人。

孟子说："所有的我都具备了。反省自身，忠诚实在，没有比这更大的快乐了。执着地依照仁爱之心去做事，求得仁德没有比这更直捷的了。"

孟子曰："行之而不著焉，习矣而不察焉，终身由之而不知其道者，众也。"

孟子说："这样做事却不明白(其中道理)，习惯了的却不去探知其原委，一生走在上面，却不了解是什么道路的人，是普通民众。"

孟子曰："人不可以无耻，无耻之耻，无耻矣。"

孟子说："人不能够不知羞耻，不知羞耻的那种羞耻，真是不知羞耻呀！"

孟子曰："耻之于人大矣，为机变之巧者①，无所用耻焉。不耻不若人，何若人有？"

中国家庭基本藏书

①机变：谋诈；巧伪。

孟子说："羞耻之心对于人太重要了，从事谋诈巧伪的人，是用不着感到羞耻的。不如他人，却并不感到羞耻的人，怎么能赶得上别人呢？"

孟子曰："古之贤王好善而忘势；古之贤士何独不然？乐其道而忘人之势，故王公不致敬尽礼，则不得亟见之①。见且由不得亟，而况得而臣之乎？"

①亟（qì）：屡次。

孟子说："古代的贤王乐意做善事，从而忘记了自己的地位权势；古代的贤士难道不是这样？喜欢自己的理论学说，从而忘记了别人的地位权势，所以王公大臣不对他尊敬和礼节周到，就不能经常见到他。见面尚且不能够经常，何况让他做臣属呢？"

孟子谓宋勾践曰①："子好游乎②？吾语子游。人知之，亦嚣嚣；人不知，亦嚣嚣。"曰："何如斯可以嚣嚣矣？"曰："尊德乐义，则可以嚣嚣矣。故士穷不失义，达不离道。穷不失义，故士得己焉③；达不离道，故民不失望焉。古之人，得志，泽加于民；不得志，修身见于世。穷则独善其身，达则兼善天下。"

①宋勾践：其人不详。
②游：指游说。
③得己：即"自得"。

孟子对宋勾践说："你喜欢游说吗？我给你谈谈游说。人们了解我，我自得其乐;人们不了解我,我也自得乐。"宋勾践说:"怎样做才能自得其乐呢?"答道:"尊崇德,喜好义,就可以自得其乐了。因此,士人穷困时不能丢掉义,得志时不能偏离自己所遵循的道。穷困不失去义,所以士自得其乐;得志时不偏离自己所遵循的道,所以民众不会失掉希望。古人,得志,恩泽即普遍施给民众;不得志,就修养好自身,在当世表现出来。穷困便独自修养好自身,得志就要同时给天下人带来好处。"

孟子曰:"待文王而后兴者,凡民也。若夫豪杰之士,虽无文王犹兴。"

孟子说:"等待文王出现才奋发有为的,是普通民众。至于英雄豪杰那样的人,即使没有文王,也能奋发有为。"

孟子曰:"附之以韩魏之家①,如其自视欿然②,则过人远矣。"

① 附之以韩魏之家:附,增益。韩魏之家,春秋时晋国国卿韩魏二家,财势著称于天下。
② 欿(kǎn):通"坎",引申为不自满。

孟子说:"用春秋时晋国韩魏两家的财势去增强他,如果他不骄横自满,那么,他就远远胜过普通人了。"

孟子曰:"以佚道使民①,虽劳不怨。以生道杀民,虽死不怨杀者。"

① 佚:同"逸"。安闲,引申为休息。

孟子说:"在为求得民众的安逸的原则下而役使民众,民众虽然劳苦,但不怨恨。在为求得民众生存的原则下而杀死民众,被杀死的民众虽死也不怨恨杀他的人。"

中国家庭基本藏书

中国家庭基本藏书

诸子百家卷

【原文】

孟子曰："霸者之民欢虞如也①，王者之民皞皞如也②。杀之而不怨，利之而不庸③，民日迁善而不知为之者。夫君子所过者化④，所存者神，上下与天地同流，岂曰小补之哉？"

【注释】

①欢虞：欢娱。虞，通"娱"。
②皞皞：心情舒畅的样子。朱熹注："皞皞，广大自得之貌。"
③庸：功劳。
④君子：此处指圣王和圣人。

【译文】

孟子说："霸主（治理）的民众高兴快乐，圣王（治理）的民众心情舒畅。民众被杀也不怨恨；给他好处，也不认为是有功劳，民众一天比一天好，也不知道谁给他们的恩惠。圣人所经过的地方，民众会被感化，所存在的地方，便会发生神奇的影响，人们上上下下和天地一起向前奔流，难道这是个小小的补益吗？"

【原文】

孟子曰："仁言不如仁声之入人深也，善政不如善教之得民也。善政，民畏之；善教，民爱之①。善政得民财，善教得民心。"

【注释】

①善政，民畏之；善教，民爱之：赵岐注："畏之，不逋怠，故赋役举而财聚于一家也；爱之，乐风化而上下亲，故欢心可得也。"

【译文】

孟子说："仁的言语比不上仁的音乐深入人心，好的政治比不上好的教育能得到民众拥护。好的政治，民众怕它；好的教育，民众爱它。好的政治聚敛到民众的财物，好的教育得到民众的真心。"

【原文】

孟子曰："人之所不学而能者，其良能也；所不虑而知者，其良知也①。孩提之童②，无不知爱其亲者，及其长也，无不知敬其兄也。亲亲，仁也；敬长，义也；无他，达之天下也。"

① 良能、良知：是指天赋的道德观念。即认为仁、义、礼、智等道德观念，是上天赋予人的，并不是从外面学得来的。

② 孩提：谓幼儿。赵岐注："孩提，二三岁之间，在襁褓知孩笑，可提抱者也。"

孟子说："人不经过学习便能做到的，那是良能；不经过思考便能知道的，那是良知。幼小的儿童，没有不知道亲爱他们父母的；等到他们长大，没有不知道尊敬他们兄长的。亲爱父母是仁，尊敬兄长是义，这没有别的原因，因为这两种品德是可以走遍天下都行得通的。"

孟子曰："舜之居深山之中，与木石居，与鹿豕游，其所以异于深山之野人者几希；及其闻一善言，见一善行，若决江河，沛然莫之能御也。"

孟子说："舜居住在深山之中，和树木石头为邻，和野鹿野猪为伴，他和在深山中居住的野人几乎没有什么差别；但当他听到一句好的言语，见到一桩好的行为，（便采纳实行起来，）就像江河决堤，汹涌澎湃，无人可挡了。"

孟子曰："无为其所不为，无欲其所不欲，如此而已矣。"

孟子说："不去做自己不愿做的事，不去要自己不想要的东西，这样就可以了。"

孟子曰："人之有德慧术知者①，恒存乎疢疾②。独孤臣孽子③，其操心也危④，其虑患也深，故达。"

① 德慧术知：赵岐注："德行、智慧、道术、才智。"

② 疢疾：疢（chèn），热病，也泛指病。疢疾，疾病；比喻忧患。

157

中国家庭基本藏书

孟子说："具有德行、智慧、本领、才识的人，是由于他长期处于忧患之中。只有无君主的孤臣和妾媵生的儿子，他们的作为谨慎小心，能深刻地考虑事情所带来的患害，所以能通晓事理。"

孟子曰："有事君人者，事是君则为容悦者也；有安社稷臣者，以安社稷为悦者也；有天民者，达可行于天下而后行之者也；有大人者，正己而物正者也。"

孟子说："有侍奉君主的人，是侍奉某一个君主就去讨某君主的喜欢的人；有安定国家的官员，是以治理好国家为快乐的人；有天民，他的才能思想可以通行天下，而又去实行的人；有大人，是端正自己，并影响自身之外也随之端正的人。"

孟子曰："君子有三乐，而王天下不与存焉。父母俱存，兄弟无故，一乐焉；仰不愧于天，俯不怍于人[①]，二乐也；得天下英才而教育之，三乐也。君子有三乐，而王天下不与存焉。"

①怍（zuò）：惭愧。

孟子说："君子有三种乐趣，但称王于天下不在其中。父母都健在，兄弟平安，是第一种快乐；抬头不愧对于天，低头不愧对于人，是第二种快乐；能得到天下优秀人才，并去教育他们，是第三种快乐。君子有三种乐趣，但称王于天下不在其中。"

孟子曰："广土众民，君子欲之，所乐不存焉；中天下而立，定四海之民，君子乐之，所性不存焉。君子所性，虽大行不加焉[1]，虽穷居不损焉，分定故也。君子所性，仁义礼智根于心，其生色也睟然[2]，见于面，盎于背[3]，施于四体，四体不言而喻。"

①大行：正确而重要的行为。
②睟（cuí）然：光亮润泽的样子。
③盎（àng）：盛。

孟子说："土地广阔，人民众多，是君子希望得到的，但他的乐趣并不在此；立在天下的中央，安定四海之内的民众，君子乐于这样，但他的本性并不在此。君子的本性，即使他的抱负实现了，并不因此增加，即使他生活贫穷也不会减少，这是因为本分固定的缘故。君子的本性，是仁义礼智已植根于他的心中，而他的容色也很安和润泽，表现在脸面，盈溢于肩背，延伸到手脚四肢，四肢一举一动，不用言语，人们就都明白了。"

孟子曰："伯夷辟纣，居北海之滨，闻文王作兴，曰：'盍归乎来，吾闻西伯善养老者。'[1]太公辟纣，居东海之滨，闻文王作兴，曰：'盍归乎来，吾闻西伯善养老者。'天下有善养老，则仁人以为己归矣。五亩之宅，树墙下以桑，匹妇蚕之，则老者足以衣帛矣。五母鸡，二母彘，无失其时，老者足以无失肉矣。百亩之田，匹夫耕之，八口之家足以无饥矣。所谓西伯善养老者，制其田里，教之树畜，导其妻子使养其老。五十非帛不暖，七十非肉不饱，不暖不饱，谓之冻馁。文王之民无冻馁之老者，此之谓也。"

①伯：古代领导一方的诸侯之长。

孟子说："伯夷躲避纣王，居住到了北海的海滨，听到文王兴起，说：'何不到他那里去呢？我听说西伯对老年人很好。'太公躲避纣王，居住到了东海的海滨，听说文王兴起，说：'何不到他那里去呢？我听说西伯对老年人很好。'天下有善于奉养老人的，而仁人就把他作为依靠了。五亩的住宅园地，在墙边栽种上桑树，

中国家庭基本藏书

159

妇女养蚕缫丝，那样，老年人就可以穿上丝绵做的衣服了。五只母鸡，二只母猪，对它们饲养，让它们繁殖，老年人就不会缺肉吃了。百亩的田地，男子去耕种，八口人的家庭就不用挨饿了。所谓西伯善于奉养老年人，是在于他制定了土地制度，并教人植桑种地，饲养家畜，引导人们的妻子儿女去奉养老人。五十岁的人没有丝绵就不会暖和，七十岁的人没有肉就吃不饱，穿不暖吃不饱，就称做挨冻受饿。文王治理下的百姓，没有挨冻受饿的老人，就是这个意思。"

【原文】

孟子曰："易其田畴①，薄其税敛，民可使富也。食之以时，用之以礼，财不可胜用也。民非水火不生活，昏暮叩人之门户求水火，无弗与者，至足矣。圣人治天下，使有菽粟如水火。菽粟如水火，而民焉有不仁者乎？"

【注释】

①易其田畴：易，治。田畴，田亩，即已耕作的田地。

【译文】

孟子说："平整好耕作的土地，减轻税收，可以使老百姓富裕。按时食用，依礼使用，财物就会多得用不完了。民众没有水和火就不能生活，黄昏夜晚敲别人的门要水和火，没有不给的，是因为水和火很充足的缘故。圣人治理天下，使(人民)拥有的粮食像水和火一样多。粮食像水和火一样多以后，民众哪能有不仁爱的呢？"

【原文】

孟子曰："孔子登东山而小鲁①，登泰山而小天下，故观于海者难为水，游于圣人之门者难为言。观水有术，必观其澜。日月有明，容光必照焉②。流水之为物也，不盈科不行；君子之志于道也，不成章不达③。"

【注释】

①东山：即蒙山，又名东蒙山。在今山东蒙阴县西南。
②容光：焦循《正义》："苟有丝发之际可以容纳，则光必入而照焉。"
③成章：《说文》云："乐竟为一章。"引申表示：事物发展到一定阶段，或取得一定成就。

【译文】

孟子说："孔子登上东山就感到鲁国小了，登上泰山就感到天下小了。所以观看过大海的人，其他水就很难吸引他；在圣人门下学习过的人，其他理论就很难吸引他。观看水有它的方法，就是一定要看水的波澜。太阳和月亮发出光明，细小的缝隙都一定会照到。流水这个东西，不把所经过的沟坎填满，不再向前；君子对自己所主张的学说，不取得一定的成就，就不能说学通学好了。"

孟子曰："闻鸡而起，孳孳为善者，舜之徒也；闻鸡而起，孳孳为利者，蹠之徒也。欲知舜与蹠之分，无他，利与善之间也①。"

①间（jiàn）：差距。

孟子说："听见鸡鸣就起来，努力不懈去做好事的人，是舜一类的人；听见鸡鸣就起来，努力不懈去追求利益的人，是蹠一类的人。要想知道舜和蹠的分别，没有别的，谋利益和做好事的不同罢了。"

孟子曰："杨子取为我，拔一毛而利天下，不为也。墨子兼爱，摩顶放踵利天下①，为之。子莫执中②。执中为近之。执中无权，犹执一也。所恶执一者，为其贼道也，举一而废百也。"

①摩顶放踵：从头顶到脚跟都磨伤了。放（fáng），至；到。
②子莫：赵岐注："鲁之贤人也。"

孟子说："杨子主张为我，拔一根汗毛即能给天下带来好处，也不愿去做。墨子主张兼爱，磨伤头顶，弄破脚跟，只要对天下有益就去做。子莫主张中道。主张中道接近人之常情。主张中道如不知变通，就是拘泥于一点。为什么要反对拘泥于一点的人呢？因为他实行的是有害之道，抓住一点而废弃多数的缘故。"

孟子曰："饥者甘食，渴者甘饮，是未得饮食之正也，饥渴害之也。岂惟口腹有饥渴之害？人心亦皆有害。人能无以饥渴之害为心害，则不及人不为忧矣。"

中国家庭基本藏书

译文

　　孟子说："饥饿的人觉得一切食物都好吃，口渴的人觉得一切饮料都好喝，这是没有了解饮料和食品的正常滋味，是受饥饿和口渴损害影响的缘故。难道仅仅是口和肚子受饥饿和口渴的损害和影响吗？人心也受这种损害和影响。人如果能让心不受到饥饿和口渴那样的损害和影响，那就不会因为赶不上别人而感到忧愁了。"

原文

　　孟子曰："柳下惠不以三公①易其介②。"

注释

　　①三公：周代三公有两说。一说，司马、司徒、司空为三公。一说，太师、太保、太傅为三公。均为最高执政官吏。
　　②介：节操；独特之行。

译文

　　孟子说："柳下惠不会因为有三公那样的大官做，就改变了他的节操。"

原文

　　孟子曰："有为者辟若掘井，掘井九轫而不及泉①，犹为弃井也。"

注释

　　①轫：通"仞"。焦循《正义》："仞，八尺也。"

译文

　　孟子说："做一件事情就像挖井，挖到九仞深还见不到泉水，不过就是一眼废井。"

原文

　　孟子曰："尧舜，性之也；汤武，身之也；五霸，假之也。久假而不归①，恶知其非有也。"

注释

　　①久：长期。

孟子说："尧舜(实行仁政),是出于本性;汤武是亲自去推行(仁政);五霸是假借(仁政)之名。长久的假借而不归还,又怎能知道他不弄假成真,让人认为真的就属他们所有呢?"

公孙丑曰:"伊尹曰[1]:'予不狎于不顺,放太甲于桐,民大悦。太甲贤,又反之,民大悦。'贤者之为人臣也,其君不贤,则固可放与?"孟子曰:"有伊尹之志,则可;无伊尹之志,则篡也。"

[1] 伊尹曰以下引文: 当是旧日《尚书》之文。

公孙丑说:"伊尹说过:'我不亲近违背礼义道德的人,因此把太甲流放到桐邑,民众都非常高兴。太甲变好了,又让他返回朝廷(继续执政),民众也都非常高兴。'贤人作为臣子,他的君主不贤德,就一定可以流放吗?"孟子说:"有伊尹那样的用心,就可以;没有伊尹那样的用心,就是篡位夺权了。"

公孙丑曰:"《诗》曰[1]:'不素餐兮',君子之不耕而食,何也?"孟子曰:"君子居是国也,其君用之,则安富尊荣;其子弟从之,则孝悌忠信。'不素餐兮',孰大于是?"

[1]《诗》曰以下: 引自《诗经·魏风·伐檀》。

公孙丑说:"《诗经》中说:'不要白吃饭呀!'君子不耕种庄稼就能吃饭,为什么呢?"孟子说:"君子居住在一个国家,国君任用他,国家就平安富裕,君主尊贵荣耀,少年子弟都信从他,做到孝顺父母,敬爱兄长,忠实诚信。'不要白吃饭呀',还有比这更大的贡献吗?"

中国家庭基本藏书

原文

王子垫问曰①："士何事?"孟子曰:"尚志。"曰:"何谓尚志?"曰:"仁义而已矣。杀一无罪非仁也,非其有而取之非义也。居恶在? 仁是也;路恶在? 义是也。居仁由义,大人之事备也。"

 注释

①王子垫:赵岐注:"齐王子,名垫也。"

译文

王子垫问道:"士做什么事?"孟子答道:"树立高尚的志向。"问道:"怎样才叫志向高尚?"答道:"做到仁和义罢了。杀一个无罪的人,不能算是仁;不归自己所有,却要取得,不能算是义。居住在哪里? 是在仁里;路在哪里? 就是义。居住在仁里,走在义上,大人所做的事情就齐备了。"

 原文

孟子曰:"仲子①,不义与之齐国而弗受,人皆信之,是舍箪食豆羹之义也。人莫大焉亡亲戚君臣上下②。以其小者信其大者,奚可哉?"

注释

①仲子:即陈仲子,详《滕文公下》第十章。
②人莫大焉亡亲戚君臣上下:焉,于。亡,无。仲子离母避兄,耻其兄为齐卿,所以孟子指责他无亲戚君臣上下。

 译文

孟子说:"陈仲子,毫无道理地将齐国交给他是不会接受的,人都相信他,但他不过是施舍一筐饭一碗汤的义。人的罪过没有比不要父兄君臣尊卑更大的。因为他实行小恩小惠就相信他具有大的节操,怎么可以呢?"

 原文

桃应问曰①:"舜为天子,皋陶为士,瞽瞍杀人,则如之何?"孟子曰:"执之而已矣。""然则舜不禁与?"曰:"夫舜恶得而禁之? 夫有所受之也。""然则舜如之何?"曰:"舜视弃天下犹弃敝蹝也②。窃负而逃,遵海滨而处③,终身䜣然④,乐而忘天下。"

①桃应：孟子的学生。

②蹝（xǐ），同"屣"。鞋。

③遵：循；沿着。

④诉："欣"的异体。

桃应问道："舜当天子，皋陶当法官，而瞽瞍杀了人，那会怎么办呢？"孟子说："把他逮捕起来罢了。""那样，舜不制止吗？"答道："舜怎么能制止呢？这是有所根据的。""那么舜这时自己该怎么办呢？"答道："舜把抛弃天下看成就像抛弃破鞋一样，悄悄背着父亲逃走，到海边住下来，一生高高兴兴，快乐得把天下也忘掉了。"

孟子自范之齐①，望见齐王之子，喟然叹曰："居移气，养移体，大哉居乎！夫非尽人之子与？"孟子曰："王子宫室、车马、衣服多与人同，而王子若彼者，其居使之然也，况居天下之广居者乎②？鲁君之宋，呼于垤泽之门③。守者曰：'此非吾君也，何其声之似我君也？'此无他，居相似也。"

①范：邑名，即今山东梁山县西北范城。

②广居：指仁，见《滕文公下》第二章。

③垤（dié）泽之门：宋国东城南门。

孟子从范邑到齐国都城，望见齐王的儿子，不由得感叹道："居住的环境改变气质，奉养改变体质，居住的环境真太重要了！他不是也和其他人的儿子一样的儿子吗？"孟子接着说："王子的住所、车马、衣服，大都和其他人相同，而王子却像那样，是居住的环境所造成的，何况居住在普天之下最宽广的'仁'里呢？鲁君到宋国去，在宋国的东南城门下呼喊。守城的人说：'这不是我们的君主，为什么他的声音和我们的君主相似呢？'这没有其他原因，居住的环境相似罢了。"

孟子曰："食而弗爱，豕交之也；爱而不敬，兽畜之也。恭敬者，币之未将者也。恭敬而无实，君子不可虚拘。"

中国家庭基本藏书

译文

孟子说："给他吃的却不爱护他，是在把他当猪对待；爱护他而不尊敬他，是在把他当野兽畜养。恭敬的心意，是在致送礼物以前就具有的。恭敬而不出于真心，君子不可以被这虚假的礼节所束缚。"

原文

孟子曰："形色，天性也；惟圣人然后可以践形。"

译文

孟子说："人的身体容貌是天给予的；只有圣人才可以做到无愧于身体容貌这一天赋。"

原文

齐宣王欲短丧。公孙丑曰："为期之丧，犹愈于已乎？"孟子曰："是犹或绉其兄之臂，子谓之姑徐徐云尔，亦教之孝悌而已矣。"王子有其母死者，其傅为之请数月之丧。公孙丑曰："若此者何如也？"曰："是欲终之而不可得也。虽加一日愈于已，谓夫莫之禁而弗为者也。"

译文

齐宣王想缩短丧期。公孙丑说："服丧一年，不是要比取消丧期好吗？"孟子说："这好像是有人在扭他哥哥的胳膊，你却对他说暂且慢慢扭嘛。应该教他孝顺父母，尊敬兄长罢了。"王子有死了母亲的，王子的师傅为王子请求守几个月的丧。公孙丑说："像这样的事，是否可以？"答道："这是想依据礼制守丧三年而办不到。那就多守一天比不守好，这是对没人禁止他们，而自己却不守孝的人说的。"

原文

孟子曰："君子之所以教者五：有如时雨化之者，有成德者，有达财者①，有答问者，有私淑艾者②。此五者，君子之所以教也。"

注释

① 财：同"材"。
② 私淑艾：淑，同"叔"，收拾；艾，通"刈"，收获。私淑艾，即私收取。

孟子说："君子的教育方式有五项：有像及时雨滋润万物的，有成全德操的，有培养才能的，有解答疑问的，还有道德学问流传后世，为人所私自采取的。这五项即君子的教育方式。"

公孙丑曰："道则高矣，美矣，宜若登天然，似不可及也。何不使彼为可几及而日孳孳也？"孟子曰："大匠不为拙工改废绳墨，羿不为拙射变其彀率。君子引而不发，跃如也。中道而立，能者从之。"

公孙丑说："道，崇高壮美，像是登天一样，好像不能攀登上去。为什么不让它变成有希望可以攀登上去，吸引人们去天天努力呢？"孟子说："技术高超的工匠不会因为拙劣的工人而改变或废弃绳墨规矩；后羿也不会因为拙劣的射手而改变他拉弓射箭的标准。君子（教导别人就像射箭一样，）拉弓（搭箭），却不发射，（而是）做出跃跃欲试的样子。站立在道的中间，有能力的就去追随他。"

孟子曰："天下有道，以道殉身[1]；天下无道，以身殉道[2]；未闻以道殉乎人者也。"

①以道殉身：让道为己所用。
②以身殉道：为道而献身。

孟子说："天下清明太平，便去实行所信奉的道；天下混乱黑暗，就为道而献身；没有听说过牺牲道去迁就人的。"

公都子曰："滕更之在门也[1]，若在所礼，而不答，何也？"孟子曰："挟贵而问，挟贤而问，挟长而问，挟有勋劳而问，挟故而问，皆所不答也。滕更有二焉。"

中国家庭基本藏书

注释

①滕更：赵岐注："滕君之弟，来学于孟子者也。"

译文

公都子说："滕更在您门下的时候，似乎应该在以礼相待之列，而您却不回答他，这是为什么呢？"孟子说："倚仗自己的地位来发问，倚仗自己的贤能来发问，倚仗自己的年长来发问，倚仗自己有成就有功劳来发问，倚仗自己是老交情来发问，我都是不作回答的。滕更占了其中的两条。"

原文

孟子曰："于不可已而已者，无所不已。于所厚者薄，无所不薄也。其进锐者，其退速。"

译文

孟子说："对于不能停止的事情却停止了，那就没有什么事情不能停止了。对应该厚待的人却薄待，那就没有谁不能再薄待了。前进快的人，退却也快。"

原文

孟子曰："君子之于物也，爱之而弗仁；于民也，仁之而弗亲。亲亲而仁民，仁民而爱物。"

译文

孟子说："君子对于万物，爱护它但不要用仁对待它；对于民众，对他们要仁但不要亲近他们。亲爱亲人，因而仁爱民众；仁爱民众，因而爱惜万物。"

原文

孟子曰："知者无不知也，当务之为急；仁者无不爱也，急亲贤之为务。尧舜之知而不遍物，急先务也；尧舜之仁不遍爱人，急亲贤也。不能三年之丧，而缌、小功之察①，放饭流歠②，而问无齿决③，是之谓不知务。"

注释

①缌、小功：旧时的丧服制度，以亲疏为差等，有斩衰、齐衰、大功、小功、缌麻五种名称，统称五服。小功是五服中的第四等。其服以细熟麻布制成，服期五月。是男子为伯叔祖父母、堂伯叔父母、再从兄弟、

堂姊妹以及外祖父母等的丧服。女子为丈夫的姑母、姊妹以及姆娌之间也用小功。缌，亦称细麻，是五服中最轻的一种丧服。其服以细熟麻布制作，较小功更为精细。服期为三个月。此服主要用于较疏远的亲戚和亲属。凡本宗为高祖父母、曾伯叔祖父母、族伯叔父母、族兄弟及未嫁族姊妹，又外姓中为中表兄弟、岳母等，皆服之。

②放饭流歠：放饭，大口吃饭；流歠，大口喝汤。古人认为在尊长面前放饭流歠是很不礼貌的。歠（chuò），饮。

③齿决：用牙齿咬断干肉。即谓大吃大喝，失去礼貌，但却讲究不用牙齿咬干肉，引申为不识大体。

孟子说："智者没有不应该知道的，但当前的要事要急于知道；仁者没有什么不爱的，但要先爱亲人和贤人。尧舜的智慧，并不能知道一切事物，但要知道急于该先办先做的事物；尧舜的仁德不能普遍到去爱一切人，但要急于先爱亲人和贤人。不能够守丧三年，那么，缌麻、小功这样的丧礼就要仔细讲求。在尊长面前，大口吃饭，大口喝汤，没有礼貌，却讲究不用牙齿咬干肉，这叫做不识时务。"

中国家庭基本藏书

◎尽心下

【题解】

通过论述，孟子对春秋以来诸侯的互相攻伐，表示了反对态度，又宣扬了仁、义、善、孝等。孟子还论述了尧、舜、汤、武王、伯夷、孔子、柳下惠、墨子、朱杨、乐正子的一些作为。此外，还广泛评述了一些社会现象。对国家政权，强调了土地、人民、政事的重要性，提出了民为贵，社稷次之，君为轻的思想。此外，孟子对赋税制度也阐述了自己的观点。

【原文】

孟子曰："不仁哉，梁惠王也！仁者以其所爱及其所不爱，不仁者以其所不爱及其所爱。"公孙丑问曰："何谓也？""梁惠王以其土地之故，糜烂其民而战之，大败，将复之，恐不能胜，故驱其所爱子弟以殉之，是之谓以其所不爱及其所爱也。"

【译文】

孟子说："太不讲仁爱了，梁惠王呀！仁人将对他所爱人的恩泽施给他不爱的人，不仁的人将对他所不爱人的做法加给他所爱的人。"公孙丑问道："这怎么说呢？"（答道：）"梁惠王因为争夺土地的缘故，不惜让他的民众粉身碎骨而去作战，结果大败，准备再战，恐怕不能取胜，因此，驱赶他所钟爱的子弟去冒死战斗，这就叫做将对他所不爱的人的做法加给他所爱的人。"

【原文】

孟子曰："春秋无义战。彼善于此，则有之矣。征者，上伐下也，敌国不相征也。"

【译文】

孟子说："春秋时期没有正义的战争。那个国君比这个国君好些，也是有的。征讨，是上级对下级的攻伐，同等级的国家不互相征讨。"

【原文】

孟子曰："尽信《书》，则不如无《书》。吾于《武成》①，取二三策而已矣②。仁人无敌于天下，以至仁伐至不仁，而何其血之流杵也③？"

①《武成》：《武成》，《尚书》篇名，述周武王伐纣事。

②策：通"册"。古代用竹片或木片记事著书，成编的叫策。

③杵（chǔ）：春米或捶衣的木棒。

孟子说："完全相信《书》，还不如没有《书》。我对于《武成》，只采取其中的两三编罢了。仁人在天下是没有敌手的，让极仁的人去讨伐极不仁的人，怎么会血流得使春米或捶衣的木棒都漂起来了呢？"

孟子曰："有人曰：'我善为陈①，我善为战。'大罪也。国君好仁，天下无敌焉。南面而征，北狄怨②；东面而征，西夷怨，曰：'奚为后我？'武王之伐殷也，革车三百两③，虎贲三千人。王曰：'无畏！宁尔也，非敌百姓也。'若崩厥角稽首④。征之为言正也，各欲正己也，焉用战？"

①陈：通"阵"。

②北狄：本作"北夷"。

③革车：古代的一种战车。赵岐注："革车，兵车也。"叶大庆《考古质疑》卷二："古者，车兼攻守，合而言之，皆曰革车；分而言之，曰革车，又曰轻车、重车。"

④厥角：厥者，顿也。角者，额角也。厥角，即叩头。

孟子说："有人说：'我善于摆阵，我善于作战。'这是大罪恶呀。一国的君主喜好仁，天下就没有敌人。（商汤）征讨南方，北方的狄人埋怨；征讨东方，西方的夷人怨恨，说：'为什么把我放到后面？'周武王征伐殷商，兵车三百辆，勇士三千人。周武王说：'不要害怕！是来安定你们的，不是来与百姓为敌的。'百姓像山崩一样叩起头来。征的意思是正，每人都想端正自己，何必打仗呢？"

孟子曰："梓匠轮舆能与人规矩，不能使人巧。"

孟子说："木匠以及做车轮和车厢的能把制作的规矩传授给人，却不能让人的技巧高明。"

中国家庭基本藏书

原文

孟子曰："舜之饭糗茹草也①，若将终身焉；及其为天子也，被袗衣，鼓琴，二女果②，若固有之。"

注释

① 饭糗茹草：糗（qiǔ），干饭；草，野菜。饭、茹，均为吃的意思。形容生活朴素。
② 果（wǒ）：通"婐"，女侍。赵岐注："果，侍也。"

译文

孟子说："舜吃干饭啃野菜的时候，就像一生都是这样了；等他做了天子，穿着葛布做的有绣花的礼服，弹着琴，二位女子侍奉着，好像向来就是这样的。"

原文

孟子曰："吾今而后知杀人亲之重也：杀人之父，人亦杀其父；杀人之兄，人亦杀其兄。然则非自杀之也，一间耳①。"

注释

① 一间：距离很近。

译文

孟子说："我从今天以后，知道杀别人亲人的严重性了：杀死别人的父亲，别人也会杀死他的父亲；杀死别人的兄长，别人也会杀死他的兄长。虽然不是自己杀的，相差只有一点。"

原文

孟子曰："古之为关也，将以御暴；今之为关也，将以为暴。"

译文

孟子说："古时设立关卡是为了防御凶暴；今天设立关卡，是准备实行凶暴。"

原文

孟子曰："身不行道，不行于妻子；使人不以道，不能行于妻子。"

孟子说："自己不依照道义行事，不能让妻子儿女实行道义；使唤人不合于道义，连妻子儿女也不能使唤。"

孟子曰："周于利者凶年不能杀^①，周于德者邪世不能乱。"

① 周：遍及，引申富足。　杀：消灭；败坏。

孟子说："财产富足的人荒年也不会贫困，道德高尚的人乱世不能改其节操。"

孟子曰："好名之人能让千乘之国，苟非其人，箪食豆羹见于色。"

孟子说："看重名声的人可以把拥有一千辆兵车的国家让给别人，但不是他看中的人，就是要他一筐饭、一盘汤，也会表现出不高兴的脸色。"

孟子曰："不信仁贤，则国空虚；无礼义，则上下乱；无政事，则财用不足。"

孟子说："不信任仁德贤能的人，那国家就会空虚；没有礼义制度，那上下关系就会混乱；没有财税征收，那国家的资财费用就不充足。"

孟子曰："不仁而得国者，有之矣；不仁而得天下者，未之有也。"

孟子说："不仁，但能获得一个国家的，是有的；不仁却获得天下的，是从来没有的。"

中国家庭基本藏书

孟子曰:"民为贵,社稷次之,君为轻。是故得乎丘民而为天子①,得乎天子为诸侯,得乎诸侯为大夫。诸侯危社稷,则变置。牺牲既成,粢盛既洁,祭祀以时,然而旱干水溢,则变置社稷。"

①丘:古代田地的区划。《周礼·地官·小司徒》:"四邑为丘。"郑玄注:"方四里。"

孟子说:"民众最为贵重,国家位在其次,君主为轻。所以得到基层民众的拥护就能做天子,得到天子的赏识就能做诸侯,得到诸侯的赏识就能做大夫。诸侯危害国家,就要改立。牺牲已经备好,盛在祭器内以供祭祀的谷物又已洁净,按一定时节祭祀,如果还遭到水旱之灾,就要改立土神和谷神。"

孟子曰:"圣人,百世之师也,伯夷、柳下惠是也。故闻伯夷之风者,顽夫廉,懦夫有立志;闻柳下惠之风者,薄夫敦,鄙夫宽。奋乎百世之上,百世之下,闻之莫不兴起也。非圣人而能若是乎?而况于亲炙之者乎?"

孟子说:"圣人是百代的师表,伯夷、柳下惠就是这样的人。所以听到伯夷风节的人,贪婪的人能变清廉,懦弱的人能树立志向;听到柳下惠风节的人,刻薄的人会变得厚道,庸俗鄙陋的人会变得宽宏大量。在百代以前发奋有为,百代以后,听到的人也没有不奋发振作的。不是圣人,能做到像这样吗?更何况能亲自接受他们熏陶的人呢?"

孟子曰:"仁也者,人也①。合而言之,道也。"

①仁也者,人也:《说文·人部》:"仁,亲也,从人、二。"《礼记·中庸》:"仁者人也,亲亲为大。"仁的本意是指人与人之间相互亲爱。

孟子说："'仁'的意思就是'人'，'仁'和'人'合起来说，就是'道'。"

孟子曰："孔子之去鲁，曰：'迟迟吾行也，去父母国之道也。'去齐，接淅而行，去他国之道也。"

孟子说："孔子离开鲁国，说：'我们慢慢地走吧，这是离开父母之国的态度。'离开齐国，不等到煮饭，带了淘过的米就走，这是离开别的国家的态度。"

孟子曰："君子之厄于陈蔡之间①，无上下之交也。"

①君子之厄于陈蔡之间：君子指孔子。陈，古国名。建都宛丘（今河南淮阳县），有今河南东部和安徽一部分。蔡，古国名。建都上蔡（今河南上蔡县东南），后为楚所灭。《论语·卫灵公篇》："（孔子）在陈绝粮，从者病，莫能兴。"即指此事。厄，通"厄"。

孟子说："孔子被困在陈国和蔡国，是因为他和两国国君、臣下，没有交往的缘故。"

貉稽曰：①"稽大不理于口②。"孟子曰："无伤也。士憎兹多口。《诗》云③：'忧心悄悄，愠于群小。'孔子也。'肆不殄厥愠，亦不殒厥问④。'文王也。"

①貉稽：赵岐注："貉，姓；稽，名；仕者也。"
②不理于口：理，顺；赞许。焦循正义："犹言不利于人口也。"
③《诗》云两句：见《诗经·邶风·柏舟》。
④肆不殄两句：见《诗经·大雅·绵》。肆，故。殄，灭绝。厥，其。问，通"闻"。声誉。

译文

貉稽说："我让人们说得很不好。"孟子说："没有关系，士人讨厌这多嘴多舌。《诗经》中说：'忧愁的心闷闷，我被那些小人所怨恨。'孔子就是这样的人。（又说：）'不消除人们的怨恨，也不失去自己的声誉。'文王就是这样的人。"

原文

孟子曰："贤者以其昭昭使人昭昭，今以其昏昏使人昭昭。"

译文

孟子说："贤人自己清楚，去教别人明白；现在的人自己模糊不清，去让别人明白。"

原文

孟子谓高子曰："山径之蹊间介①，然用之而成路；为间不用，则茅塞之矣。今茅塞子心矣。"

注释

①山径之蹊间介：孔广森《经学卮言》："间介，盖隔绝之意。径，路也。蹊，足迹也。"

译文

孟子对高子说："山中的小路与外隔绝，但常走就成了路；要是有一个时期不去走，就会被茅草堵塞。现在茅草把你的心就堵塞了。"

原文

高子曰："禹之声尚文王之声。"孟子曰："何以言之？"曰："以追蠡①。"曰："是奚足哉？城门之轨，两马之力与？"

注释

①追蠡（duī lí）：赵岐注："追，钟钮也。"又注"蠡蠡，俗绝之貌也"。钟钮，即钮，钟悬挂之处。

译文

高子说："禹的音乐比文王的音乐好。"孟子说："这怎么说呢？"答道："禹传下来的钟钟钮都快断了。"（孟子）说："这怎么足以说明呢？城门下的车迹，难道是两匹马的力量踩成的吗？"

176

原文

齐饥。陈臻曰："国人皆以夫子将复为发棠①，殆不可复。"孟子曰："是为冯妇也。晋人有冯妇者，善搏虎。卒为善，士则之。野有众逐虎，虎负嵎，莫之敢撄。望见冯妇，趋而迎之，冯妇攘臂下车，众皆悦之，其为士者笑之②。"

注释

①发棠：发，发放，本文指发仓廪以赈贷也。棠，地名，在今山东鱼台县西北。

②是为冯妇也。……其为士者笑之：冯妇，人名。赵岐注："其士之党笑其不知止也。"后称重操旧业的人为"冯妇"。

译文

齐国饥荒。陈臻说："国都的人都认为先生将再次劝齐王在棠邑开仓放粮救济灾民，大概不再这样做了吧。"孟子说："再做就成为冯妇了。晋国有个叫冯妇的人，善于徒手打老虎。后来变好后，士人们把他作为榜样。有一天，很多人在野地里追逐老虎，虎背靠山势弯曲险阻的地方，人们都不敢逼近它。看到冯妇，就快步向前迎接他，冯妇也将袖伸臂跳下车子，对此，大家都很高兴。可是那些士人却都讥笑他。"

原文

孟子曰："口之于味也，目之于色也，耳之于声也，鼻之于臭也①，四肢之于安佚也，性也，有命焉，君子不谓性也。仁之于父子也，义之于君臣也，礼之于宾主也，知之于贤者也，圣人之于天道也，命也，有性焉，君子不谓命也。"

注释

①臭（xiù）：气味。

译文

孟子说："口对于味道，眼睛对于颜色，耳朵对于声音，鼻子对于气味，四肢对于安逸，这些都是天性，是否能够满足，是命运，君子不认为这些都是天性的必然。仁对于父子关系，义对于君臣关系，礼对于宾主关系，智慧对于贤人，圣人对于天道，是命运，也是天性的必然，君子不认为他们都是属于命运的。"

中国家庭基本藏书

中国家庭基本藏书

原文

浩生不害问曰①："乐正子何人也？"孟子曰："善人也，信人也。""何谓善？何谓信？"曰："可欲之谓善，有诸己之谓信，充实之谓美，充实而有光辉之谓大，大而化之之谓圣，圣而不可知之之谓神。乐正子，二之中，四之下也。"

注释

①浩生不害：浩生，姓；不害，名；齐国人。

译文

浩生不害问道："乐正子是个什么样的人？"孟子答道："善良的人，守信的人。""什么叫善良呢？什么叫守信呢？"答道："有好的愿望，就叫善良；有实际行动，就叫守信；好处充满了本身，就叫做美；充满而又光辉地表现出来，就叫做大；大又能化育万物，就叫做圣；圣到了妙不可知的境界，就叫做神。乐正子是在'善良'与'守信'两者之间，在'美''大''圣''神'四者之下的人物。"

原文

孟子曰："逃墨必归于杨，逃杨必归于儒。归，斯受之而已矣。今之与杨、墨辩者，如追放豚，既入其苙①，又从而招之②。"

注释

①苙：牲畜的圈栏。
②招：打手势叫它回来。

译文

孟子说："逃离墨子学派，一定归入杨朱学派；逃离杨朱学派，一定归入儒家学派。归附，接受他就罢了。今天同杨、墨两家辩论的人，就像是追跑掉的猪，既要站在猪圈栏里，又要用手势召唤它回来。"

原文

孟子曰："有布缕之征，粟米之征，力役之征。君子用其一，缓其二。用其二而民有殍①，用其三而父子离。"

①殍（piǎo）：饿死的人。

孟子说："有征收布帛的赋税，有征收谷米的赋税，有征调人力的赋税。君子采用其中的一种，缓征其他的两种。如果同时征两种赋税，民众就有饿死的；同时征三种赋税，就会父子离散，各不相顾。"

孟子曰："诸侯之宝三：土地、人民、政事。宝珠玉者，殃必及身。"

孟子说："诸侯的宝物有三件：土地、人民、政务。把明珠美玉当成宝物的，祸害一定会降临到他身上。"

盆成括仕于齐①，孟子曰："死矣盆成括！"盆成括见杀，门人问曰："夫子何以知其将见杀？"曰："其为人也小有才，未闻君子之大道也，则足以杀其躯而已矣。"

①盆成括：盆成，姓；括，名也。

盆成括到齐国去做官，孟子说："盆成括要死了！"盆成括被杀，学生问道："先生怎么知道他将要被杀呢？"答道："他这个人有点小才能，但没有听说过君子的大道理，这样就足以招致杀身之祸了。"

孟子之滕，馆于上宫①。有业屦于牖上②，馆人求之弗得。或问之曰："若是乎从者之廋也③？"曰："子以是为窃屦来与？"曰："殆非也。夫子之设科也④，往者不追，来者不拒。苟以是心至，斯受之而已矣。"

①馆：住宿。

179

②业屦：未做成的以葛麻为原料的单底鞋。 牖（yǒu）：窗。此处指窗台。

③庾（sōu）：隐匿。

④科：指规章制度。

孟子去到滕国，住在上宫馆。有一双没有做好的鞋放在窗台上，馆舍中的人去取，却不见了。有人问孟子道："像这样，是不是跟随你的人把它藏起来了呢？"（孟子反问）说："你认为他们是为偷鞋而来的吗？"答道："那倒不是。先生所定的规章制度，（对学生是）走的不追问，来的不拒绝。只要是抱着学的愿望来，那也就接受了吧。"

孟子曰："人皆有所不忍，达之于其所忍，仁也；人皆有所不为，达之于其所为，义也。人能充无欲害人之心，而仁不可胜用也；人能充无穿逾之心，而义不可胜用也；人能充无受尔汝之实①，无所往而不为义也。士未可以言而言，是以言铦之也②；可以言而不言，是以不言铦之也，是皆穿逾之类也。"

①无受尔汝之实：古代平辈人言"尔""汝"表示轻视。孟子之意，若不要受别人轻视，自己要有不受别人轻视的行为。

②铦（tiǎn）：探取。

孟子说："人都有不忍心做的事，把它扩大到他忍心做的事，就是仁；人都有不愿做的事，把它扩大到愿做的事上，就是义。（或者这样说，）人要是能推广不想害人的心，那仁就用不尽了；人要是能推广不挖洞跳墙的心，那义就用不尽了；人要是能推广不受轻视的言谈举止，那随便到什么地方就都合于义了。一个士人，不可以和他谈却谈了，这是用语言来试探他；可以和他谈而没有谈，这是用沉默来试探他，这些都是挖洞跳墙等不光明正大的做法。"

孟子曰："言近而指远者①，善言也；守约而施博者，善道也。君子之言也，不下带而道存焉②；君子之守，修其身而天下平。人病舍其田而芸人之田，所求于人者重，而所以自任者轻。"

注释

① 指：通"旨"。意旨。

② 不下带：带，腰带。朱熹《集注》："古人视不下于带，则带之上乃目前常见至近之处也。举目前之近事，而至理存焉。"

译文

孟子说："语言浅近而旨意深远的，可称是'善言'；所坚持的原则简单、所实践的范围广博，可称是'善道'。君子所说的话，讲的虽是眼前事，但道在其中了；君子的操守，修养好自身而使天下太平。人的毛病是舍弃自己的田地，而去种别人的田地，对别人要求多，而自己所负担的却很轻。"

原文

孟子曰："尧舜，性者也；汤武，反之也。动容周旋中礼者，盛德之至也。哭死而哀，非为生者也。经德不回①，非以干禄也。言语必信，非以正行也②。君子行法，以俟命而已矣。"

注释

① 经德不回：经，行。回，"违"。按道德而行，不违背礼节。

② 非以正行：赵岐注："非以正行为名。"

译文

孟子说："尧舜的美德，出于本性；汤武经过修身而恢复本性。行动表情都合乎礼的，是美德中最高的。为死者哭泣表现出的哀痛，不是给活着的人看。根据道德去做事，不违背礼节，不是为了谋求官职取得俸禄。说话一定信实，不是让别人知道自己行为端正。君子按法度做事，这样等待命运罢了。"

原文

孟子曰："说大人，则藐之，勿视其巍巍然。堂高数仞，榱题数尺①，我得志，弗为也。食前方丈，侍妾数百人，我得志，弗为也。般乐饮酒②，驱骋田猎，后车千乘，我得志，弗为也。在彼者，皆我所不为也；在我者，皆古之制也，吾何畏彼哉？"

注释

① 榱（cuī）题：也叫"出檐"。屋椽的前端。

② 般乐（pán lè）：游乐。

中国家庭基本藏书

孟子说:"游说大人物,就要藐视他,不要把他高高在上的样子放在眼里。厅堂高几仞,出檐长几尺,我实现自己的志向后,不这样做。食物摆满一丈见方的桌子,侍奉的姬妾有数百人,我实现自己的志向后,不这样做。游玩饮酒,骑马到田野里去打猎,后面跟随的车子上千辆,我实现自己的志向后,也不这样做。在他们干的事,都不是我要干的;我所做的事,都是符合古代制度的,我何必惧怕他们呢?"

孟子曰:"养心莫善于寡欲。其为人也寡欲,虽有不存焉者①,寡矣;其为人也多欲,虽有存焉者,寡矣。"

① 不存:存,指孟子所谓的"善性""夜气"。

孟子说:"修养心性最好的办法是减少物质欲望。如果为人欲望不多,善性即使丧失,也不会很多。如果为人欲望很多,善性即使保存,也不会很多。"

曾晳嗜羊枣①,而曾子不忍食羊枣。公孙丑曰:"脍炙与羊枣孰美?"孟子曰:"脍炙哉!"公孙丑曰:"然则曾子何为食脍炙而不食羊枣?"曰:"脍炙所同也,羊枣所独也。讳名不讳姓②,姓所同也,名所独也。"

① 羊枣:一种小柿子,俗称牛奶柿。
② 讳名:旧时对帝王将相或尊长,不敢直称其名,称为避讳。

曾晳喜欢吃羊枣,曾子因而不忍心吃羊枣。公孙丑问道:"烤肉和羊枣哪种好吃?"孟子说:"烤肉呀!"公孙丑又问:"那么,曾子为什么吃烤肉而不吃羊枣?"答道:"烤肉大家都喜欢吃,羊枣个别人喜欢吃。就像应该避讳尊长的名,不避讳尊长的姓,姓是大家相同的,名是个人独有的。"

万章问曰:"孔子在陈曰:'盍归乎来!吾党之小子狂简,进取,不忘其初①。'孔子在陈,何思鲁之狂士?"

孟子曰:"孔子'不得中道而与之②,必也狂狷乎!狂者进取,狷者有所不为也'。孔子岂不欲中道哉?不可必得,故思其次也。""敢问何如斯可谓狂矣?"曰:"如琴张③、曾皙、牧皮者④,孔子之所谓狂矣。""何以谓之狂也?"曰:"其志嘐嘐然曰⑤:'古之人,古之人!'夷考其行⑥,而不掩焉者也。狂者又不可得,欲得不屑不洁之士而与之,是狷也⑦,是又其次也。孔子曰:'过我门而不入我室,我不憾焉者,其惟乡原乎⑧!乡原,德之贼也。'"曰:"何如斯可谓之乡原矣?"曰:"'何以是嘐嘐也?言不顾行,行不顾言,则曰,古之人,古之人⑨。行何为踽踽凉凉⑩?生斯世也,为斯世也,善斯可矣。'阉然媚于世也者,是乡原也。"万子曰:"一乡皆称原人焉,无所往而不为原人,孔子以为德之贼,何哉?"曰:"非之无举也,刺之无刺也,同乎流俗,合乎污世,居之似忠信,行之似廉洁,众皆悦之,自以为是,而不可与入尧舜之道,故曰'德之贼'也。孔子曰:'恶似而非者:恶莠,恐其乱苗也;恶佞,恐其乱义也;恶利口,恐其乱信也;恶郑声,恐其乱乐也;恶紫,恐其乱朱也;恶乡原,恐其乱德也。'君子反经而已矣⑪。经正,则庶民兴;庶民兴,斯无邪慝矣。"

①盍归乎来等句:参见《论语·公冶长》。

②孔子不得中道而与之:参见《论语·子路》。朱熹《集注》:"'孔子'下当有'曰'字。"中道,《论语·子路》作"中行",即不左不右,不偏不倚,合于仁义道德。

③琴张:不得详考。

④牧皮:不得考知。

⑤嘐(xiāo)嘐然:志大言大者也。

⑥夷:疑为语首助词,无义。

⑦狷:胸襟狭窄,急躁。

⑧乡原:原,通"愿"。指乡里言行不符伪善欺世的人。

⑨何以是嘐嘐也等句:朱熹《集注》:"乡原讥狂者曰,何用如此嘐嘐然,行不掩其言,而徒每事必称古人耶?"

⑩踽踽凉凉:朱熹《集注》:"踽踽,独行不进之貌。"踽(jǔ)。

⑪反经:归于经常的意思。

中国家庭基本藏书

万章问道："孔子在陈国时说：'何不回去呢！我那些学生志向远大而不切实际，进取而不忘本。'孔子在陈国时，为什么思念鲁国那些志向远大而不切实际的士人呢？"

孟子答道："孔子认为：不能和一切都符合于仁义道德的人结交，一定也要结交志向远大或洁身自好、不肯同流合污的人！狂者有上进心，狷者对那些不合正道的事不肯去做。孔子难道不想和一切都符合于仁义道德的人结交吗？（但这）不可能一定得到，所以才想结交次一些的。""请问怎么样的人才叫狂者呢？"答道："像琴张、曾皙、牧皮等人，就是孔子所说的狂者。""为什么说他们是狂者呢？"答道："他们志向远大并好夸夸其谈，动不动就说：'古人呀！古人呀！'但一考察他们的所作所为，却不像说的那么好。这种狂放的人还得不到结交的话，就想去和一些不愿做坏事的人交往，也就是胸襟狭窄、急躁耿直之士，这就更次一等了。孔子说：'经过我的门口而不进入我的家里，我并不觉得遗憾的，只有乡里中一些言行不符伪善欺世的人。乡里中那些言行不符伪善欺世的人，是有损于道德的坏人。'"问道："什么样的人才可以叫他伪善欺世的人呢？"答道："（伪善欺世的人批评狂放之士说，）'为什么这样志高气扬，夸夸其谈？说话不管能不能做到，行为也不注意自己是怎么说的，只是说，古人呀！古人呀。'（又批评胸襟狭窄、急躁耿直之士说，）'为什么那样洁身自好，不求进取呢？生活在这个世界上，就应该为这个世界做点事，要能这样才行。'真是见什么人说什么话，到处讨好，这就是言行不符伪善欺世的人。"万子说："整个乡里都说他是言行不符伪善欺世的人，他也到处表现是个言行不符伪善欺世的人，孔子却认为他是个伤害道德的人，为什么呢？"答道："这种人，说他不好，又找不出具体例子来，指责他，也不好指责什么具体事情，这些人迎合世俗流行的东西，能够苟合于污浊昏乱的世道，平时好像忠厚老实，行为好像清正廉洁，大家也都喜欢他，自己也认为自己正确，但他跟尧舜之道是两码事，所以说是'伤害道德的人'。孔子说过，讨厌那种似是而非的东西：厌恶狗尾草，是恐怕它把禾苗搞乱了；厌恶用花言巧语谄媚人，是恐怕它把义搞乱了；厌恶巧舌如簧，是恐怕它把信实搞乱了；厌恶郑国乐曲，是恐怕它把雅乐搞乱了；厌恶紫色，是恐怕它把大红的颜色搞乱了；厌恶乡愿，是恐怕它把道德搞乱了。君子不过是把一切事物返回正路罢了。路正确，普通民众就会奋发兴起；普通民众奋发兴起，那就没有邪恶了。"

孟子曰："由尧舜至于汤，五百有余岁；若禹、皋陶，则见而知之；若汤，则闻而知之。由汤至于文王，五百有余岁，若伊尹、莱朱[①]，则见而知之；若文王，则闻而知之。由文王至于孔子，五百有余岁，若太公望、散宜生②，则见而知之；若孔子，则闻而知之。由孔子而来至于今，百有余岁，去圣人之世若此其未远也，近圣人之居若此其甚也，然而无有乎尔，则亦无有乎尔。"

① 莱朱：商汤王时的贤臣。
② 散宜生：周文王时的贤臣，后曾助周武王灭商。散宜，氏；生，名。

　　孟子说："从尧舜到商汤王，经历了五百多年；像禹、皋陶等人，即亲眼看到了那个时代，并了解尧舜之道；像商汤王，就是听说后了解尧舜之道的。从商汤王到周文王，经历了五百余年，像伊尹、莱朱等人，即亲眼看到那个时代，并了解汤王之道的；像周文王，就是听说后了解汤王之道的。从周文王到孔子，又经历了五百多年，像太公望、散宜生等人，即亲眼看到那个时代，并了解文武之道的；像孔子，就是听说后了解文王之道的。从孔子一直到今天，有一百多年了，离圣人的那个时代，从现在看还不算远，离圣人的居住地方又这样近，但是没有继承的人，那也就没有继承的人了。"

中国家庭基本藏书

◎ 附录

孟子行年表

梁　涛

周烈王四年　己酉(公元前372年)

　　孟子约生于此时。

周显王十二年　甲子(公元前357年)

　　孟子约十五岁,受业于子思门人。

周显王十七年,秦孝公十年　己巳(公元前352年)

　　孟子约二十岁,欲休妻。

周显王三十七年　己丑(公元前332年)

　　孟子在邹,答邹穆公问。

周显王三十八年　庚寅(公元前331年)

　　孟子居平陆。

周显王三十九年　辛卯(公元前330年)

　　孟子到任国,拜访李任。

　　孟子在邹,与屋庐子、曹交问答。

周显王四十年　齐威王二十八年　壬辰(公元前329年)

　　孟子约四十三岁,首次至齐。

　　齐相储子来见孟子。

周显王四十一年　齐威王二十九年　宋君偃后元一年　癸巳(公元前328年)

　　孟子与告子辩论。

　　孟子劝蚔蛙向齐王进谏。

　　孟子与匡章交游。

　　孟子离开齐国,前往宋国。

周显王四十二年　宋君偃后元二年　甲午(公元前327年)

　　孟子至宋。

周显王四十三年　宋君偃后元三年　乙未(公元前326年)

　　孟子在宋,与滕国世子相会。

　　孟子与宋人勾践论游说之道。

周显王四十四年　宋君偃后元四年　丙申(公元前325年)

孟子离开宋国,回到邹。

周显王四十五年　丁酉(公元前324年)

孟子在邹,滕文公派然友问丧礼。

孟子由邹之滕,推行仁政。

周显王四十六年　戊戌(公元前323年)

许行由楚之滕,传播其学说。

孟子与农家陈相辩论。

周显王四十七年　齐威王三十五年　己亥(公元前322年)

齐人城薛,滕文公问于孟子。

周慎靓王元年　魏后元十五年　辛丑(公元前320年)

梁惠王"厚币卑礼"招贤纳士。

孟子见梁惠王,时约五十二岁。

孟子与周霄论出仕。

周慎靓王二年　魏惠王后元十六年　齐宣王元年　壬寅(公元前319年)

孟子与公孙丑论短丧。

周慎靓王三年　魏襄王元年　齐宣王二年　癸卯(公元前318年)

孟子约五十四岁,见梁襄王。

孟子在范遇齐王子。

孟子至齐,答齐宣王问。

孟子论"我四十不动心"。

周慎靓王五年　乙巳(公元前316年)

孟子出吊滕文公。

周慎靓王六年　鲁平公十年　齐宣王五年　丙午(公元前315年)

鲁平公欲见孟子。

孟子返回齐国,与充虞论葬母。

齐宣王问孟子伐燕。

周赧王三年　齐宣王八年　己酉(公元前312年)

燕人叛齐,齐宣王说"吾甚惭于孟子"。

孟子论"臣视君如寇雠"。

孟子与淳于髡辩论。

孟子约六十岁,辞官离开齐国。

孟子遇宋钘于石丘。

周赧王二十五年　辛卯(公元前290年)

中国家庭基本藏书

《孟子》约编撰于此时。

周赧王二十六年　壬申(公元前289年)

孟子约卒于此时。

（梁涛，中国社会科学院历史所思想史研究室研究员）

《孟子》名言警句

△老吾老，以及人之老；幼吾幼，以及人之幼。（第007页）

——以上《梁惠王上》

△左右皆曰贤，未可也；诸大夫皆曰贤，未可也；国人皆曰贤，然后察之；见贤焉，然后用之。左右皆曰不可，勿听；诸大夫皆曰不可，勿听；国人皆曰不可，然后察之；见不可焉，然后去之。（第019页）

——以上《梁惠王下》

△我善养吾浩然之气。（第030页）

——以上《公孙丑上》

△天时不如地利，地利不如人和。（第039页）

△得道者多助，失道者寡助。寡助之至，亲戚畔之；多助之至，天下顺之。（第039页）

△古之君子，其过也，如日月之食，民皆见之；及其更也，民皆仰之。（第046页）

△彼一时，此一时也。五百年必有王者兴，其间必有名世者。（第050页）

△如欲平治天下，当今之世，舍我其谁也！(第050页)

——以上《公孙丑下》

△君子之德，风也；小人之德，草也。草尚之风，必偃。（第052页）

△民事不可缓也。（第053页）

△劳心者治人，劳力者治于人；治于人者食人，治人者食于人。（第056页）

——以上《滕文公上》

△枉己者，未有能直人者也。（第063页）

△富贵不能淫，贫贱不能移，威武不能屈，此之谓大丈夫。（第064页）

——以上《滕文公下》

△公输子之巧，不以规矩，不能成方员。（第075页）

△夫人必自侮，然后人侮之；家必自毁，而后人毁之；国必自伐，而后人伐之。

（第080页）

　　△人之患在好为人师。（第086页）

　　△不孝有三，无后为大。（第087页）

——以上《离娄上》

　　△人有不为也，而后可以有为。（第091页）

　　△君子之泽五世而斩，小人之泽五世而斩。（第094页）

　　△可以取，可以无取，取伤廉。（第095页）

　　△爱人者，人恒爱之；敬人者，人恒敬之。（第097页）

——以上《离娄下》

　　△说诗者，不以文害辞，不以辞害志。（第107页）

——以上《万章上》

　　△恻隐之心，人皆有之；羞恶之心，人皆有之；恭敬之心，人皆有之；是非之心，人皆有之。（第129页）

　　△虽有天下易生之物也，一日暴之，十日寒之，未有能生者也。（第132页）

　　△鱼，我所欲也，熊掌，亦我所欲也；二者不可得兼，舍鱼而取熊掌者也。生，亦我所欲也，义，亦我所欲也；二者不可得兼，舍生而取义者也。（第133页）

　　△心之官则思，思则得之，不思则不得也。（第136页）

　　△赵孟之所贵，赵孟能贱之。（第137页）

　　△大匠诲人必以规矩，学者亦必以规矩。（第138页）

——以上《告子上》

　　△天将降大任于是人也，必先苦其心志，劳其筋骨，饿其体肤，空乏其身，行拂乱其所为，所以动心忍性，曾益其所不能。（第150页）

　　△入则无法家拂士，出则无敌国外患者，国恒亡。（第150页）

——以上《告子下》

　　△穷则独善其身，达则兼善天下。（第154页）

　　△君子有三乐……父母俱存，兄弟无故，一乐焉；仰不愧于天，俯不怍于人，二乐也；得天下英才而教育之，三乐也。（第158页）

　　△孔子登东山而小鲁，登泰山而小天下，故观于海者难为水，游于圣人之门者难为言。（第160页）

　　△君子之志于道也，不成章不达。（第160页）

　　△居移气，养移体。（第165页）

　　△大匠不为拙工改废绳墨，羿不为拙射变其彀率。君子引而不发，跃如也。（第167页）

　　△其进锐者，其退速。（第168页）

中国家庭基本藏书

△春秋无义战。(第170页)

△尽信《书》,则不如无《书》。(第170页)

△杀人之父,人亦杀其父;杀人之兄,人亦杀其兄。(第172页)

△周于利者凶年不能杀,周于德者邪世不能乱。(第173页)

△民为贵,社稷次之,君为轻。(第174页)

△贤者以其昭昭使人昭昭,今以其昏昏使人昭昭。(第176页)

△说大人,则藐之,勿视其巍巍然。(第181页)

△养心莫善于寡欲。(第182页)

——以上《尽心下》

《孟子》重要研究著述

一、著作部分

孟子名言录/蔡希勤编注/何祚康、郁苓译　华语教学出版社　2002　(中国圣人文化丛书)

孟子/商周编　中国工人出版社　2002　(远古箴言)

孟子与孟子故里/刘培桂著　中国文史出版社　2001

孟子全译/李申译著　巴蜀书社　2001　(中国古代哲学名著全译丛书)

孟子/王立民译评　吉林文史出版社　2001

孟子/刘浩主编　延边大学出版社　2001

孟子现代版/徐克谦著　上海古籍出版社　2001

孟子与中国文化/杨泽波著　贵州人民出版社　2000　(大思想家与中国文化丛书)

孟子/杨伯峻、杨逢彬注译　岳麓书社　2000　(国学基本丛书)

孟子讲义/姚永概撰　陈春秀校点　黄山书社　1999

孟子箴言/张国凤编著　中国社会科学出版社　1999　(历代圣贤箴言观止)

四库全书精华·经部/郭超主编　中国文史出版社　1998

孟子评传/杨泽波著　南京大学出版社　1998　(中国思想家评传丛书)

孟子/孟轲著　(东汉)赵岐等注　影印本　中华书局　1998　(四部要籍注疏丛刊)

四书五经大系:文白对照全译·第一卷/卜各主编　天津古籍出版社　1998

孟子全译/鲁国尧、马智强译注　江苏古籍出版社　1998

四书集注/(宋)朱熹撰;张茂泽整理　三秦出版社·1998　(插图注解中国古典诗文十大名著)

孟子/孟轲著　叶斌译注　陕西人民出版社　1998　(中国传统文化精品丛书)

孟子选讲/刘鄂培著　清华大学出版社　1998

孟子大传/刘鄂培著　清华大学出版社　1998

孟子外传;孟子百问/蒋国保等著　安徽人民出版社　1997

孟子研究论文集/丁冠之主编　山东大学出版社　1997

内圣外王:孟子谋略纵横/唐志龙编著　蓝天出版社　1997

孟子/吴乃恭著　吉林文史出版社　1997　(大儒列传)

孟子:[导读]/杨伯峻著　巴蜀书社　1996　(名著名家导读,第一辑)

亚圣智慧:孟子新论/王其俊　山东人民出版社　1996

亚圣风范:孟子的智慧/王成儒著　四川教育出版社　(诸子百家智慧宝库)

孟子旁通/南怀瑾著　复旦大学出版社　1996

四书/(宋)朱熹集注　顾美华标点　上海古籍出版社　1995　(十大古典哲学名著丛书)

孟子译注/(战国)孟轲著　金良年撰　上海古籍出版社　1995　(中华古籍译注丛书)

孟子评传:走向内圣之境/杨国荣著　广西教育出版社　1994　(中华历史文化名人评传·儒家
　　系列)

孟子正义:十三经清人注疏/(清)焦循撰　上海古籍出版社　1993

孟子=Mencius:〔汉英对照本〕/郑训佐译　赵甄陶等英译　《孔子文化大全》编辑部编　山东友
　　谊书社　1993　(儒学经典译丛)

孟子之王道主义/贺荣一著　北京大学出版社　1993

孟子名言/(战国)孟轲著　赵立纲编注　山东美术出版社　1992

孟子集注/(宋)朱熹撰　齐鲁书社　1992

孟子旁通/南怀瑾著　国际文化出版公司　1991

四书译注/乌恩溥注译　吉林文史出版社　1990

孟子注疏/(汉)赵岐注　黄侃经文句读　上海古籍出版社　1990

孟子选讲/刘鄂培著　北京古籍出版社　1990　(中国古代文化要览小丛书)

孟子选译/(战国)孟轲著　刘丰鑫、刘晓东译注　巴蜀书社　1990　(古代文史名著选译丛书)

孟子选译/杨伯峻译注　人民文学出版社　1998　(中国古典文学今译丛书)

孟子正义/(清)焦循著　河北人民出版社　1998

孟子导读/杨伯峻著　巴蜀书社　1987　(中华文化要籍导读丛书)

孟子评传/吕涛著　山西人民出版社　1987

孟子微/康有为著　楼宇烈整理　中华书局　1987　(康有为学术著作选/中华书局编辑部编)

孟子正义/焦循撰　中华书局　1987

诸子集成/论语正义、孟子正义——影印本　上海书店　1986

四书五经/(宋)朱熹等注——影印本　中国书店　1985

孟子译注/杨伯峻译注　中华书局　1960　(中国古典名著译注丛书)

中国家庭基本藏书

图书在版编目（CIP）数据

孟子/王常则译注 . —2 版 . —太原：三晋出版社，
2008.4（2024.5 重印）
（中国家庭基本藏书 . 诸子百家卷）
ISBN 978 - 7 - 80598 - 918 - 1 - 01

Ⅰ.孟… Ⅱ.王… Ⅲ.①儒家②孟子—译文③孟子—
注释 Ⅳ.B222.5

中国版本图书馆 CIP 数据核字（2008）第 054777 号

孟 子

译 注 者：王常则

责任编辑：李永明　　　　　　审 订 者：李永明
封面设计：敬人工作室　　　　　版式设计：敬人工作室
责任校对：李永明　　　　　　　责任印制：李佳音

出版发行：山西出版集团·三晋出版社
地　　址：太原市建设南路 21 号
电　　话：（0351）4956036（咨询）　　4922268（邮购）
传　　真：（0351）4922102
网　　址：www.sxskcb.com
邮　　编：030012

印刷装订：山西新华印业有限公司
（本书如有破损、缺页、装订错误，请与本社联系调换）

开　　本：787mm×960mm　　　1/16
字　　数：200 千字
印　　张：13
版　　次：2008 年 4 月第 2 版
印　　次：2024 年 5 月第 2 次印刷
书　　号：ISBN 978 - 7 - 80598 - 918 - 1 - 01
定　　价：50.00 元

版权所有，翻印必究。本书图文未经书面授权，不得以任何方式转载或公开发表。